KB159714

싸 이 버 타 리 아 트

the making of a
cybertariat
virtual work in a real world

국립중앙도서관 출판시도서목록(CIP)

싸이버타리아트 / 어슐러 휴즈 지음 ;
신기섭 옮김. -- 서울 : 갈무리, 2004
　　p. ;　　 cm. -- (카이로스총서 ; 2)

원서명: The making of a cybertariat vitual work in a real world
원저자명: Huws, Ursula
색인수록
ISBN　89-86114-65-8 04300 : \12000
ISBN　89-86114-63-1(세트)

336.3-KDC4
331.25-DDC21　　　　　　　　　　　　　CIP2004000657

65 POTENTIA 카이로스총서 2

싸이버타리아트 cybertariat

지은이　어슐러 휴즈
옮긴이　신기섭
펴낸이　조정환 장민성
책임운영 신은주 편집부 이택진 마케팅 오주형
용지 화인페이퍼 인쇄 한영문화사 제본 영신사

펴낸곳 도서출판 갈무리 등록일 1994. 3. 3. 등록번호 제17-0161호
초판인쇄 2004년 3월 25일 초판발행 2004년4월19일

주소 서울 마포구 서교동 467-1호 파빌리온 오피스텔 304호 (121-842)
전화 02-325-1485 팩스 02-325-1407
website http://galmuri.co.kr　e-mail galmuri@galmuri.co.kr

ISBN　89-86114-65-8 / 89-86114-63-1 (세트) 04300
값 12,000원

싸 이 버 타 리 아 트

the making of a
cybertariat
virtual work in a real world

| 어슐러 휴즈 지음 | 신기섭 옮김 |

2004

감사의 말

거의 4반세기에 걸쳐서 이 자료들을 모아 놓으면서 많은 친구들과 협력자들, 직·간접적으로 가르침을 주신 스승들에게 감사의 말씀을 먼저 쓰지 않을 수 없다. 특히 중요한 후원을 아끼지 않은 몇몇 분들만을 거론하는 데 만족하고 싶다.

먼저 내가 초기 글들을 쓸 때 관여했던 다양한 여성단체 회원들이 있다. 그들의 직관이 한 방울, 한 방울 나의 직관과 함께 흘러 넘쳤다. 이들이 함께 기여한 것을 따로따로 구별하기는 불가능하다. 1970년대 요크셔에는 <웨스트 요크셔 여성 및 신기술 모임>이 있었다. 특히 주드 스토더트(Jude Stoddart), 줄리아 딕(Julia Dick), 라이네트 윌러비(Lynette Willoughby), 리즈 랭커스터(Liz Lancaster)가 있다. 이 모임보다 사적이며 비공식적인 모임이 있는데, 이 모임은 제니 테일러(Jenny

Taylor)가 처음 만들었고 세러 퍼리고(Sarah Perrigo), 재닛 울프(Janet Woolf), 진 가드너(Jean Gardiner), 셜리 모리노(Shirley Moreno), 리 코머(Lee Comer), 마셔 로(Marsha Rowe), 글렌 파크(Glen Park), 질리언 레이시(Gillian Lacey), 그리질더 폴럭(Griselda Pollock), 수 윌비(Sue Wilby)가 서로 다른 시기에 참여했다. 나중에 런던에서는 동시에 몇 개의 모임으로 있다가 공식적으로 통합된 <전 세계 여성노동>이 있다. 특히 여기서도 헬런 오코널(Helen O'Connell)과 제럴딘 리어던(Geraldine Reardon)이 많은 도움을 줬다. 고용과 관련된 몇몇 연구 작업을 벌인 여성들로 구성된 모임도 있었는데, 이 모임에는 제인 바커(Jane Barker), 셸리 애덤스(Shelley Adams), 루스 엘리엇(Ruth Elliot), 맨디 클라크(Mandy Clark), 제인 푸트(Jane Foot), 그리고 루시 드 그루트(Lucy de Groot)가 참여했다. 리즈 헤런(Liz Heron), (또 다시) 마셔 로, 앨리슨 펠(Alison Fell), 로시 파커(Rosie Parker), 앨리슨 미첼(Alison Mitchell) 그리고 매기 밀먼(Maggie Millman)이 함께한 작가모임도 있다. 셸리와 루스는 일찍 숨졌으며 그래서 모두 너무나 그리워하고 있다. 나머지 가운데 대부분은 계속 나와 친하게 지냈으며 많은 도움을 준 친구들이다. 여러분 모두에게 감사한다.

두 번째로는 앤드루 내시(Andrew Nash), 마이클 예이츠(Michael Yates)와 월간평론(먼슬리 리뷰) 출판부의 동지들에게 감사한다. 이들은 인내심을 갖고 나를 이해해 줬다. 이들을 소개해 준 리오 파니치(Leo Panitch)에게도 감사드린다. 리오는 『소셜리스트 레지스터』의 공동 편집인인 콜린 레이스(Colin Leys)와 함께, 내가 시간을 쪼개 생각을 정리하도록 격려해 준 점에서도 고맙게 생각한다. 콜린은 내가 여태까지 만나본 그 어떤 편집인보다도 훨씬 섬세하며 중용을 지키는 편집인이다. 그에게는 감사할 것이 참으로 많다. 인내심과 소중한 우정은 물론이고 (언제나 건설적이며 부드러운 말로 표현되는) 비판의 엄격함까지. 콜린, 리오, 그리고 그들의 동료 샘 긴딘(Sam Gindin)에게는 내 생각을 들어준 데에 대해서도 감사한다. 그런데 이렇게 글을 책으로 묶어내는 것은 애초 실러 로버샘(Sheila Rowbotham)의 생각이었다. 실러, 오랜 기간 동안 관대함과 나에 대한 믿음을 보여준 거 고마워요.

마지막으로, 나는 피스 러케이루(Peace Rwakeiru)에게 아주 큰 빚을 졌다. 그이는 산더미 같은 서류 속에서 이 책에 포함된 원문들을 골라내 복사해서 나에게 줬으며 원본과 사본을 일일이 비교 검토했다. 또 적어도 2년 이상 예의 바르긴 하지만 끈질기게 나를 괴롭혔다. 글들을 자세히 읽고 편집을 위해 보내라고 재촉하면서 말이다. 그이가 없었다면 이 책은 진정 햇빛을 보지 못했을 것이다.

the making of a
cybertariat
virtual work in a real world

차례

감사의 말 | 5

콜린 레이스의 발문 | 11

한국어판에 부치는 저자 서문 | 17

영어판 서문 | 25

1장 신기술과 가사노동 | 39

2장 살림용 기술 : 해방자인가 속박자인가 | 55

3장 말단의 고립 : 망으로 연결된 사회에서 노동과 여가의 원자화 | 65

4장 전 세계로 확대된 사무실 : 정보기술과 사무직 노동의 재배치 | 85

the making of a
cybertariat
virtual work in a real world

5장 상품화에 맞서기 : 공장 밖에서의 유용성 창출 | 93

6장 작업장 내 여성 건강 | 115

7장 재택근무 : 전망들 | 129

8장 집단적 꿈의 쇠락 : 여성과 기술에 관한 연구 20년 반성 | 153

9장 물질세계 : 무게 없는 경제의 신화 | 189

10장 싸이버타리아트의 형성 : 진짜 세상의 가상 노동 | 229

11장 누가 기다리고 있는가? : 시간 논쟁 | 269

역자후기 | 283

찾아보기 | 286

여성주의 정치경제학

창조적인 정신이 사회과학에 신선한 충격을 주는 순간은 축하할 만한 때이다. 그리고 어슐러 휴즈의 여성주의 정치경제학을 대중들이 널리 접할 수 있게 출판하는 시점이 바로 이런 순간이다.

1970년대 후반부터 지금까지 엄청난 지적 에너지가 한곳에 모이지 못하고 '공공의 선택'이라는 하찮은 것에, 그리고 '문화주의'와 포스트모더니즘에 분산되는 동안 휴즈는 아주 창조적이고 혁신적인 방식으로 문화, 경제, 사회, 정치 측면을 통합해 상품화라는 독특한 분석법을 갈고 닦아 발전시켰다. 노동과 기술변화에 주목하는 정책 결정자들과 연구자들 사이에서 그이의 명성은 오래전부터 자자했다. 그러나 여성주의 정치경제학 전반에 다시 활력을 불어넣고 노동 조건, 시장, 상품화, 소비, 기술변화에 대한 새로운 연구를 촉진할 잠재력이라는 측면에서 볼 때 그이의 작업은 마땅히 받아야 할 평가를 아직 받지 못하고 있다. 그이의 글은 명쾌하고 광범한 분야를 다루며 위트까지 있는데도 이렇게 대접을 못 받았는지 생각할라치면 처음엔 이해가 안 될 수도 있을 것이다. 주된 이유는 그이의 글이 학술지에 실린 적이 아주 드물다는 점이다. 휴즈는 출판 업계 노조 활동가로 글을 쓰기 시작했다. 당시 그의 주요 목표는 여성이 대부분인 동료 노동자들을 연구하고 그들이 곧바로 이해하고 파악할 수 있는 글을 쓰는 것이었다. 이런 작업 덕분에 그는 나중에 훨씬 이론적인 논문들도 아주 쉽게 접하고 즐겁게 읽을 수 있는 형태로 쓸 수 있게 됐다. 맛보기로, '무게 없는 경제'의 주창자들 말을 따르면 상품의 가치는 생산자의 노동보다는 후원자에 따라 좌우된다는 사실을 그이가 논한 부분을 인용해 보겠다.

1993년 미국 농구선수 마이클 조든 한 사람이 자신의 이름과 사진(그리고 그의 스포츠 성과에 대한 암시)을 이용하는 대가로 나이키한테서 받은 돈은 2,000만 달러다. 이는 인도네시아에서 나이키 신발 1,900만 켤레를 만드는 데 드는 총 노동 비용보다도 많은 것이다. 전통적인 경제학은, 신발 최종 생산물의 비용 가운데 아주 적은 부분만이 제조과정에 노동 대가로 돌아가는 것은 취약 노동자에 대한 극도의 착취로 보게 한다. 그런데 '신(新)'경제학은 이를 보이지 않는 것으로 만든다. 그렇다고 생산과정의 이런 분업을 근본적으로 새로운 것으로 보기는 힘들다. 이는 그저 지난 150년 동안 점차 진화해온 과정의 연속으로 볼 수 있을 뿐이다. 마이클 조든은 20세기 초의 페어스 비누 광고에 등장한 어린 소녀나 마멀레이드병에 왕족의 문장을 사용하도록 허용한 왕족보다 훨씬 더 많이 벌 수는 있겠으나, 최종 상품의 가치를 높이는 데 기여하는 측면에서는 하등 차이가 없다(9장 「물질세계」).

휴즈는 여성들이 직면하고 있는 문제의 뿌리가, 자본주의가 전통적인 일들을 끊임없이 상품화하는 과정에 있음을 보여준다. 그 과정은 이렇다. 자본주의는 처음에 이런 일들을 돈 받고 대신 해주는 서비스로 상품화하고 마지막에는 이를 대량 생산이 가능한 공산품 판매로 대체한다. 이와 동시에 (셀프서비스형 은행 업무와 쇼핑과 같이) 나머지 일거리를 소비자에게 전가함으로써 어느 단계에서건 노동자인 동시에 '소비자'인 여성들이 가장 큰 대가를 치르게 하는 것이다.

휴즈가 스스로 지적했듯이, 그가 했던 작업의 일부는 해리 브레이버먼의 유명한 공장노동 분석을 가사노동 분석으로 확대한 것이다. 곧 '노동의 지위 하락'을 가사노동에 적용한 것이다. 그러나 휴즈는 언제나 이 과정을 더 넓은 맥락에서 고찰한다. 그는 자동 세탁기와 전자레인지를 쓰면서도 이런 문명의 이기를 누리지 못하던 자신의 할머니보다 더 오랫동안 가사에 매달리는 미국 밀워키나 영국 월버햄턴의 주부를, 세탁기와 전자레인지에 쓰이는 컴퓨터 칩을 만들면서 극도의 착취를 당하는 말레이시아 여성의 상황과 연결시키는 것이다. 똑같은 방식으로, 휴즈는 근대 통신기술 때문에 어떻게 영국 뉴캐슬이나 뉴브룬스위크의 콜 센터에서 초과 근무와 저임 노동에 시달리는 여성이 자신보다 훨씬 저임으로 일하는 인도 여성에게 일자리를 빼앗길 위험에 처할 수 있게 되는지 분석한다.

사례 또한 대충 고르는 일이 없다. 이 사례들은 어슐러 휴즈가 노동 상황 조사를 맡으면서 얻은 경험에서 우러나온 것이며 이 조사는 그 어떤 것보다 심도 깊고 세련된 것이었다. (그이가 자문을 맡았던 일들이 어떤 것인지는 http://www.analytica.org.uk에서 볼 수 있다.) 그이는 전 세계적인 상품화 과정 때문에 빠르게 변화, 형성된 새로운 노동 양식들 자체와 이 양식들 간의 상호 관계를 경험적으로 잘 알기 때문에, 1990년대 주식거품 시대의 주창자들이 떠들어댄 '무게 없는 경제'라는 신화를 아주 일찍이, 그리고 확실히 깨뜨릴 수 있었다.

휴즈가 추구한 또 한 가지 핵심 주제는 상품화 일반과 밀접하게 연결되어 있는 것으로써, 사무 노동과정에 정보, 통신기술을 적용하는 문제다. 20세기 중반 이후 대부분의 사무 노동은 여성들이 맡았다. 그 결과, 디지털 정보기술의 적용과 '디지털화할 수 있는' 모든 작업을 전 세계 어디에든지 하청 줄 수 있게 해주는 새로운 통신기술의 활용이 가져온 변화는 (전적이라고는 할 수 없지만) 주로 여성들에게 영향을 끼쳤다. 여성 노동자들이야말로 새 기술의 개척에 얽혀 들어가면서 사회적 비용을 떠안은 첫 번째 노동력이었으며, 이 과정 뒤에는 노동의 지위 하락이라는 새로운 순환과정이 따랐다. 그리고 끝은 결국 일자리를 잃는 것이다.

이런 주제들은 휴즈의 분석 도구들을 바닥내는 대신 그이로 하여금 예외적일만치 광범한 문제들을 해명할 수 있는 이론적 뼈대를 제공했다. 그이가 이를 통해 해명해내는 문제들은, 비정규직화, 외부 하청, 공장 해외이전 기업, 감시 소프트웨어를 통한 노동자 통제, 상품구입 과정 추적을 통한 소비자 행태 분석, 소비자에 대한 '소비 노동' 전가, '선택' 이데올로기, 남성과 여성 관계, '가사노동 처리', 고독과 고립, 공공 공간의 잠식, 노동계급의 해체와 재형성, 노동과 휴식의 경계 문제 등이다. 여러분이 휴즈의 작업을 처음 접할 때 받게 되는 충격 가운데 하나는, 우리 시대가 체험하는 상당수의 일들을 밝히 해명해줄 새로운 빛을 던져준다는 것이다.

휴즈의 작업이 지니는 또 한 가지 특징도 여기서 언급하고 넘어가야 할 것 같다. 그것은 예측의 통찰력이다. 예를 몇 가지만 들자면, 1980년대 중반 이전에 그이는 당시의 상투적인 생각과 정반대로 재택근무와 초고속 통신망이 상대적으로 느리게 확산될 것이라는 점과 (컴퓨터) 데이터 처리업의 호황은 일시적이라는 점을 예상했고, 이 예상은 그대로 맞았다. 그이는 또 1970년대 말에 사무 노동의 생산성이 급격하게 상승하려면 서로 다른 정보기술들을 연결해주는 장치가 개발되어야 한다고 정확하게 지적했다. 이 점은 1980년대 중반에도 사람들이 간과하던 것이다. 휴즈는 기술을 이해할 뿐 아니라 기술적 변화를 유발하는 사회 세력에 대해서도 이해하고 있기 때문에 이렇게 사태를 정확히 파악한다.

· 휴즈는 자본주의가 끊임없이 상품화를 추구해 전혀 다른 단계까지 밀고 갈 것이라는 분석을 제기한다. 이 과정을 이해하고 이 과정이 끼칠 심각한 사회적 결과를 이해하는 것은 그 어느 때보다 중요한 일이며, 휴즈는 이 작업을 도와줄 더없이 뛰어난 안내자이다.

콜린 레이스
『소셜리스트 레지스터』 편집인

세계화와 싸이버타리아트

경제의 세계화와 정보통신기술의 결합은 폭발적인 것이었다. 20세기 말에 이 둘의 결합이 상업 서비스 영역에서 새로운 형태의 전 세계적 노동 분업을 이끌고 있다는 사실은 분명해졌다. 디지털화한 정보를 처리해서 통신망을 통해 전송하는 업무는 이제 원론적으로 볼 때, 적정한 통신 기반시설과 관련 숙련기술을 지닌 노동자를 확보할 수 있는 곳이라면 세계 그 어디로도 옮겨 갈 수 있게 됐다.

새로운 착취 대상 영역을 찾는 건 물론 새로울 게 없는 일이다. 자본주의의 역사는 (그 무엇보다도) 개도국을 그전보다 유리한 조건으로 새 노동력한테서 잉여가치를 착취할 지역으로 이용하는 동시에 이를 통해 만든 상품을 팔아먹을 새 시장으로 만드는 과정의 역사다. 하지만 20세기의 마지막 4반세기까지는, 이런 과정에 물리적인 추출 작업 또는 물질적인 상품생산과 무관한 활동이 관여한 적은 거의 없었다. 유럽과 미국의 노동자들이 아시아, 아프리카, 라틴아메리카로 옮겨 가는 '일자리의 해외 도피'를 논하고 있을 때, 그들이 염두에 둔 일은 보통 생산직 일자리였다.

정보의 디지털화는 이 모든 걸 바꿔 놓았다. 그전에는 본사 관리 업무에 통합되어 있던 다양한 영역의 많은 작업들이 이제는 원격으로 감시, 통제할 수 있는 표준적인 과정으로 바뀌었다. 이 변화 때문에 이런 작업을 조직적으로나 공간적으로 분리할 수 있게 됐다. 가치 사슬이 훨씬 길고 정교해졌다. 한편, 노동과정은 훨씬 더 규격화됐고 외부의 감시 밑에 놓이게 됐다.

똑같은 화면 앞에 앉아서 똑같은 소프트웨어를 이용해서, 똑같은 세계 언어를 쓰며 직접적으로 또는 (하청 업체를 통해서) 간접적으로 동일한 다국적 기업을 위해 일하는 노동자가 전 세계적으로 수백만 명에 이른다. 효율 또는 품질 관리라는 이름 아래, 그들은 작업을 빨리, 효과적으로 완수하라는 똑같은 압력을 받고 있으며, 이 결과 그들은 똑같은 육체적 고통, 두통과 어깨통증, 손목통증과 피곤을 느낀다. 그리고 그들은 일을 끝내고 집에 가면 꼭 필요한 일을 빼고는 아무 것도 할 수 없을 정도로 피곤에 지쳐서 텔레비전 앞에 주저앉게 된다. 그래서 가족들이 무시당하는 느낌을 받는 것 또한 전 세계적으로 똑같다.

2000년 여러 나라의 동료들과 함께 나는 통신망을 활용한 '사무 노동'의 이전에 대한 조사를 벌였다. 유럽 고용주들의 거의 절반이 적어도 한 가지 기능을 멀리 떨어진 지역에 하청을 주고 있었고 전체의 6%는 이미 해외 하청을 하고 있는 게 확인됐다. 이어 우리는 유럽, 아시

아, 오스트레일리아, 북미의 일자리 이전에 대한 자세한 사례 연구를 실시했다.[1]

지금 내가 이 글을 쓰고 있는 2004년 1월 현재, 21세기에 접어든 지 3년 만에 이 양상은 전혀 새로운 단계로 바뀐 상태다. 유럽과 미국의 언론들은, 화이트칼라 일자리가 아시아로 옮겨 가는 것에 대해 지독한 히스테리 반응을 보이고 있다. 그들은 아시아를 세계의 후처리 업무 사무실(백오피스)로 묘사하고, 전 세계 모든 개도국을 자신들의 일자리를 위협하는 존재이며 저임 노동의 착취 장소로 묘사하고 있다. 전 세계적으로 벌어지고 있는 일자리의 이동 현상은 실험적 단계에서 정리 단계로 옮겨 가고 있다. 대부분의 대기업은 물론이고 일부 중견기업조차, 원격 공급업자를 활용하는 건 일상 업무 활동의 한 부분이 됐다. 기업구조는 날로 이 새로운 현실에 적응하는 형태로 재편되고 있다. 또 공급업자 및 원격지 지사와의 업무 관계는 일자리를 점점 더 안전하게 이전하는 걸 보장하는 방식으로 바뀌고 있다. 이 과정은 일정한 규모에 도달하기만 하면, 경쟁 압력에 의해 급속히 확산된다. 일거리의 이전은 한번의 일시적 '도약'이 아니라 지속적인 과정이다. 일을 발주하는 '모 기업'과 궁극적으로 업무를 처리하는 장소의 관계는 단순하지만은 않다. 중간에 몇몇 매개체들이 존재하는 일이 잦고, 이들 매개체는 다른 지역, 다른 나라, 심지어 다른 대륙에 위치할 수도 있다. 노

---

1. 이 연구 조사의 결과는 일련의 보고서로 출판됐으며 자세한 것은 http://www.emergence.nu 에서 볼 수 있다. 이 결과는 Ursula Huws (ed) *When Work Takes Flight : Research Results from the EMERGENCE Project*, IES Report 397, Institute for Employment Studies, Brighton, 2003에 도 요약되어 있다.

동의 이전이 단순한 업무 인계 형태로 나타나는 건 드문 일이다. 이보다는, 상당한 기간 준비를 하거나 훈련을 시킨 뒤에 한 번에 하나씩 이전된다.

보통 외부 하청은 거대하고 힘있는 조직이 작고 힘없는 쪽에 일을 넘기며, 이 거래의 조건은 수요 쪽의 요구에 맞춰진다고 가정한다. 하지만 거대 다국적 기업들이 업무 대행 시장에서 주요한 세력으로 떠오르면서 더 이상 상황이 꼭 이렇지만은 않다. 이제는 전 세계적으로 업무 하청이나 업무 이전의 동기가 하청 업체 쪽에서 나올 수 있게 됐다. 특히 이들이 새로운 사업 영역으로 보고 공세적으로 공략하는 분야가 공공 서비스 부문이다. 이 과정에서, 전통적으로 시민들에게 사용가치를 제공하던 공공 서비스는 이윤을 위해 대량 생산되는 상품으로 바뀌어 가고 있다. (EDS, 어센츄어, 캡 제미니 같은) 거대 업무 대행 업체들이 하청 시장을 장악하고 있을지라도, 이들이 꼭 모든 업무를 직접 처리하는 건 아니다. 이들 기업은 보통 전 세계 어디에 위치하든 서로 복잡하게 연결되어 있는 수많은 하청 업체들의 사슬에서 한자리를 차지하고 있다.

이는 아주 변덕스럽고 불안한 상황을 만들어낸다. 기업들은 계속 업무를 따내기 위해 입찰 경쟁을 벌이고 이 과정에서 날로 정교한 비용 절감 방법을 찾아내려고 한다. 고용이 지역별로 자리 잡는 현상은 아주 모순적인 함의를 담고 있다. 한편으로, 각 지역이 특정한 업무를 유치하기 위해 전 세계를 상대로 날로 심한 경쟁을 벌여야 하기 때문에, 틈새 시장을 추구하는 방식이 장려된다. 특정 지역이나 도시는 (인도의 방갈로르가 소프트웨어 개발에 특화되었듯이) 특정 영역에서 뛰어난

성과나 저임금을 이용해 세계적인 명성을 쌓아 전 세계를 상대로 고객을 유치한다. 이 과정에서 다른 지역들은 완전히 배제된다. 이런 현상은 지역간 양극화를 부추기며 어떤 때는 '승자가 모든 걸 얻는' 상황을 만들어낸다. 다른 한편, 경쟁 심화는 자본이 비용이 싼 지역을 지속적으로 찾아다니는 걸 의미한다. 불안함도 계약 관계를 따라서 하청 업체로 계속 전가돼 내려간다. 일자리가 단지 유럽과 북미, 기타 선진국에서 아시아로 옮겨 가는 것뿐 아니라 아시아 안에서도 계속 변덕스럽게 옮겨 다닌다. 이 과정은 부분적으로는 (거대 유럽 및 미국 기업들의 지역 개편과 하청 관계 개편 방식을 모델로 삼는) 아시아 기업들의 자발적인 조직개편 작업 때문이다. 하지만 아시아의 업무 대행 하청 업체들이 경쟁력을 유지하고 가치 사슬에서 자신들의 위치를 지키는 동시에 위치 상승을 꾀하는 것에서 이런 현상이 비롯되는 측면도 있다. 그래서 인도 기업들은 스리랑카 같이 비용이 싼 다른 지역에 재하청을 주고, 싱가포르나 홍콩의 기업들은 중국을 후처리 업무용 사무실로 쓰게 된다. 하지만 여전히 더 많은 경우 이 과정은 경쟁력 있는 몇몇 아시아 지역에 지사를 세우고 사업하는 거대 다국적 기업들이 주도한다. 한국은 이 과정에서 업무의 하청 '대상 지역'인 동시에 비용이 싼 다른 지역에 하청을 주는 '업무 제공자' 구실을 한다. 세계의 대부분의 나라처럼, 한국도 세계적 규모의 복잡한 정보처리 업무 거래망의 한 접속점으로 자본이 자리 잡는 지역이 됐다.

이런 전 세계적인 가치 사슬에서 작은 기업들이 차지하는 불안한 지위와 거대기업에 밀리는 상황은 노동자들을 더욱 불안하게 만드는 데 핑곗거리로 작용한다.

때때로 외부하청 전략은 의도적으로 노동자들을 줄 세우는 데 이용된다. 예컨대, 한 기업이 특정한 업무를 한동안 외부에 맡긴 뒤에 업무가 완수되면 다시 일을 가져오되, 이때는 그 전에 있던 노조와의 협약을 배제하고 그 전에 일 하던 이들이 아닌 이들을 고용해 다른 조건으로 일을 시키는 게 일반적이다. 일을 외부로 옮겨 갈 가능성조차도 노동자들에게 임금 인하와 노동 조건 악화를 인정하도록 압박하는 데 활용될 수 있다. 다음과 같은 일화가 있다. 미국 보스턴의 한 기업이 정보기술 관련 부서 일부를 인도로 옮기겠다고 했다가 지역의 반발에 부닥치자 그 지역에서 구인 광고를 하기로 했다. 다만 임금은 (미국의 5분의 1인) 인도 수준으로 정했다. 들리는 말로는 필요한 인원을 모두 구했다고 한다.

멀리 떨어진 곳에서 작업을 한 뒤 통신망을 이용해 전송할 수 있는 능력은 안정된 조직에서도 고용을 비정규직화하는 데 이용될지 모른다. 예를 들어, 콜 센터에서 일하는 노동자 가운데 일부는 수요가 많아지면 곧바로 연락해 일을 시킬 수 있는 '전화 대기자'들이다. 또 다른 이들은 사무실에는 결코 오지 않고 자기 집이나 외부의 하청 콜 센터에서 일한다. 본사의 처리 능력 이상으로 전화가 오면 통화가 이들에게 넘어가게 된다. 대규모 서류 처리 및 데이터 입력 회사들도 비정규직 노동자를 많이 쓴다. 아니면 처리 규모 이상의 일을 작은 하청 업체에게 넘기기도 한다. 이렇게 일을 받는 하청 업체로서는 업무 처리 규모를 예상할 수 없고 그래서 하청 업체 직원들도 계약직이 된다.

그래서 우리는 노동자들이 '발주처'와 '위치' 두 가지 측면의 불안정에 직면하는 상황, 또 전통적으로 이런 현상이 나타나던 육체노동뿐 아니라 화이트칼라 노동에서도 불안정이 나타나는 상황을 맞고 있다. 여전히 이런 노동자 대부분은 자영업자가 아니다. 그들은 다국적 기업 직원이거나, 다국적 기업의 자회사 또는 하청 업체 직원이다. 그들은 노동자인 동시에 소비자로서 새로운 통신기술을 접한다. 그들의 삶은 이 두 측면에서 공통적으로 나타나는 상품화 과정 때문에 변화를 맞고 있다. 그런데 이런 상황을 개선하기 위해 왜 조직화를 시도하지 않는 가? 답은 단순하지 않으며 모순적인 동시에 많은 측면을 담고 있다. 노 동자들이 조직화를 시도하는 걸 보여주는 징표들이 있다. 새로운 종류 의 노조 조직이 미국의 정보기술 노동자들 사이에서 만들어지고 있는 듯 보인다. 또 유럽 국가들과 브라질 같은 개도국을 포함한 많은 나라 에서도 콜 센터 노동자들 사이에서 비슷한 움직임이 있다. 하지만 이 런 움직임은 단지 한 국가 차원에서만 진행되고 있으며, 때때로 국제 연대를 촉진하는 게 아니라 방해하는 보호무역주의적 요구를 제기하 는 형태로 나타난다.

국제적 조직화에 반대하는 세력들은 강력하다. 다국적 사업 부문에 서 일하는 대부분의 나라 노동자들은 상대적으로 특권을 누리고 있으 며, 때때로 자신들을 중산층으로 여기면서 자신들의 일자리를 창업 또 는 관리자로 승진하는 발판으로 여긴다. 이들은 자신들의 이해가 지구 반대편에서 우연히 자신과 같은 기업에 고용되어 있는 노동자들과 일 치하는 것으로 보기 보다는 자국 내 부르주아와 같은 것으로 볼 수도 있다. 그들은 또한 이런 변화 과정이 자기 나라와 자기가 사는 지역에 유리하며 자신들만 이득을 보는 게 아니라 지역사회 전체도 혜택을 본 다고 강하게 확신할지도 모르겠다. 일이 힘들고 불만족스럽다고 할지라도, 현지 기업에 고용되는 것보다는 임금이 높을 수 있을 것이다. 그러니 왜 위험을 감수하겠는가? 또 하나, 더 배신적인 장벽은 유럽과 미국 문화 속에 존재하는 뿌리 깊은 인종주의다. 인도의 콜 센터 노동자들은 종종 아주 심한 욕설의 전화를 받으며, 유럽과 미국으로 이주한 아시아, 아프리카 이주민들도 종종 무례와 차별을 겪는다. 인종주의가 노골적이지 않을 때조차, 북쪽 노동자들에게는 남쪽 노동자들을 자신들의 일자리를 빼앗아가는 데 활용되는 저임금노동의 희생자들이며 이런 상황을 개선하기 위해 자발적인 조직화를 시도할 능력이 없는 이들로 보는 경향이 여전하다.

이제 세계화한 싸이버타리아트가 존재한다. 여기에 속하는 이들은 이제 자신들의 상황을 개선하기 위해 힘을 합치려면 서로에 대해 더 잘 알아야 한다. 이 책이 이런 상호이해의 과정에 기여할 수 있기를 기대한다.

가사노동과 싸이버타리아트

이 책의 각 장을 이루는 글들은 시기적으로 1970년대 말부터 2000년대 초에 걸쳐 쓴 것들이며, 다양한 장소와 지면을 통해 발표됐다. 이 가운데 일부는 '출판물'이라는 이름을 붙이기도 뭐한 것들이었다. 이 글들은 내 지적 계발 과정의 두 가지가 상호작용하면서 나온 것들이다. 첫 번째는 내가 오랫동안 관여했던 노조운동, 여성운동, 지역사회 조직, 단발성 캠페인 활동 같은 정치적 영역에서 벌인 논쟁이며, 두 번째는 고용구조조정과 구조조정이 사람에 끼치는 영향 등에 대한 용역 연구 작업을 프리랜서로 맡아 진행하면서 얻게 된 자료들이다.

어떤 측면에서 보면 이 결과물에는 프리랜서 생활에서 나타나는 상호모순적인 힘들이 반영되어 있다. 자영업이라는 것을, 전통적인 직장에 몸담고 있는 사람들은 판에 박은 일상생활에서 벗어나 자유를 얻을 수 있다는 점에서 부러워한다. 한 연구 사업을 끝내고 다음 사업을 맡는 정돈된 방식 대신, 프리랜서들은 나비처럼 한 주제에서 또 다른 주제로 이리 옮기고 저리 옮기는 듯하다. 학계의 규율이라는 걸림돌을 피하면서 직무 설명서 같은 것도 필요 없이 흥미를 끄는 사고의 궤적을 따라 갈 수도 있다. 그러나 동전 뒷면 같은 다른 측면은 지속적인 불안정이다. 원하는 일을 할 수 있는 자유는 활용수단의 제약을 받고, 쓰고 싶은 것을 쓸 자유는 용역 발주처가 허용하는 범위 안에 묶이게 된다. 또 정신적 탐구의 자유는 시간 부족으로 제한된다. 일이 충분할 때는 시간이 없고, 시간이 있을 때는 돈이 없기 마련이다.

이 책의 글들은 돈 때문에 쓴 것이 아니며 그래서 다른 일들을 하는 짬짬이 산발적으로 쓴 것들이다. 나는 종종 재정적으로 안정되지 못해서 각각의 작업을 논리적으로 완결 짓지 못하는 것을 안타까워하곤 했는데, 뒤돌아 생각하면 여기에는 긍정적인 측면도 있다. 내 작업이 갈지자처럼 진행됐기 때문에 나는 사안을 전혀 다른 측면에서 검토할 수 있었다. 여행자가 똑같은 장소를 다른 때, 다른 무리들과, 다른 교통수단을 이용해, 비율이 다른 지도를 갖고 다시 돌아보듯이, 한 때 이런 측면에서 본 것을 다른 때 또 다른 측면에서 본 것과 비교할 수 있었던 것이다. 언제나 그렇지만, 한번에는 전체의 일부분만 볼 뿐이다. 하지만 시간이 흘러가면 놀랍게도 다양한 측면을 지닌 전체 그림이 구성된다.

각각의 글들은 내가 여러 해 동안 진행한 용역 연구 작업에서 얻은 자료들을 바탕으로 했지만 한편으로는 나의 개인적 경험에서 얻은 정보들도 포함되어 있다. 내가 연구 작업 대상으로 삼은 고용구조조정과 일상생활의 변화는 나와 내 동료, 친구들의 개인적 경험 속에 투영된다. 때로는 새로운 연구 과제가, 말하자면 외부를 향해 작용하는 나의 내부에서부터 제기되기도 한다. (여성운동 초기에는 이런 과정을 '의식 고양'이라고 불렀다.) 다른 때는 질문이 외부에서, 용역을 의뢰하는 고객으로부터, 정치인이나 학자들의 발언으로부터 제기되기도 했고 내 연구 결과 때문에 의문이 제기되기도 했다. 하지만 이렇게 외부에서 제기된 문제들은 보통 내 경험에 비춰 검토하고 친구들과 논의함으로써 내부적으로 검증되곤 했다.

아마도 정확히 바로 이런 이유 때문에 이 책의 글들은 1970년대 말부터 구닥다리로 여겨지기 시작했다가 지금 다시 되살아나려 하는 방식인 유물론적 분석에 뿌리를 두고 있다. 또 이 책에 실린 글 대부분의 밑바탕에는 공통된 개념 틀 또는 설명 모델이 자리 잡고 있다.

이 모델은 애덤 스미스, 헤겔, 칼 맑스를 포함한 다양한 자료에서 도출한 것인데, 여기에는 1960년대와 70년대의 급진적 저작들을 자유롭게 섭렵한 것도 영향을 끼쳤다. 이때의 섭렵 과정은 이 책 제8장(집단적 꿈의 쇠퇴)에 적어 놓았다. 이 지적 여행은 그 뒷장들에는 자세히 언급하지 않았다. 도서관에서 책을 자유롭게 읽고 저자와 책 제목, 출판사, 출판 장소, 쪽수 등을 제대로 기록하는 건 월급 받으며 연구하는 학자나 여가시간이 넘치는 이들이 누리는 사치이다. 나의 독서는 짬짬이 시간을 쪼개서 하는 것이었다. 버스에서 또는 기차에서, 어린이 놀이터 벤치에 앉아서 또는 침대에서 말이다. 어떤 책들은 끝까지 읽지 못했다. 친구 집에 가서 집어 들었거나 (정직하게 다시 내려놓았다) 잃어버렸거나 대출받아본 것이었기 때문이다. 잠이 들어 버려서, 전화가 와서, 마감 내에 일을 끝내줘야 했기 때문에 다 못 읽기도 했고, 때로는 그저 흥미를 잃어서 다 읽지 않기도 했다. 이런 많은 책들이 내 생각에는 흔적을 남겼지만, 내가 만족할 만큼 자주, 그리고 정확하게 참고문헌으로 정리되어 남지는 못했다. 그리고 나를 직접 가르쳐준 친구들에 대해 말하자면, 슬프게도 대부분이 더 이상 이 세상 사람이 아니다. 내가 특히 감사하게 생각하며 애도하는 이들은 피터 세지위크(Peter Sedgwick) 헨리 누버거(Henry Neuburger) 짐 로치(Jim Roche)와 저티 로치(Gertie Roche) 돈 톰슨(Don Thompson) 셜리 모리노(Shirley Moreno) 루스 엘리엇(Ruth Elliot) 마이크 키드런(Mike Kidron)이다. 나의 생각을 놓고 열렬히 논쟁을 벌여 생각을 예리하게 정리해준 이들인 콜린 리처즈(Colin Richards) 라이네트 트로터(Lynette Trotter) 앵거러드 핌파노(Angharad Pimpaneau) 리처드 휴즈(Richard Huws)도 기억하고 있다.

이 책에 담긴 생각들의 본래 출처를 제대로 밝히지 못한 것에 대해, 특히 개인적으로 감사의 표시를 못했다고 생각한 이들에 대해 사과하는 것으로 서론은 접는다. 그럼 이 책의 각 장을 연결하는 개념 틀 또는 설명 모델은 과연 무엇인가?

간단히 말하면, 변화를 이해하는 핵심 개념으로 상품화 과정을 설정하는 것이다. 여기서 말하는 상품화란, 생산 규모가 느는 만큼 이윤도 같은 비율로 창출해주는, 시장에 팔기 위해 계속적으로 새로운 표준적 상품을 만들어내는 경향이다. 이런 모델에서 가장 분명한 상품을 예로 들자면 대량 생산되는 공산품이 있다. 하지만 상품이란 때로는 서비스가 될 때도 있다. (예를 들면 패키지 여행상품이나 보험처럼) 물론 모든 서비스가 (아직) 상품은 아니다. (예컨대 많은 나라에서 초등교육은 아직 상품화하지 않았다.)

아주 도식적으로 역사를 개관해보면, 한 가지 경향이 나타난다. 이 경향은 이렇다. 먼저 화폐경제 경계 밖에서 사용이나 교환을 위해 이뤄지던 활동들이 화폐경제 속에 편입된다. 그리고는 기술을 이용한 생산품이나 소비자 대상 서비스로 대체된다. 이 대체는 대개 기술적 혁신 덕분에 가능해지는 것이다. 이렇게 형성된 산업은 다시 새로운 제조업의 기반이 되며, 이를 바탕으로 다시 새로운 서비스(기업 대상 서비스와 새로운 소비자 대상 서비스) 산업이 나타난다. 이는 다시 새로운 소비 활동 양식(또는 새로운 무보수 노동 양식)을 창출하고 이를 바탕으로 새로운 소비자 대상 서비스 산업과 상품시장의 바탕이 형성될 수 있다. 이런 발전의 쳇바퀴는 계속 돌아가면서 자꾸 새로운 상품을 복제해내고 사회적 분업을 점점 더 복잡하게 만든다.

이 모델은 1979년 사회주의 경제학자 회의의 실무모임에서 논문으로 처음 제시됐으며, 이 책의 제1장 「신기술과 가사노동」으로 공식적으로는 처음 발표되는 것이다. 이 모임을 처음 만든 이들은, 생산의 자동화는 피치 못하게 대량 실업을 유발하고, 이렇게 생긴 잉여 노동자들은 자동화된 공장에서 효율적으로 생산될 수 있는 새로운 상품을 구입할 돈이 없을 테니까 결국 자본주의의 위기로 이어질 것이라고 주장하면서 내 견해를 소개했다.

"로봇은 자동차를 사지 않는다."는 식의 이런 주장은(20년이 지난 지금도 어떤 부류들이 여전히 주장하는 것이다), 나를 당황하게 만들었다. 사실에 부합하지 않는 것 같았기 때문이다. 기술 혁신 역사를 되돌아보면, 각각의 물결이 상당수의 노동자들을 극심한 빈곤으로 내몰았고, 그들의 고통을 결코 과소평가해서는 안 되지만, 어떤 변화 물결도 경제 전반에 영구적인 대량 실업 사태를 유발하지는 않은 것 같다. 실제로 나타난 현상은, 기존의 상품을 더 적은 인원을 동원해 생산하는 것이 가능해진 동시에 새로운 상품이 등장하면서 새로운 노동력을 필요로 하는 신규 산업의 바탕이 형성된 것이었다. 문제는 이 새 상품이 어디서 왔느냐는 것이다. 나는 바로 전 단계에 나타났던 거대한 혁신의 물결을 되돌아봤다. 1920년대와 30년대에 전기의 보급에 힘입어 정점에 달했던 이 혁신은 우리에게 라디오, 냉장고, 진공청소기를 비롯한 다양한 가정용품을 가져다줬다. 그전까지는 화폐경제 밖에 존재하던 살림살이라는 영역을 완전히 기계화한 것이다. 그 전의 혁신은, 공장에서 생산한 옷, 비누, 음식 같은 것들을 선보인 바 있다. 새로운 상품이 가사노동의 사회화를 통해서 창출될 수 있을까? 이 질문이 이 논문에서 실험적으로 탐구한 가설이다. 그런데 이 논문은 남성이 지배하는 모임에서 공감을 얻지 못했다. 그들은 이 논문이 누가 가사노동을 맡아야 하는지에 대해 장광설을 늘어놓은 것으로 곡해했다. 세탁기가 왜 좋은지를 일화를 동원해 가며 생색내듯이 설명하는 이야기를 연속해서 듣고 난 뒤 나는 포기하고 이 논문을 그들이 내는 책에서 빼버렸다.

그렇지만 이 논문 밑에 깔린 생각은 계속 끓어올랐고 다른 이들과 상호작용을 일으켜, 이 책 제2장 「살림용 기술: 해방자인가 속박자인가」의 기반이 됐다. 여기서 배경이 되는 것은, 여성과 신기술에 대한 사회주의 여성주의자 회의에서 결성된 여성단체인 <웨스트 요크셔 여성 및 신기술 모임>이다. 여성주의 간행물인 『스칼릿 위민』이 특집호 제작을 위해 이 모임과 접촉을 시도했고 그때가 마침 내 딸이 태어나던 때였다. 그래서 나는 타자치고 자르고 붙이는 일에 동참할 수 없었다. 이 일은 당시로서는 잡지 삽화를 값싸게 만드는 유일한 방법인 오프셋 석판 인쇄를 위한 것이다. 나는 글을 두 편 쓰는 것으로 이 일을 대신했다. 첫 번째 글은 (이 책에는 수록되지 않은 것인데) 주로 새로운 컴퓨터 하드웨어 부품에 쓰이는 칩을 생산하는 개도국 젊은 여성들의 끔찍한 노동 조건을 보여주는 2차 자료에 대해 기술한 것이다. 두 번째 글은 (이 글도 이 책에는 실리지 않았지만 <영국 여성운동>이 내는 선집에 실렸다) 이런 기술들이 여성의 무보수 노동에 끼치는 영향을 논한 것이다.

이 두 편의 글에서 시도한 분석은 1984년에 쓴 글에서 조금 더 진전됐으며, 1985년 『급진 과학』을 통해 출판됐다. 이 글이 제3장 「말단의 고립」이다. 나는 이미 가정을 다음과 같은 장소로, 즉 여성의 무보수 노동을 이용한 사용가치의 생산이 '소비를 위한 노동'이라는 또 다른 무보수 노동으로 대체되지 않는다면 계속 늘어만 가는 장소로 보는 글을 쓴 바 있다. 내가 추적하고 싶었던 것은, 가정 내 무보수 노동과 가끔 가정 내에서 이뤄지는 임금노동의 관계다. 이때는 브리티시텔레콤을 사기업화한 영국 정부가 '부가가치 서비스'라고 부르던 것을 뒷받침하기 위해 통신 기반시설을 확충하는 개발전략을 추진하던 때다. 이 전략에는 사람들이 집에서 일해 결과물을 전화선을 통해 전달하는 것도 포함되는 것으로 여겨졌다. 나는 최근 이런 식으로 일하는 이들('신(新)가내 노동자들')에 대한 조사를 맡음으로써 내 작업의 기초 자료들을 많이 확보했다. 최근에 맑스의 책들을 다시 읽기도 했는데, 그가 생산수단 소유자들에 대해서는 많은 함의를 제공하고 있지만 재생산수단이라고 부를만한 것의 문제에 대해서는 정말 전혀 언급하지 않고 있음을 깨달았다. 그의 소외화 과정 분석은 고용주가 공장과 생산에 동원되는 기계들을 소유하고 있는 것을 당연시하고 있다. 그런데 만약 노동자들이 집에서 일하며 기계도 소유하고 있지만 과거의 베를 짜는 이들과 달리 자영업자가 아니라 피고용인이고, 노동 흐름과 생산 목표치를 스스로 정하는 게 아니라 전적으로 고용주의 통제를 받는다면, 어떻게 봐야 되는 건가? 자기 집을 장만하고 날로 값이 비싸지면서도 금세 쓸모 없어지는 기술 제품을 직접 장만하는 요즘 추세는 노동계급이 전례 없는 피착취 상태에 있음을 암시하는 건가? 아니면 맑스의 사상으로는 해명되지 않는 어떤 새로운 일이 나타나고 있는가? 3장은 이 질문에 답하려는 시도다.

제4장 「전 세계로 확대된 사무실」도 쓴 시기는 같지만, 전혀 다른 독자층을 염두에 두고 쓴 것이다. 나는, 사무실 대신 집에서 정보처리 작업을 할 수 있게 해주는 바로 그 기술이 적정한 기반시설과 적합한 기술을 갖춘 노동력이 있는 장소라면 지구 어디로도 일거리를 옮겨 가도록 길을 열어준다는 사실을 깨달았다. 1982년께 나는 이에 대한 자료를 수집하기 시작했다. 「전 세계로 확대된 사무실」은, 런던 광역시 의회가 주최하고 개도국 대표단이 참석한 공정한 무역 촉진 회의에서 발표하기 위해 당시까지 내가 익히고 깨달은 것을 요약한 글이다.

제5장 「상품화에 맞서기」는 한 무리의 디자이너들이 편집한 책에 처음 실린 글이다. 그 책의 초점은, 1970년대 말 루커스 항공 직원 모임이 영국에서 처음으로 제기했으며 이 모임의 카리스마 넘치는 대변인 마이크 쿨리(Mike Cooley)가 대외적으로 발표한 노동자들의 대안이

었다. 자기 세대의 많은 급진적 인사들처럼 쿨리도 (대처 정부에 의해 런던 광역시 의회가 해산되기 전까지 잠깐 동안) 런던 광역시 의회에 고용돼 노동자 중심의 고용전략을 개발하는 일을 도왔다. 이 일로 그의 작업에 대한 관심이 널리 확산됐다. 나는 개인적으로는 쿨리를 아주 존경했지만, 그의 구상이 보편적인 해법을 제공하지는 않는다고 믿었다. 시의회가 주창한 다른 많은 것들과 마찬가지로 이 구상도 생산 공정에서 렌치를 다루는, 시대에 뒤쳐진 노동자상을 바탕에 깔고 있는 것으로 보였다. 이런 노동자상은 임금이 계속 상승하고 노조가 막강하며 1964년 총선에서 승리한 노동당의 해럴드 윌슨이 내세웠던 슬로건 "기술 혁명의 뜨거운 열기"가 표현하듯이 숙련기술이 원자재처럼 높이 평가되던 1960년대의 어느 순간을 정지 화면으로 잡아 놓은 꼴이다. 하지만 사실 이때 영국의, 특히 런던의 일자리 대부분은 서비스업이었다. 나는 호의적이고 규율이 있으며 이타적인 사회주의자 남성들이 왜 서비스 업종의 일을 진짜 일로 받아들이는 게 그렇게도 어려운지 이해하고 싶었다. 서비스 업종의 일과 경제의 나머지 부분의 상관관계를 도표화하면서, 나는 내가 그 전에 만들어냈던 상품화 모델로 다시 돌아가서 그것을 세련화하고 있음을 깨닫게 됐다. 특히 나는 유, 무급 노동에서 숙련기술과 자율성이 암시하는 바에 집중하고 있었다.

제6장 「작업장 내 여성 건강」은 내 삶에서 이와 병렬적으로 존재하는 다른 궤적에 집중했다. 1970년대 이후 나는 작업장 내, 특히 여성의 건강과 안전을 향상시키기 위한 다양한 캠페인에 관여했고, 런던 위험 센터를 위해서 사무실의 위험요인에 대한 핸드북을 써주기도 했다. 여성과 건강을 주제로 한 사진 전시물들에 따라붙는 카탈로그에 여성 건

강에 관한 글을 썼던 것이 제6장이다. 이 글의 핵심은 내가 조사 활동을 하는 동안 계속해서 제기됐던 것인데, 직장 내 복지와 관련되는 요소들은 각각 분리해서 이해할 수 없다는 것이다. 자리가 어디든지, 관련 작업이 표면상 아무리 '정신적'일지라도, 일터에서의 경험은 결국 몸 전체와 연관된다는 사실이다. 일이 얼마나 즐거운지, 그리고 그 활동이 어떻게 구성되는지는 결국 성별 간 힘의 관계를 포함한 사회적 관계와 사회적 노동 분업의 상호작용 결과물이다.

제7장 「재택근무 : 전망들」의 주제는 '텔레커뮤팅', '네트워킹', '원격근무', '전자적 가내노동' 또는 이와 마찬가지로 부적절한 기타 용어로 지칭되기도 하는 '원격 노동'이다. 이 글은 함께 수록된 다른 글들과는 조금 거리가 있다. 내가 직업적으로 '돈 받고' 하는 연구 조사에 더 가깝고 내가 '자발적으로 하는' 일과는 다른 성격인 것이다. 물론 이 둘이 완전히 분리될 수 있는 것은 아니다. 나는 재택근무자의 환경 개선을 위한 여러 가지 캠페인에 자발적으로 참여한 바 있고, 내 개인적 경험 곧 성년 이후 대부분의 일을 집에서 해온 것이 내가 용역을 받아서 하는 일에도 영향을 끼쳤기 때문이다. 『퓨처스』가 나에게 원고 청탁을 했을 때, 이 글을 마지막으로 나로서는 따분한 주제인 이 문제에 대해 더 글을 쓰지 않으려 작정했다. 1980년대에 정책 결정자들은 이 주제에 대해 한없이 관심이 있는 것 같았고, 나는 똑같은 질문에 계속 똑같은 답변을 요구받는 것처럼 느꼈다. 내가 보기에는, 이것이 마치 영화 스크린에 서로 다른 규정들을 비춰서 서로 다른 이데올로기적 외양을 꾸미는 것 같았다. '재택근무자'를 한가지로 확정하려는 시도는 헛돼 보였다. 참 내가 얼마나 잘못 생각했는지. 한 현상의 존재 자체를 부정

하면 할수록 그 사람은 그 분야 전문가처럼 대접받는다. 이 글을 발표한 이후에도 나는 이 주제에서 벗어날 수 없었고 지금까지 이에 대한 연구로 내 수입의 상당 부분을 얻고 있다.

아마도 이때가 대처 집권 말기쯤이었다. 내 개인적 환경에도 변화가 왔다. (내 딸이 중학교에 진학해서 내가 일을 더 많이 할 수 있었고 집 근처의 대학에서 시간강사 자리를 얻었다.) 그러나 이때 곧 1990년대 초는 내 지적 계발 결과를 정리하는 시절이었던 것 같다. 내가 계속 같은 소리를 반복할 위험성을 느낀 분야는 비단 재택근무뿐이 아니었다. 젠더(성)와 기술이라는 주제 또한 "쓸 데까지 다 써서 바닥이 났었다". 그래서 학술회의용 논문 청탁을 받자, 이 주제에 대한 내 생각의 발전 과정을 되돌아보는 기회로 삼기로 작정했다. 이 주제를 다룬 다른 이들과의 교류, 관련 글에 대한 내 반응 등 그동안의 궤적을 정리하자는 거였다. 그 결과물이 제8장 「집단적 꿈의 쇠락」이다. 이 글은 앞서 쓴 글들에 대한 일종의 논평 같은 것이기도 하다.

그리고 1990년대 중반 인터넷이 일상생활에 파고들었다. 내가 80년대 글에서 썼던 많은 것들이 이때는 당연시됐다. 명칭은 달라졌지만. 그래서 이젠 어떤 기술이 끼칠 여파에 대해 쓸 때 먼저 기술에 대해 설명할 필요가 없어졌다. 이 시기에는 용역을 받아서 하는 일이 아주 많았다. 하지만 이때부터 1999년까지 쓴 글들은 이 책에 수록하지 않았다. 닷컴 열풍이 절정에 달한 99년에는 『소셜리스트 레지스터』의 권고를 받아 「물질세계」를 썼고, 이 글은 이 책 9장에 다시 실려 있다. 이 글에 대한 우호적인 반응이 나로 하여금 두 번째 글 곧 10장 「싸이버타리아트의 형성」을 쓰게 했다. 이 두 편의 글은 각각 프랑스어와 독일어로 번역됐는데, 우리가 지금 살고 있는 세상을 상품화가 어떻게 고쳐가고 있는지 표현하는 그림을 보여준다. 「물질세계」는 상품화 과정이 새로운 장소에 새로운 상품과 산업을 형성하고, '지식'경제는 물질을 공기처럼 없애 버리는 것이 아니라 정반대로 지구의 자원을 게걸스럽게 탐하는 새로운 물리적 상품을 낳는 과정을 탐구하는 글이다. 「싸이버타리아트의 형성」은 이 상품화 과정과 동시에 나타나는 노동 분업의 새로운 정밀화 과정을 추적하고 이것이 노동자들에게, 그리고 계급 정체성에 어떤 의미를 지니는지, 또 노동자들의 조직화 전망에는 어떤 의미를 갖는지 따진다.

이 책의 마지막 글은 「누가 기다리고 있는가? : 시간 논쟁」이며, 이 글은 전 과정을 완전히 한바퀴 돌아 마무리 짓는다. 이 글은 1979년의 첫 글(1장)에 제시된 상품화 모델로 돌아가서 일터를 넘어 집으로 눈을 돌린 뒤, 소비를 위한 무보수 노동에 이런 변화 과정이 끼친 영향을 돌아본다. 이 글은 특히 콜 센터 같은 서비스업의 테일러주의화가 사생활의 테일러주의화를 유발하는지, 그리고 이것이 사람의 행복에 어떤 의미를 갖는 건지 묻는다.

내가 여러 해 동안 적용한 이 모델은 많은 질문에 대해 직관에 반하는 답을 제시할 수 있게 도와줬다. 그 질문들은 이런 것들이다. 새로운 상품이 어디서 나오는가? 왜 자동화는 대량 실업 사태를 유발하지 않는가? 왜 '지식 기반' 또는 '무게 없는' 경제는 에너지와 천연자원의 소비 증가와 관계가 있는가? 왜 수고를 덜어주는 기기들이 우리에게 더 많은 여가시간을 주지 못하는가? 이런 질문에 대해 이 책이 제시하는 대답들이 독자들에게 어떤 통찰을 공유할 수 있게 해주고, 그 과정에서 많은 다른 질문들이 제기되기를 기대한다. 가장 훌륭한 대답들은 언제나 새로운 많은 질문을 낳듯이 말이다.

1장 신기술과 가사노동[*]

해리 브레이버먼은 『노동과 독점자본』에서 이렇게 썼다.

근대의 살림살이 관련 산업과 서비스업의 진보가 가정 내 노동을 줄이면
서 동시에 가정생활도 더욱 무가치하게 만들었다. 개인 관계의 부담을
없애주면서 애정도 빼앗아갔고, 복잡한 사회생활을 유발하면서 공동체의
흔적을 깡그리 빼앗아가고 금전 관계만 남겨 놨다.¹

지난 250년 동안의 제조업 역사는 거칠게 말하면 가정에서 돈 받지

* 1979년 <사회주의 경제학자 회의> 소속 마이크로프로셰서 그룹에 제출한 글이다.

1. Harry Braverman, *Labor and Monopoly Capital : The Degradation of Work in the Twentieth Century* (New York : Monthly Review Press, 1974) [해리 브레이버먼, 『노동과 독점자본 : 20세기에서 의 노동의 쇠퇴』, 이한주·강남훈 공역, 서울 : 까치, 1987].

않고 하던 일들을 하나씩 하나씩 빼앗아서 시장에 넘겨주는 역사로 볼 수 있다. 그런데 그 일이 시장으로 넘어가면 그때부터는 돈벌이를 위한 일거리가 되고 사용을 위해서가 아니라 교환을 위한 게 된다. 이 과정은 가사노동의 사회화로 표현된다. 앨리스 클라크(Alice Clark)는 이렇게 쓰고 있다.

17세기에 이는 [가정은] 광범한 생산영역을 맡고 있었다. 술 제조, 낙농, 가금류와 돼지 사육, 채소와 과일 생산, 아마와 양모 짜기, 간호와 치료, 이 모든 것이 가내 산업을 이루는 요소들이었다.[2]

시기를 더 넓히고 보통 남성들이 하던 일까지 포함시켜 보면, 클라크가 제시한 목록에 훨씬 많은 일들을 더할 수 있을 것이다. 건자재와 가구, 신발, 옷, 농기구, 교통수단, 장비, 도기, 비누, 양초 등 많은 물건의 제조가 여기에 포함될 수 있다.

상품생산의 이러한 사회화는 몇 가지 영향을 끼쳤다. 먼저 공장에서 상품을 대량 생산함으로써 생산 방법과 기술 개발의 합리화가 가능해졌고 이는 물건 값 하락을 불렀다. 그래서 집에서 직접 물건을 만드는 것이 더 이상 경제적이지 못하게 됐다.

두 번째로 가정에서는 창조적인 '생산' 활동이 사라졌고 그 자리를 창조적이지 못한 소비 활동이 대체했다. 장보기가 살림살이의 일부분이 됐고, 이와 동시에 살림살이는 임금에 의존하게 됐으며 소매업이 발전할 길이 열렸다.

---

2. Alice Clark, *Working Life of Women in the Seventeenth Century* (New York : A. M. Kelley, 1968).

세 번째로 (예를 들어 섬유업처럼) 여성이나 어린이를 위한 일자리가 많이 창출되기는 했지만, 제조업 발전은 '남성의 일'(집 밖의 임금노동)과 '여성의 일'(무보수 가사노동)의 분화를 재촉했고 '가족임금'과 같은 개념을 만들어냈다.

가정에서 이뤄지던 상품생산의 사회화와 함께, 서비스의 사회화도 이뤄졌다. 가족과 이웃을 위해 돈 받지 않고 약초를 캐다 주고 아이를 받아 주던 여성들이 돈 받고 일하는 남성 의사와 약사들로 대체됐고, 그럼으로써 근대적인 전문 의약업과 관련 산업의 발판이 마련됐다. 또 논쟁을 중재하는 현명한 여성들의 일을 남성 변호사들이 대신했다. 말로 교육하는 전통을 글로 가르치는 일이 대신하게 됐고, 이 일 또한 남성들이 통제했다. 또 새롭게 생겨난 교환과 분배의 필요성을 충족시키기 위해 복잡한 산업들이 생겼다.

물론 이런 설명은 극도로 단순화한 것이다. 이런 모든 일이 한꺼번에 일어난 것은 아니며, 순조롭고 부드럽게 진행된 것도 아니다. 가사노동의 사회화가 완료됐다고 생각한다면 그 또한 실수다. 이 과정은 지금도 진행되고 있으며 앞으로도 계속 될 것이다. 역사발전과정을 이렇게 대강 묘사한 것은, 자본주의 아래서 나타난 이 과정을, 좀더 구체적으로는 이 과정에서 새 기술의 도입이 어떤 작용을 했는지를 해명하는 단초를 열기 위한 것이다. 우리가 이 과정을 이해할 수 있다면, 지금 진행되고 있는 마이크로프로세서 기술에 대한 막대한 투자의 결과 어떤 재화와 용역이 새로 등장하고 이로써 또 다른 호황의 기초가 마련될지 예측하는 게 가능할 것이다. 이 과정을 이해할 수 있다면 또 여성(그리고 남성)을 저임금의 창조적이지 못한 (단순 서비스업) 일자리에 묶어두는 결과를 가져오지 않으면서 살림살이의 사회화를 이루기 위한 요구사항을 정식화하는 데도 기여할 것이다.

자본주의 아래서, 제조업에 새로운 기술을 도입하는 건 노동을 적게 들이면서 (그리고 되도록이면 더 싼 노동을 이용해서) 더 많은 물건을 생산하기 위해서다. 새 기술 도입의 물결이 밀어 닥칠 때마다 숙련 노동자들이 기계로 대체된다. 그리고 새로운 기술에 대규모 투자가 이뤄질 때마다 항상 같은 우려가 제기된다. 대량 실업 사태가 발생하고, 실업자들은 구매력이 없기 때문에 새로운 제조법으로 생산되는 상품의 시장이 형성되지 못할 것이라는 우려 말이다. ("로봇은 자동차를 사지 않는다".) 사실 이런 일은 한번도 나타나지 않았다. 물론 일시적인 대규모 실업 사태가 발생하고 몇몇 개별 노동자로서는 영원히 일자리를 못 찾는 일이 생기긴 한다. 언제나, 오래된 산업들이 훨씬 더 자본집약적으로 바뀌면서 고용을 줄이는 것과 동시에 새로운 상품과 서비스를 제공하는 신규 산업이 등장하는데 이 산업은 보통 생성 초기엔 노동집약적인 성격을 띤다.

20세기의 경우 이런 예를 라디오, 텔레비전, 음향기기 같은 산업, 냉동식품 등 편의식품 산업, 세탁기, 냉장고, 기타 가전 산업, 화장품 산업, 제약업, 세제와 기타 화학 산업의 발전과정에서 확인할 수 있다.

이런 산업들은 한 가지 공통점이 있는데, 그건 가내노동에서 "유래했다."는 점이다. 여기서 생산되는 상품들은 부모 세대 여성들이 집에서 하던 활동들을 대체했다. 노래 부르는 것, 큰 소리로 글 읽는 것, 피아노 치는 것, 전반적인 가족 오락 거리를 제공하는 것, 음식을 준비하고 보존하는 것, 가족을 돌보는 것, 빨래하고 청소하는 것을 말이다.

그런데 이런 일들을 살림살이의 일상적인 부분으로 여기던 이 부모 세대 여성들은, 자신들의 할머니들로선 너무나 낯선 기성복과 기성신발, 재봉틀, 특허약품, 기성비누, 가스, 전깃불 같은 것들을 당연시하던 세대이기도 하다.

살림살이의 사회화에서 아주 흥미 있는 측면 하나는, 논리적으로 당연히 예상되는 것과 달리 살림살이에 들이는 전체 시간이 줄지 않았다는 사실이다. 밖에 나가 일거리를 얻을 기회가 생기긴 했지만, 집안에서 하는 무보수(가사) 노동량은 약간 늘었으면 늘었지, 별 변화가 없다.

앤 오클리(Ann Oakley)가 가사노동에 대한 (몇 개 안되는) 연구의 결과들을 모아서, 도시건 농촌이건 할 것 없이 대량 생산된 가정용 상품과 일거리를 덜어주는 장치들의 도입으로 가내노동시간이 줄어들지 않았다는 사실을 밝혀냈다. 게다가, 힘들고 피곤한 일이라고 생각되는 임금노동에 가사노동을 견줘보면 가사노동의 질이 개선된 것도 없다는 사실도 밝혀냈다. 가사노동은, 변변한 기술이 없는 생산라인 노동자의 단조롭고 파편적이며 스트레스 심한 일에 가까워 보인다.[3]

어찌해서 이런 현상이 나타나게 됐을까? "일거리를 덜어주는" 장치들이 왜 제 구실을 하지 못하나? 이 질문에 답을 얻기 위해서는 먼저 서로 다른 몇 가지 요소를 점검해야 한다. 이 요소들 가운데 일부는 새 기술이 도입되는 방식과 직접 관련된 것들이다. 첫째로, 서비스 업종 노동자의 일을 규격화하고 생산성을 높이려는 시도가, 소비자에게 몰래 전가되는 "소비 노동"의 양을 계속 늘게 만든다. 예를 들면 이렇다.

---

3. Ann Oakley, *Woman's Work : The Housewife, Past and Present* (New York : Vintage Books, 1976).

소비자들이 슈퍼마켓의 상품 진열대에서 직접 물건을 담고, 채소를 직접 봉지에 넣고, 주유소에서 직접 주유하고 은행의 자동 입출금 기계 앞에 줄서고, 그래서 시간을 들이는 사람은 서비스업 노동자가 아니라 소비자인 것이다. 은행의 생산성에 대한 연구는, 예를 들어 고객에게 직접 입금전표를 작성하게 하면 생산성을 급격하게 높일 수 있음을 보여준다. 콜린 튜지(Colin Tudge)는 『기근 사업』(1977)에서 이 점을 멋지게 정리하고 있다.

한쪽에서 일을 줄인다는 건 단지 그 일을 다른 쪽에 떠넘기는 걸 뜻한다는 지적은 경제에서도 마찬가지로 유효하다. 식품 업계는 수익이 없는 모든 일을 덜어 버리기를 갈망한다. 그들이 음식을 당신에게 가져다주는 게 아니라, 당신이 대형 상점을 찾아가야 한다. 그들은 저장도 일부만 담당할 것이고, 그래서 당신은 식품을 처리하기 위해 재빨리 얼려야 한다. 당신이 쓰는 휘발유 값은 누가 대나? 또 도로 비용은? 식품을 급속 냉동하고 보관하는 비용은 또 누가 치르나? 이 모든 것과 당신이 대형 상점까지 갔다가 오는 데 들이는 시간도 식품 값에 포함되는 것이다. 이 비용은 기업의 손익계산서에 나타나지 않는다. 그러나 결국은 당신의 손익계산서에 포함된다.[4]

두 번째로, 서비스의 중앙집중화는 시간, 에너지, 운송비용을 사용자에게 전가한다. 이를 보여주는 예는 많다. 골목 귀퉁이의 가게가 아니라 넓은 지역을 대상으로 하는 슈퍼마켓, 의사가 집으로 왕진을 오는

---

4. Colin Tudge, *The Famine Business* (London : Faber & Faber, 1977).

대신 아이들을 데리고 병원 진찰실을 찾아가야 하는 것 등이 그렇다. 여기서도 역시 변화의 동기는 서비스업 노동자들의 생산성을 높이고 상대적으로 기술에 더 투자할 필요성인 것 같다.

세 번째로 이데올로기적 압력도 중요한 구실을 해왔다. 20세기 초에 나타난 가정학(domestic science) 운동, 미생물 병원설(病源說), '과학적 모성' 이념의 발전이 살림살이의 기준에 커다란 변화를 가져왔다. 봄철에 연례 대청소를 하며 살던 이들이, 이제 청소를 일주일에 한 번도 하지 않는 건 부도덕하다고 믿게 강요됐다. 가을에 겨울철 속옷을 짓고 봄이 되어서야 풀어 빨던 이들은 매일 속옷을 빨아야 한다고 생각하는 손자들을 낳고 말았다. 에런리치(Ehrenreich)와 잉글리시(English)가 『사회주의자 혁명』 1975년 10~12월호에 쓴 「가사노동의 창출」을 보면, 부르주아 계층이 의식 캠페인으로 시작한 것을 광고, 홍보 업계가 넘겨받아, 이제는 일하는 여성들에게 가정을 햇볕 같은 상쾌함과 편안한 부드러움으로 채우라고 설득하고 있다.[5]

네 번째로, 임금노동이 발전하면서 나타난 결과물의 하나는 앞에서도 언급했듯이 일터의 '공적인' 세계와 가정의 '사적인' 세계가 나뉘었다는 것이다. 가정은 소외되고 짜증나며 긴장되는 노동 환경의 피난처가 되고 오락과 휴식, 정서적 지원, 성적 자극과 기쁨을 제공하는 장소가 되기를 사람들은 기대한다. 이런 요구를 충족시켜야 한다는 부담은 그 요구 자체가 사회화하고 있는 상황임에도 주부에게 떠넘겨졌다. 즐거움조차 이제는 돈 주고 살 수 있는 어떤 것이 되었고 그래서 오락 산

---

5. Barbara Ehrenreich and Deirdre English, "The Manufacture of Housework," *Socialist Revolution*, October~December 1975.

업, 놀이공원, 패키지 여행상품, 화장품, 패션 산업 그리고 음란물의 성장을 가져오고 있다. 한 어원학자는 미국인의 요즘 언어사용 행태는 그들이 모든 즐거움을 획득하고 소유할 수 있는 상품으로 보고 있음을 암시한다고 지적했다. 즐거움이나 성교를 "갖는다"("have" fun or sex), 또는 대접이나 마약에 취한 상태를 "얻다"("get" laid or stoned)는 식이다. 이를 과거의 어법인 "사랑을 만들다"("make love") "즐거움을 만들다"("make merry")와 비교해보라.

정서적 욕구를 만족시키는 것이 이제는 금전적 관계의 일부가 됐음에도, 여전히 이 욕구의 충족을 돌보는 책임은 주부들 몫이다. 가정이 행복하지 못하면 주부 잘못이고, 가정을 행복하게 만들려면 가사노동에 많은 시간과 노력을 들여야 한다. 임금노동이 더 따분해지고 더욱 단순 반복적인 작업이 되고 스트레스가 커질수록 이런 욕구 또한 커진다. 그런데 임금노동이 이렇게 힘들어지는 추세는 새로운 기술 도입의 직접적인 결과다.

새로운 상품과 서비스가 등장하는 주기를 보는 것 또한 흥미로운 일이다. 예를 들자면, 영국에서 라디오, 전자 제품, 기타 내구 소비재의 소비는 1961년 7,100만 파운드(1970년 불변가격 기준)에서 1976년 1억 7,200만 파운드로 늘어났다.[6] 1976년 영국 가정의 72%가 세탁기를 갖고 있었고, 냉장고는 88%, 텔레비전은 95%가 갖고 있었다.[7] 이 수치는 1950년대에 와서야 생기기 시작한 시장이 이때 이미 포화상태에 이르

---

6. 영국 국립 통계청, 「사회 추세」 (London : Office for National Statistics, 1977).
7. 영국 국립 통계청, 「가족 소비 조사」 (London : Office for National Statistics, 1976). 인터넷 사이트 http://www.statistics.gov.uk/ssd/Surveys_family_expenditure_survey.asp 를 보라.

렀음을 보여준다.

특정한 가사노동의 사회화 과정은 아주 일정한 양태를 띠는 것처럼 보인다. 첫 번째 단계에서는 부르주아 가정에서만 이 '욕구'를 만족스럽게 충족시키는데, 이는 보통 가정부를 씀으로써 해결된다. 그래서 이 단계에서는 이것이 '사치'로 여겨진다. 대량 생산이 가능해지면, 값이 싸지면서 노동계급 가운데 상층부도 이를 확보하게 된다. 이런 현상은 생활수준의 향상이라고 환영받는다. 그리고 날로 많은 사람들이 이를 확보하고 싶어 한다. 다음 단계에서 이는 필수적인 것이 된다. "남들의 수준에 맞추라"는 압박 때문이 아니라, 사회시설 등이 누구나 이를 갖추고 있다는 전제 아래 돌아가기 때문이다. 예를 들면, 집의 구조는 냉장고가 있는 것을 전제로 설계된다. 음식을 선선하게 보관할 장소를 두지 않는 것이다. 다음 세대 학생들은 모두 휴대형 계산기가 있다는 전제 아래 시험을 치르게 될 것이다. 그래서 노동자들은 소비 욕구 때문에 더욱 더 임금노동 체제에 얽매이게 된다.

또 다른 경향은 새로운 상품 제조나 새로운 서비스 제공을 위해 창출된 새 일자리를 여성들이 채우는 것이다. 한편으로 자본주의는 언제나 가장 싼 노동력을 찾고, 다른 한편 노동이 과거에는 가정 내 '여성의 일'로 여겨지던 것과 날로 밀접하게 연관된다는 사실을 생각하면, 이런 현상은 놀랄 것이 못 된다. 놀라운 것은, 이런 방식이 충격적이리만치 뿌리 깊은 것이라는 점과 이 방식이 거의 보편적으로 적용된다는 데에 있다.

밖에서 일하는 전체 여성의 25%는, 전체 종사자의 90% 이상이 여성인 직종에서 일한다. 타자수, 비서, 여급, 간호사, 점원, 재봉사 등등이 그렇다. 또 전체 여성 노동자의 절반은, 종사자의 50% 이상이 여성인 직종에서 일한다. 식당지배인, 요리사, 설거지하는 이, 술집 점원, 사무실 청소부, 미용사, 빨래하는 이, 재단사, 웨이터, 파출부, 사회사업 담당자, 편물사, 초등 및 중등 교사, 전자 제품 조립공, 섬유 업체 공원, 포장하거나 표찰붙이는 이, 전화 교환원, 사무기기 조작 담당자 등이 그렇다.[8]

이 모든 일은 살림살이와 명백하게 관련된 것들이거나 살림살이용 상품 제조와 관련된 것들이다. 또 남성의 일자리에 비하면 임금이 훨씬 적다.

이와 유사한 양태는 마이크로프로세서 기술의 도입에서도 그대로 반복될 것으로 보인다. 새로운 상품과 서비스가 등장하고, 이것들은 가사노동의 또 다른 부분을 사회화해 대체할 것이며 가사노동의 단순 노동화를 심화시킬 것이다. 기존 서비스업과 제조 공정에 대한 투자는 노동력 착취와 중앙집중화를 더 강화할 것이며, 이는 시간이 많이 소모되고 노동력 집약적인 일들을 소비자들에게 떠넘기는 것으로 이어질 것이다. 임금노동이 날로 힘들고 불쾌해지면서, 여성에게 정서적 뒷받침과 평화, 행복, 기쁨을 제공하라는 요구가 훨씬 더 거세질 것이다. 소비 압력도 커지고, 새로운 저임금 일자리가 여성들을 위해 만들어질 것이다.

범주화를 논하는 건 너무 성급하겠지만, 기존의 징표들을 면밀히 따져보면 특정 형태를 띠는 것 같다. 소형 컴퓨터 칩 기술은 이미 새로운

---

8. Data from *Department of Employment Gazette*, November 1978.

상품을 창출해냈다. 아이언 배런(Ian Barron)과 레이 커노(Ray Curnow)는 『미세전자공학이 함께하는 미래』(1979)에서 이렇게 말한다.

> 중단기적으로 볼 때, 텔레비전부터 조리기구까지 많은 가정용품들은 소형 컴퓨터 제어 기능을 포함할 것으로 예상할 수 있다. 각각의 상품들은 서로 다른 제조 업체가 독자적으로 개발하게 될 것이고, 사람이 조절하지 않는 한 서로 연결되지 않은 채 홀로 작동하게 될 것이다. 하지만 장기적으로 가정의 정보 분배 시스템이 등장하면 이 시스템에 연결해 정보를 주고받는 다양한 기기들이 개발될 것이다. 예를 들면, 전화를 이용해 원격으로 조리기구를 켤 수 있을 것이고 가스계량기도 원격으로 검침하며 텔레비전은 집 구석구석으로 영상을 보내게 될 것이다.[9]

소형 컴퓨터 칩에 의한 제어는 이미 일부 가정용 기기에 도입됐으며 이런 기능을 추가한 자동 식기세척기, 조리기구, 전자레인지, 믹서기, 재봉틀, 전동공구, 알람시계, 사진기 등도 개발되고 있다. 소형 컴퓨터 칩 때문에 제조가 가능해진 소형 계산기, 비디오 게임기 같은 완전히 새로운 상품들도 등장했다. 이미 일본에서는 비디오 게임의 등장이 사회적 변화를 초래하고 있다. 비디오 게임인 '우주전쟁'을 즐길 수 있는 오락실이 곳곳에 생겨나고 있으며 여기에 중독된 청소년들이 등장하고 있다. 이들은 게임을 계속하기 위해 강도질이나 도둑질을 하기도 한다. 영국의 바닷가 휴양지를 가보면 이 게임이 이 나라에서도 얼마나 빨리 번지고 있는지 금방 알 수 있다.

---

9. I. Ann Barron and Ray Curnow, *The Future with Microelectronics* (London : Frances Pinter, 1979).

소형 컴퓨터 칩으로 제어하는 가정용 로봇이 몇몇 업체에 의해 개발되고 있는데 닦고, 쓸고, 광내고, 진공청소하는 일 정도는 할 수 있다. 일간 「가디언」 1978년 12월12일 기사를 보면 이 가운데 한 로봇은 2만 파운드 정도한다. 개발 업체인 퀘이서 산업은 "너무 두드러져 보이지 않도록 작게 만든" 스커트를 입고 있다고 밝혔다. 다양한 형태의 가정용 컴퓨터도 이미 시제품 개발 단계에 와 있으며, 다양한 전자 장난감도 개발되고 있다.

소형 컴퓨터 칩 기술은 이미 '셀프서비스'를 크게 늘리면서 서비스 산업의 합리화를 이끌고 있다. 뒤에서 더 자세히 설명하겠지만, 소형 컴퓨터 칩 기술이 가장 큰 영향을 끼치는 분야는 서비스 산업의 반복적인 정보처리 업무와 제조업의 '서비스' 영역이다. 이런 업무에서 '줄인' 일거리의 대부분은 사실 소비자에게 떠넘겨진 것에 불과하다.

이런 무인화의 진전에 따라 소비자에게 떠넘겨진 추가 소요시간, 기계 조작 작업, 일거리 부담에 더해야 할 것이 있다. 그것은 기계를 상대함으로써 겪는 좌절감과 대부분의 기관에서 소비자를 상대하는 유일한 사람인 서투르고 만족스럽지 못한 관료들의 무례함을 감수하는 고통이다.

다른 신기술들과 맞물리면서 소형 컴퓨터 칩 기술은 대부분의 작업 공정을 이전보다 더 따분하고 힘들고, 불만스럽고, 격리된 것으로 만든다. 단순 작업화, 기계에 의한 감독, 일의 속도 증가가 이런 효과를 유발하는데, 이 효과는 노동자 '개인의 삶' 차원에서 해결하도록 떠넘겨지는 육체적, 심리적 증상을 초래한다.

사교 및 성 생활을 방해하는 요소는 주, 야간 교대 근무에서 나온다.

이 작업 형태는 새로운 기술의 등장과 함께 더 늘어나는데, 이렇게 되는 것은 경영자들이 새 기술이 쓸모 없어지기 전에 투자 액수를 뽑아내려고 하기 때문이다.

가족의 기쁨과 평화를 유지할 책임이 여전히 여성들에게 떠안겨진 상황에서 다시 이런 긴장을 해소해주고 '즐거움'을 제공해야 할 부담조차 곧바로 여성에게 떨어질 것이다.

마지막으로 신기술은 여성들에게 새로운 저임 일자리를 가져다준다. 레이철 그로스먼(Rachel Grossman)은 이렇게 쓰고 있다.

(반도체) 산업에서 경쟁은 여전히 치열해서 제품 가격이 생산비용보다 더 빨리 떨어지고 있다. 생존 경쟁 속에서 기업들은 가능한 모든 방법을 동원해 가격을 떨어뜨리는 동시에 전자 장난감, 가정용 컴퓨터 같은 새로운 제품을 선보이고 있다. 역설적이게도 노동력을 줄여주는 기계장치들의 생산과정 대부분은 극도로 노동집약적이기 때문에, 노동 비용이 주요 경비절감 대상이 되고 있다.[10]

그로스먼의 글에 묘사되는 미국의 다국적 기업들은 다루기 쉬우면서 값도 싼 노동력을 찾기 위해 전 세계를 휩쓸고 다니며 동남아시아에서 젊은 이슬람교도 여성들을 찾아냈다. 그로스먼의 설명을 보면, 이들은 단 4년만 일하고 나도 시력을 잃어서 창녀를 빼고는 어떤 일도 할 수 없는 처지로 전락시키는 끔찍한 노동 조건에서 하루에 0.4파운드를 주고 부려먹을 수 있다. 그들의 일은 컴퓨터 칩을 조립하는 것이

10. Rachael Grossman, "Silicon's Ugly Secrets," *Computing Europe*, 10 June 1979에서 재인용.

다. 그로스먼은 이어서 이렇게 기술하고 있다.

아시아의 전자 공장 노동자들은 미국 캘리포니아의 동료들과 흔히 생각
하는 것보다는 훨씬 더 많은 공통점을 갖고 있다. 실리콘밸리의 조립라
인에서 일하는 6만여 명의 노동자가 반도체 제조 공정을 시작하고, 아시
아의 조립공들이 일을 마친 뒤에 보내온 완성품을 다시 검사한다. 미국
에서 일하는 이 노동자들의 90%가 여성이며, 대략 이들의 절반은 필리
핀, 한국, 베트남, 멕시코, 아조레스(대서양의 포르투갈령 섬 : 역자) 등의
아시아나 라틴아메리카 출신이다. 아시아에서 일하는 그들의 자매들과
달리, 캘리포니아 공장에서 일하는 여성 대부분은 가족의 생계를 책임지
는 홀로 사는 어머니들이다.

19세기 초 섬유 산업을 연상시키는 이런 상황 진전은 앞으로 다가올
일을 예고하는 것에 불과한 것 같다. 영국의 전자부품 제조 업체들이
말레이시아 같은 제3세계로 생산설비를 이전하는 징조들이 이미 나타
나고 있다. 하지만 일부 생산은 좀 더 '정치적으로 안정된' 선진국에서
그대로 유지할 것으로 보인다. 분명해 보이는 것은, 새로 창출되는 일
자리는 우리사회에서 가장 값싼 동시에 가장 필요성이 적은 노동자들
을 위한 것이라는 사실이다. 여성, 특히 가장 가난한 여성들, 이주민,
홀로 사는 부모들 같이 선택의 여지없이 어떤 일이든지 할 수밖에 없
는 이들 말이다. 이런 분석을 근거로 몇 가지 잠정적인 결론을 낼 수
있을 것이다. 먼저, 가사노동의 사회화 자체가 여성을 해방시키지 않는
다는 것이 분명해졌다. 생산수단의 사회화가 곧 억압적이고 소외를 유
발하는 노동 상황에서 해방됨을 뜻하는 것이 아님을 깨달은 노동자들

이 해방을 위해 노동과정에 대한 통제권한을 요구하기 시작한 것과 마찬가지로, 여성들도 억압적이고 소외를 유발하는 가사노동 상황에서 해방되기 위해서는 소비수단과 서비스에 대한 어떤 방식이든 통제권한을 요구해야 한다. 새로운 기술은 자본이 우리의 생활 영역을 점점 더 자신의 통제 범위 안으로 포섭하는 도구이다. 단지 생산 지점에서만이 아니라 모든 지점에서 통제권에 도전하지 않는다면, 억압이 계속 강화되기만 할 것이다. 다른 말로 하자면, 이런 상황은 노동 현장 안팎에서 우리가 요구해야 할 것들이 무엇인지 암시한다.

두 번째로, 우리의 조직화 방안에 대해 암시하는 바가 있다. 새로운 기술은 단지 임금노동에만 영향을 끼치는 것이 아니라 가정과 지역 공동체 생활의 본성을 극적으로 바꾼다. 기술은 또 여성운동 조직과 지역사회 조직이 새 기술의 가장 나쁜 영향에 대응할 필요성을 유발한다. 새 기술이 불러온 발전상 자체가 새로운 공동체 조직화 방안이 마련될 전제조건을 제공할 수 있지 않을까 싶기도 하다. 고도로 자동화한 산업에서 새 기술의 도입이 노동자들을 원자화하고 개인을 고립시켰지만, 새 기술의 도입은 소비자와 서비스 이용자들을 대기실에 모이거나 줄서서 기다리는 식으로 무리 짓게 하는 경향이 있다. 이런 상황에서 새로운 방식의 운동과 조직화가 나타날 수 있다. 노동자 조직과 지역사회 기반 조직들의 연대 행위도 가능할 것이다. 이런 행위는 이미 제한적이나마 나타나고 있다. 예를 들어, 병원 노동자들과 이용자들은 병원 폐쇄에 맞서 연대 행동에 나섰고 버스 노동자와 승객들은 요금 인상에 공동으로 대응하며 공공 주택 세입자 모임은 지방정부의 직영사업 문제에서 노조와 연대했다.

마지막으로, 신규 산업의 저임 여성 노동자들의 처지에 관심을 집중해야 한다. 그들은 한편으로는 무보수 가사 노동자로서, 다른 한편으로는 초과 착취를 당하는 임금 노동자로서, 신기술이 끼치는 최악의 영향을 한 몸에 받고 있다. 그들의 조건을 개선하기 위한 행동을 하지 않으면, 모든 여성, 한 걸음 더 나아가서 모든 임금 노동자의 조건도 따라서 악화될 것이다.

2장 살림용 기술

해방자인가 속박자인가[*]

사회주의 여성주의자를[1] 포함한 맑스주의자들의 전통 한 가지는, 새 기술이 기본적으로 좋은 것이라고 여기는 점이다. 논쟁은 아주 단순하게 이런 식으로 진행된다. 옛날에 자본주의가 자리 잡기 전에 거의 모든 일(생산과 서비스)은 집에서 임금을 받지 않고 이뤄졌다. 여성은 억압하는 남성 개개인의 소유물이었다. 노동자들은 각자 자신의 집에 고립되어 있었다. 그리고는 두 가지 진보의 동력 곧 과학과 기술이 나타났다. 집에서 하던 일들은 차례차례 사회화됐다. 실 잣는 일, 옷감 짜는

---

[*] 1982년 1월 『스칼릿 위민』에 발표한 글.

1. [역자주] 사회주의 여성주의: 1970년대에 급진적 여성주의, 자유주의 여성주의와 나란히 등장했다. 맑스주의적 계급 관계 분석과 급진적 여성주의의 남녀 성별 관계 분석을 결합하고 둘이 대화하게 함으로써 재정의하는 시도로 특징지을 수 있다. 이 흐름은 영국에서 활발했는데, 대표적인 인물로 현 영국 맨체스터대학 교수 실러 로버샘이 있다.

일, 양조, 빵 굽기, 의료 일, 비누와 양초 만들기, 심지어 오락까지 이 모든 전통적인 여성의 일이 집 밖에서 임금을 받고 하는 일이 됐다. 이 과정에서 임금을 위해 노동을 파는, 의식 있는 노동계급이 새로 생겨 났다.

이 과정은 물론 한꺼번에 이뤄지지 않았지만, 지난 200여 년 동안의 자본주의 발전과정을 특징짓는 갑작스런 움직임의 연속적인 과정이었 다. 맑스주의적 사상에 침투해 있는 도덕적인 것과 '과학적인' 것이 혼 합된 관점에서, 이 과정은 불가피한 동시에 좋은 것으로 여겨졌다. 이 는 여성을 '힘든 가사노동'에서 해방시켜서 남성과 대등하게, 날로 확 대되는 노동계급의 온전한 구성원이 되게 했다. 이렇게 설정하면, 여성 들이 사회주의 혁명에 의해 마침내 해방되는 것은 단지 시간문제일 뿐 이다. 사회주의 혁명은, 모든 가사노동이 사회화하고 사유재산과 여성 에 대한 억압이 동시에 이 땅에서 사라지는 사회를 가져온다.

지난 10년 동안 사회주의 여성주의자들은 과학과 기술에 대한 전통 적 개념에 도전했다. 그들은 과학은 중립적이지 않으며, 새로운 기술 도입의 효과는 노동의 질을 개선하는 것이 아니라 노동자를 단순 노무 자로 만들고, 새로운 통제 기구를 도입함으로써 실제로 노동 조건을 악화시킬 수 있다고 주장했다. (나는 지금 새 기술이 일자리를 줄이는 효과에 대해 말하고 있는 것이 아니다. 이 효과에 대해서 사회주의자 들은 언제나 자본주의 사회에서 노동계급에게 파괴적인 것으로 인식 해왔다.)

전통적인 사회주의 신조를 이렇게 일반적으로 재평가하면서 무시된 한 가지 영역이 있다면 그것은 새 기술이 가정 내 여성의 지위에 끼치는 영향이다. 놀라우리만치, 여전히 사회주의자들 사이에는 가정의 자동화를 (그리고 이를 위한 다른 과학의 적용을) 의문의 여지없이 좋은 것으로 보는 시각이 일반적이다. 반면 사회주의 여성주의자들에게 '가사노동의 사회화'라는 슬로건은 여전히 믿음과도 같은 근본적인 목표의 하나로 받아들여진다. 게다가 이를 다른 비사회주의 여성주의자들과 우리를 구별되는 요소로까지 본다.

이 장에서는 가정 내 기술에 대한 전통적인 전제를 실제 경험에 비춰 검토할 것이다. 가정주부의 모순적인 상황 몇 가지를 따져보고 이것이 새 기술에 대한 사회주의 여성주의 전략에 대해 암시하는 바를 따져볼 것이다.

새로운 기술이 가정에 끼치는 영향을 조사하려면, 지금까지 가정에 도입된 기술들이 여성을 가사 노동자 처지에서 해방시키지 못했으며 여러 시간을 무보수 가사노동에 들여야 하는 현실에서 벗어나게 하지도 못했다는 논란의 여지가 없는 사실에서 출발해야 한다.

'대칭적인 가족'과 '남성의' 일과 '여성의' 일의 경계 변화에 대한 자유주의적 이론화가 시도됐음에도, 여전히 대부분의 가정에서 가사 일은 여성의 책임으로 여겨진다. 가정 내 노동시간에 대한 조사 또한 평균적으로 여성이 가사노동에 들이는 시간은 늘고 있음을 보여준다. 1920년대에 주당 60시간 정도였던 것이 1970년대에는 70시간 이상이 됐다. 그런데 이 기간 동안 '노동을 줄여주는' 기기와 가정용 화공약품, 편의식품 등은 종류와 가짓수가 전례 없이 크게 늘었다. 이런 현상을 어떻게 설명할 수 있을까?

상황을 이렇게 만드는 데 기여한 요소는 몇 가지가 있는 것 같다. 첫 번째는 이데올로기적인 것이다. 1장에서 지적했듯이, 그리고 바버라 에런리치(Barbara Ehrenreich)와 디어드러 잉글리시(Deirdre English)가 자신들의 많은 연구 작업에서 보여줬듯이, 이데올로기적 힘은 그들이 '가사노동의 창출'이라고 한 것에 강력한 영향력을 끼쳤다.[2] 교육 체계, 광고, 의약품 및 정신의학 '전문가'들의 조언이 어우러지면서, 여성들은 자신의 할머니들은 1년에 한번 봄철에 하던 대청소를 집안 구석구석 매주, 심지어 매일 소독까지 겸해서 하도록 설득당했다. 또 옷은 한번 입으면 언제나 빨라고, 아이들은 끊임없고 지속적인 관심을 기울여 주지 않으면 극도의 결핍에 시달리게 된다고 설득당했다. 이런 설득 작업이 워낙 훌륭해서, 이제 아이들을 제대로 돌보지 않았다고 자인하거나 지저분한 부엌에서 세균이 자라게 둠으로써 다른 이들의 건강을 위협했다고 인정하는 데서 비롯되는 죄책감에서 자유로운 여성이 아무도 없다.

가사노동시간이 줄지 않게 만드는 두 번째 요소는 가정생활의 개별화 현상의 직접적인 결과다. 각자의 집에 고립된 가정주부들은 다른 가정주부들과 똑같은 일을 하며, 세탁기, 냉장고, 난로, 진공청소기와 기껏해야 한두 번 쓰고 말 레몬 압착기와 바닥 깊은 튀김기 등 각종 살림 도구를 각자 갖추려고 한다. 그러니 규모의 경제는 있을 수 없다. 자동화를 시도하면 상대적으로 높은 효율을 얻을 수 있는 것이 이 때문이다. 음식 조리기구를 꺼내서 조립하고 분해하고 씻고 다시 집어넣는 건, 두 명분 음식을 만들건 이십 명분을 만들건 별 차이 없이 많은

---

2. Barbara Ehrenreich and Deirdre English, "The Manufacture of Housework," *Socialist Revolution*, October~December 1975.

시간이 드는 일이다. 여성들이 각자 자기 집에서 하는 다른 수많은 일들도 사정이 이렇기는 마찬가지다.

세 번째 요소는 앞의 두 가지보다 훨씬 분명치 않지만 효과는 훨씬 더 광범한 것으로, 경제 전반에 기술과 과학이 적용된 결과물이다. 임금노동 영역이 자동화되고 이익과 효율을 극대화하는 한편 임금은 최소화하기 위해 합리화되면서, 보수가 없는 '소비 노동'(이는 배티어 와인바움(Batya Weinbaum)과 에이미 브리지스(Amy Bridges)가 이름붙인 것이다)이 날로 소비자들에게, 다른 말로 하면 가정주부들에게 떠넘겨지고 있다.[3] 그래서 20세기 초반 이후 전에 없던 한 무더기의 셀프서비스 업무가 가정주부의 전통적인 책임에 보태졌다. 누군가 아프면 의사가 시간을 내서 왕진을 오는 것이 아니라, 환자가 보상도 받지 못하는 시간을 내서 병원을 오가고 진찰받기를 기다려야 한다. 주부는 이제 가장 가까운 슈퍼마켓에 직접 가서, 물건을 찾아 장바구니에 담고 계산대까지 가져가서는 값 치르기를 기다렸다가 집까지 운반하는 게 당연시된다. 그런데 이 일 대부분은 옛날에는 다른 누군가가 대신 하던 일이다. 슈퍼마켓이 날로 커지면서 왔다 갔다 하는 거리가 더 길어진다. 그래서 식품을 집안 내 냉장고에 더 많이 사다가 저장하게 만든다. 유통 업계는 상당한 보관 비용을 소비자에게 떠넘길 수 있게 되는 것이다. 무보수 노동은 곧 여성의 일로 통하는 사회에서, 이런 셀프서비스(경제학자 조너선 거슈니(Jonathan Gershuny)는 '셀프서비스 경제' 경향을 주장한다)는 압도적으로 여성들에게 떠넘겨지게 될 것이다. 그래

---

3. Batya Weinbaum and Amy Bridges, "The Other Side of the Paycheck," *Monthly Review*, July~August 1976.

서 더 넓은 경제 범위에서 여성노동의 가치가 낮게 취급되는 경향을 공고히 하고, 이는 다시 가정 내에서 여성 억압을 영구화한다.[4]

가사노동을 늘리는 데 기여하는 네 번째 요소는, 여성의 보살피는 구실에 뿌리를 두고 있다. 여성은 가정 내에서 가족 전체, 더 구체적으로는 아이들과 나이든 이들과 몸이 불편한 식구의 건강과 안전을 책임지도록 요구된다. 임금 노동자들이 깨닫게 됐듯이, 새로운 기술은 새로운 위험을 유발한다. 지난 100여 년의 과학과 기술 발달의 결과, 이제 가정과 집 주변은 몸이 건장하고 기민하고 글을 읽을 수 있는 사람이 아니고서는 죽음의 덫과 같은 곳이 되어 버렸다.

아마도 20세기에서 가장 중요한 기술적 발전이라고 할 만한 세 가지 즉 내연기관, 화학 산업의 다양한 방향으로의 성장, 그리고 전기는 사람을 가장 많이 죽이는 요소들이기도 하다. 이는 걸음마쟁이를 돌봐야 하는 사람이라면 누구나 공감하는 것이다. 집 밖에서는 차에 치일 위험이 악몽처럼 따라다니고, 집안에서는 유독 화학물질이 화장실 청소부터 엄마를 안정시키는 데까지 곳곳에서 쓰인다. 그 와중에 전기 소켓과 전깃줄은 온 방을 치명적인 공간으로 만든다. 텔레비전의 안전 홍보 광고와 병원의 홍보 벽보는, 엄마들에게 아이가 불구가 되거나 숨지는 건 엄마 탓이라고 강조한다. 그것도 엄마들이 죄인이 된 것처럼 느끼게 만드는 온갖 세목을 들먹이며 말이다. 실제로 많은 나라에서 어린이를 홀로 두는 것은 형사법 위반이다. 그래서 아이 돌보기는 아주 긴장되며 애달프며 한시도 긴장을 풀지 못하는 책임이고, 다시

---

4. Jonathan Gershuny, *After Industrial Society? : The Emerging Self-Service Economy* (Atlantic Heights, N.J. : Humanities Press, 1978).

한번 과학과 기술은 한편으로는 가사노동을 덜어주는 척하면서 도리어 일거리를 늘린다.

새로운 기술이나 과학의 폐해를 논할 때는, 기술 이전 시대를 황금의 시기로 추켜세우는 듯해 보일 위험이 있게 마련이다. 이 위험은 가사노동을 논할 때도 마찬가지다. 중요한 것은, 가사노동이 언제나 힘들기 마련이었다는 점을 기억하는 것이다. 또 기술이 여성들에게 육체적 노동을 줄여주고 선택의 여지를 제공하며 어떤 종류의 질병에서 해방되게 해줬다는 점도 기억해야 한다. 그렇지만, 우리가 또 언제나 잊지 말아야 할 것은 이 혜택이 모순적이라는 점이다. 피임 기술이 여성에게 아이를 가질 것인가 말 것인가를 선택할 일정한 범위의 자유를 줬지만 (물론 여성의 몸을 남성이 지배하는 것으로부터도 해방되게 해주지는 못했다) 동시에 또 다른 건강상 위험을 초래했듯이, 살림용 기술이 일정한 이익을 가져다주면서도 결코 가사노동에서 해방시켜 주지는 못했다.

어떤 면에서, 기술이 가정에 끼친 영향은 기술이 공장에 끼친 영향에 거의 필적한다. 해리 브레이버먼과 그의 후학들이 분석했듯이, 기술이 공장에 끼친 영향은 노동자의 숙련기술과 지식을 빼앗아가서 기계 구조 속에 넣어 버린 것이다. 능숙한 기능직, 선반 작업자들이 어느 날 갑자기 컴퓨터가 제어하는 기계의 단추 조작법만 알면 그만인 처지가 되어 버렸듯이, 가정주부들도 예컨대 옷감 종류별 세탁법에 대한 전문적 지식은 뒷전으로 치워 놓고 자동 세탁기의 세탁 기능 선택 단추만 누르면 그만인 상황이 됐다. 이와 비슷하게, 요리도 포장에 적혀 있는 설명을 그저 따르는 문제가 되어 버렸는지 모른다. 필요한 기능이라곤 글 읽는 것뿐이다.

'전문가'에 의존하는 일도 날로 늘고 있다. 우리는 더 이상 사물들이 어떻게 만들어졌으며 어떻게 작동하는지 이해하지 못한다. 이는 일터가 한 줌의 고위직과 다수의 미숙련 노동자로 양극화하게 만들었다. 가정에서, 여성들은 날로 어찌해야 할지 모르고 뭔가에 의지해야 되는 일을 겪는다. 분무제에 "위험. 애완동물이나 음식물 주변에서 사용하지 마시오. 어린이 손이 닿지 않는 곳에 보관하시오"라는 경고문이 붙어 있으며, 주부들은 그것을 그저 노예처럼 따를 수밖에 없다. 머리를 써서 즉흥적으로 이 물질들을 다룰 방안을 생각하는 건 아예 엄두도 못낸다. '전문가' 수리공이나 설치기사를 마냥 기다리면서 좌절감에 빠져 있는 시간도 날로 늘기만 한다.

이 모든 것의 효과는 아주 모순된다. 한편으로, 가사 일이 쉬워지고 덜 전문적으로 바뀐다는 것은 누구나 맡아서 할 수 있게 된다는 뜻이다. 남성들이 그전보다 더 많은 일을 나눠 맡음으로써 여성을 해방시켜줄 잠재성을 여는 것이다. 그러나 다른 한편으로는, 물건 판매상이 광고하는 것만큼 결과가 나타나지 않으면 남성들이 더 자신 있게 비판할 수 있게 해준다. 한 여성이 다른 젊은 여성에게 전수해주던 비법들은 이제 누구나 아는 대수롭지 않은 게 됐고, 그래서 비법에 대한 존중도 사라졌다. 이것은 특히 나이든 여성들에게 자신이 없어도 그만이고 다른 여성으로 대체될 수도 있다는 느낌을 갖게 한다. 이는 여성들을 더 자유롭게 만드는 것이 아니라 경제적으로 더 불안하게 만든다. 이런 경험은, 새로운 기술의 도입으로 일이 더 쉬워질 때 나이든 숙련 노동자가 자신의 값어치가 떨어지고 자신이 없어도 그만인 처지라고 느끼는 것에 필적하는 것이다.

이런 진전 상황이 여성들에게 경제적으로 악영향을 끼친다는 자각도 있다. 요즘 가정이 제대로 돌아가려면 옛날보다 훨씬 많은 돈을 투자해야 하는데, 여성의 임금은 기껏 남성의 절반을 조금 넘는다. 이런 상황은, 남편과 헤어져 혼자 가정을 꾸리려는 여성이 극도로 빈곤한 처지로 추락하게 됨을 뜻한다. 남성 1.5인분(남성 1인분 + 남성의 절반인 여성 1인분)의 소득으로 유지하던 생활수준이 남성 0.5인분으로 꾸리는 수준으로 떨어지는 것이니 말이다. 사회는 보통의 가정이 전화, 냉장고, 텔레비전 등등을 갖췄다는 전제를 바탕으로 한 구조로 바뀌고 있으니, 이런 물건들 없이 산다는 것이 날로 힘들어진다.

이 모든 것이 사회주의 여성주의자들에게 던지는 의미는 뭔가?

개인적 삶으로 한정하면 많은 사람이 그럭저럭 살 수 있는 해결책을 찾는다. 여성들과 집단적으로 대응하며 살거나 애쓰지 않고 그냥 살거나, 남성들에게 가사를 분담하도록 압박을 가하거나, 괜찮은 수입의 일자리를 찾아 최악의 상황에서 탈피한다거나. (항상 녹초가 되거나 어쩔 수 없이 아이를 갖지 않는 대가를 종종 치러야 하지만) 하지만 모든 여성에게 혜택이 돌아가는 요구를 정식화하는 문제에 이르면 사태는 훨씬 골치 아파진다.

분명히, 일터의 새 기술 문제에만 대응해서는 충분하지 않다. 기술이 우리 생활 구석구석에 영향을 끼친다는 걸 인식해야 하며, 이 악영향에 저항할 길을 찾아야 한다. 지역 공동체 조직들이 이 문제에 대한 답을 부분적으론 제시할 수 있으리라 본다.

아마 우리는 의사와 사회복지 담당자, 산파가 더 자주 집을 방문하라고 요구하고 슈퍼마켓에는 배달을 요구하는 것에서 시작해야 할 것이다. 또 탁아소와 양로원, 장애인 시설 확충, 거리와 놀이터의 안전 확보, 집의 구조 개선을 요구하는 운동도 분명 계속해야 한다.

또 가사노동의 사회화가 무엇을 뜻하는지 분명히 하는 것도 필요하다고 믿는다. 지금 가정에서 여성들이 하는 모든 일을 자본주의를 몰아내지 않은 채 자동화 또는 유급 서비스를 통해 해결하는 사회 또는 여성이 해방을 달성하는 사회를 상상할 수 있다. 우리는 우리가 원하는 서비스가 어떤 것인지 분명히 규정해야 하며, 이 서비스들이 우리의 통제 아래서 이뤄지도록 요구해야 한다.

3장 말단의 고립

망으로 연결된 사회에서 노동과 여가의 원자화[*]

가정은 최근의 사회주의 사상이 심각하게 고려하지 않은 주제다. 대부분의 논쟁 속에 내포되어 있는 관념은, 가정이란 경제 활동의 주요 흐름에서 어느 정도 떨어져 있는 공간이라는 것이다. 또 가정 내부의 사회 관계는 상대적으로 자율적이며 가정의 경제적 기능은 단순하면서도 직접적으로 소비라는 단 한마디 속에 요약되는 공간이라는 것이다.

이런 관념에 도전하는 건, 일반적으로 여성주의자들이다. 그들은 노동력을 재생산하고 사회적 성별 관계를 형성하는 장소로서 가정의 중요성을 제시하곤 한다. 또 일터에서 나타나는 직업적 여성 차별과 여

---

* 1985년 『급진 과학』 16호에 발표한 글.

성을 가부장적 질서에 순응하게 강제하는 남성의 폭력 같은 '공적인' 세계의 다양한 양태를 이해하는 건, 오직 가정의 '사적인' 사회 관계와 연관 지을 때만 가능하다고 주장한다. 이런 이론화 작업의 대부분은 가부장제를 자본주의와의 관계 전반에서 이해하는 걸 목표로 이뤄졌는데, 이 이론화는 피치 못하게 가정생활의 여러 측면 가운데 가장 보편적인 모습으로 여겨지는 것에 집중했다. 역사적 구체성이 없는 것이다. 그래서 가정과 경제 전체의 관계, 그리고 그 내부구조에서 나타나는 변화는 거의 기록되지 않았다. 이런 변화를 이해하지 않고서는, 정보기술이 가정생활에 끼치는 영향을 이해하기 힘들다.

이번 장의 목적은, 이런 변천을 점검하고 '공적인 것'과 '사적인 것'의 경계가 변화하는 장소로서 가정의 중요성이 커져가는 것에 주목하는 것이다. 가정에 대한 분명한 분석과 이 분석에 바탕을 둔 정치전략이 없다면 사회주의 정책은 실패할 운명인 것 같다. 말할 것도 없이, 이 글 같은 류가 그런 분석을 제시할 순 없다. 그런 분석에 담길 만한 몇 가지 특징을 개괄할 수 있을 뿐이다. 사회주의자들 사이에서 가정의 기능에 대한 논쟁을 촉발하는 데 기여할 수 있다면, 이 글의 목적은 충분히 달성하는 것이리라.

정보기술이 가정생활에 끼치는 영향과 정보기술의 정치적 함의를 검토하기 전에, 가정에서 나타난 다른 변화 몇 가지를 개괄하고 싶다. 이 변화는 현재의 변동과 미래의 예측되는 변화와 관련되는 것들이다.

가정의 정치경제학

아마 이런 변화 가운데 가장 분명하고 기록으로도 잘 정리되어 있는 현상은, 자기 집 소유의 급격한 증가이다. 이 변화는, 영국의 경우 정부가 정책적으로 지원한 덕분에 더 빠르게 나타났다. 20세기 초에는 자기 집을 지닌 노동계급이 파업과 반란을 막는 최선의 도구라고 인식됐다.[1] 이런 생각은 누구보다도 자선가이자 자본가인 앤드루 카네기(Andrew Carnegie)가 주장했다. 그러나 정치적 태도 변화는 단지 집 소유 그 자체에서만 비롯되는 것이 아니다. 집을 지닌다는 건, 현재 상태를 유지하려는 성향을 강화시키고 고정 수입에 대한 의존을 심화시키며 비축하는 습성을 유발할 뿐 아니라 가족 전체와 개별 구성원의 이동을 줄어들게 만든다. 결혼증명서보다는 집 담보 대출이 사람을 서로 관계 짓고 특정한 장소에 묶어두는 데 훨씬 큰 효과를 발휘할 수 있다. 임대주택 공급이 질적으로나 양적으로나 날로 나빠지면서, 돈을 어느 정도 안전하면서도 적절한 수익을 내는 방식으로 굴리려는 이들에게 자기 집 소유는 필수적인 게 되었다. 의무적으로 부동산에 투자하는 것과 동시에 또 다른 필요성이 나타났는데, 이는 산업구조의 큰 변화가 초래한 것이다. 자동차부터 세탁기까지 다양한 자본재에 투자할 필요성이 바로 그것이다. 이런 물건들은, 서비스 산업들이 상품화하고 그 생산물이 개인화하는 과정의 산물이다. 이 과정을 조너선 거슈니가 시간 순으로 기록했는데, 그는 지난 30년 동안 개인적 교통수단이 어떻

---

1. 카네기의 견해에 대한 논의는 Barbara Ehrenreich and Deirdre English, *For Her Own Good : 150 Years of the Experts' Advice to Women* (London : Pluto Press, 1979)를 보라.

게 대중교통을 대체하고 세탁기가 어떻게 세탁업을 내몰았는지, 그리고 어떻게 텔레비전 구입이 영화관이나 공연장 방문을 대체했는지 보여주고 있다.[2] 이런 새로운 상품들이 퍼지면서, 이 상품에 의해 대체된 과거 서비스의 이용 비용은 상대적으로 비싸졌고, 중요성 또한 줄었다. 그래서 우리의 선택 폭은 날로 상품을 사거나 아무 것도 하지 않는 것 둘 중의 하나로 좁아져 간다. 사실, 노동계급은 재생산수단에 전례가 없는 수준의 투자를 강요당한다고 말할 수 있다.

서비스를 이용하는 대신 상품을 구매하는 현상은, 서비스 업종 노동자가 임금을 받고 하던 일을 소비자들의 무보수 노동으로 대체하고 이런 가정용 기기의 구입, 작동, 유지와 관련된 새로운 일거리들을 만드는 효과를 발휘한다. 서비스업 합리화와 자동화의 다른 측면들은 소비자가 직접 수행해야 하는 새로운 유형의 무보수 노동을 만들어내는 것이다. 전통적으로 노동자가 노동집약적인 대중 상대 업무를 수행하던 서비스 분야에서 최근엔 이런 현상이 일종의 규범처럼 됐다. 유통업, 요식업, 금융업, 운송관련업 (기름 판매, 차표 판매), 상대적으로 새로운 업종인 각종 정보처리업 같은 업종이 그렇다. "당신이 직접 해결하라."는 말로 포장한 채, 셀프서비스가 가구 제작, 페인트칠, 꾸미기 같은 전통 수공 작업을 대체하는 것이다. 이런 과정에서 수작업 능력이 없이도 일을 하게 해주는 도구나 제품을 생산하는 고수익 신규 산업이 창출된다.

다시 한번, 상대적으로 싼 비용이 소비자로 하여금 수많은 서비스직

---

2. Jonathan Gershuny, *After Industrial Society? : The Emerging Self-Service Economy* (Atlantic Heights, N.J. : Humanities Press, 1978).

노동자 또는 거래상이 수행하던 전통적인 서비스업에 의존하는 대신 스스로 해결하는 방식의 상품을 고르도록 만든다. 기존의 서비스 형태는 대부분의 경우 시대에 뒤처진 것으로 보이게 되고, 아니면 부자들의 사치 또는 스스로 처리할 능력이나 지력이 떨어지는 이들만을 위한 비효율적이고 소비적인 것으로 여겨진다. 물론 많은 경우 전통적인 양식의 서비스들은 노동계급 대부분으로서는 그 전에도 접근할 수 없는 것이었으며, 셀프서비스의 등장은 그래서 생활수준을 향상시키는 것, 편리함을 가져다주는 것으로 인식된다. 또 새로운 지위의 상징을 제공하는 것으로도 여겨진다.

이런 과정 전체가 일자리 측면에서 볼 때 소비자의 위치에 급격한 변화를 유발했음을 알 수 있다. 배티어 와인바움과 에이미 브리지스 같은 평자들이 훨씬 더 정교하게 지적한 것을 빌려 표현하자면 소비자를 '소비 노동자'로 변화시킨 것이다.[3] 어떤 전통적인 작업이 자동화하고 단순 업무화하는 것과 함께, 수많은 새로운 작업들이 생겨났다. 그리고 이런 작업 대부분은 전통적으로 배달부부터 세탁부까지, 은행 출납계원부터 미장공까지의 다양한 전통적 서비스업 노동자들이 임금을 받고 하던 일들인데, 이제는 각자가 개별적으로 고립된 채 처리한다. 보통 이런 작업들은 사용자로서는 작용과정과 효과를 전혀 이해하지 못하는 기술이나 화학물질을 사용함으로써 이뤄진다. 그러니 주부들은 이런 것들을 쓸 때 온전히 '전문가'들의 손바닥 위에 놓인 처지가 된다. 그래서 작업 처리 과정은 점점 더 이런 상품의 디자이너와 제조업자의

---

3. Batya Weinbaum and Amy Bridges, "The Other Side of the Paycheck," *Monthly Review*, July~August 1976.

통제를 당하게 된다. 이 통제는 상품광고에 제시된 기준에 맞춰 사용자가 모든 위험을 떠안은 채 따라야 되는 인쇄된 사용설명서를 통해서 이뤄지며, 이 과정에서 이데올로기적 압력은 한결 덜 노골적이 된다. (자세한 것은 2장을 보라)

소비 노동이 날로 개인의 문제가 되면서, 그리고 소비 노동자들이 힘을 쏟는 부분이 자신의 집과 소유물의 개선, 유지, 보호에 집중되는 일이 심해지면서, 공공 서비스 형태는 그만큼 약화되고 있다. 선술집, 극장, 축구장, 정치집회 장소에 모이는 인원이 지난 몇 십 년 동안 두드러지게 줄었다. 카페, 골목길 식료품점, 번화가 공구점과 같은 수많은 소규모 사업이, 많은 걸 소비자가 손수 처리하는 방식의 도입을 통해 비용을 낮춘 거대 즉석식품 체인점, 슈퍼마켓, 그리고 소비자 직접 조립형 제품 상점 등에 밀려나고 있다. 고용 측면에서 보면, 이런 상점들이 제공하는 일자리는 날로 비정규직, 단순 노동직이 되어가고 있다. 게다가 업무의 속도도 기계의 움직임에 따라 빨라지고 있다. 이는 훨씬 여유 있는 업무 진행, 전문 숙련기술 보유, 고객과 개별적으로 접촉하는 일이 잦은 것 등과는 다른 양상이다. 공장 일에 가까워지는 것이다. 고객의 처지에서 보면, 변화는 훨씬 더 광범하게 느껴진다. 왜냐하면 이런 장소는 세상 소식을 주고받고 의견도 나누고 일상속의 경험을 언론들이 제시하는 방식과 다르게 해석해내기 위해 사람들이 모이는 유일한 장소였기 때문이다. (물론 운이 좋아 큰 직장을 다닌다면, 직장도 이런 구실을 하는 장소가 된다.) 지역사회 운동가라면 누구나 이야기하듯이, 공중 빨래방, 지역 시장터, 선술집 같은 장소에서 벌어지는 사람들 간 접촉은 주거환경 개선 요구나 위험한 교통 계획 반대 같은 캠페인을 일으키는 데 아주 중요한 요소다. 좀더 일반적인 차원의 정치적 태도 형성 측면에서도 이는 중요할 것이다. 1983년 영국 총선은 거의 전적으로 '미디어 선거'로 치러진 첫 번째 경우였는데, 이 선거에서 노동당이 크게 진 데는 공식, 비공식적 공공 집회의 퇴조가 한몫했다는 추론이 가능하다. 공적인 공간이 줄어들고 사적인 활동이 대신하면서, 대안 문화의 퇴조 현상이 나타난다.

지금까지 나는 집에서 나타나는 변화가 남녀 문제에 관해선 중립적인 것처럼 기술했다. 물론 전혀 그렇지 않다. 소비 노동 대부분은 여성들 몫이며, 그래서 이런 변화의 영향을 남성들보다 훨씬 많이 받는다.

사라지는 전통적인 가사 기술은 일반적으로 여성들의 기술이며, 새로운 살림용 기술(제품)을 설계하고 관련 제품을 수리하는 데 필요한 기술은 거의 남성들이 장악하는 경향이 있다. 그래서 새로운 기술은 여성을 해방시키는 것이 아니라, 여성의 가사노동에 대한 남성들의 지배력을 강화하는 또 다른 도구를 제공하는 것으로 볼 수 있다. 이는 남성들이 대부분 장악한 의료 기술이 여성의 몸을 통제하는 것과 유사하다. 가사노동이 늘어나고 가사노동에 새로운 형태의 소비 관련 일거리가 더해지는 것 때문에 고통을 겪는 이들도 주로 여성이다.

마지막으로, 우리는 공적인 공간의 축소가 여성에게 끼치는 영향도 주목해야 한다. 먼저, 대부분의 여성은 남성보다 상당히 가난해서 경제적으로 남성에 의존하거나 아니면 훨씬 적은 임금으로 홀로 버틴다. 그래서 자동차, 전화, 비디오 녹화기처럼 부실한 공공 서비스를 사적으로 해결하게 해주는 도구들을 살 여력이 남성보다 훨씬 못할 것으로 볼 수 있다. 그러니 공공 시설이 사라지면 훨씬 더 타격을 받게 된다.

둘째, 여성들은 이것저것 돌보는 일을 주로 맡는다. 어린 아이들, 노인들, 장애인들을 돌봐야 하기 때문에 집과 집 주변 일에 더 발이 묶이게 된다. 셋째, 여성과 어린이는 주변에 물리적 위험이 늘어날 때 가장 취약한 존재들이다. 오늘날 많은 어린이들은 자동차 위험 때문에 집안에서 논다. 마치, 자신들의 엄마와 누나들이 강간의 위험 때문에 밤에는 집에서 한 치도 나가지 못하듯이 말이다. 이웃들이 존재하기 때문에 안전할 수 있는 공동 공간이 사라짐으로써 많은 사람들이 사실상 자신의 집에 외로이 갇혀 있게 된다.

고용구조

정보기술이 가정 내 여성의 삶에 끼치는 영향을 완전히 이해하려면, 여성의 지위와 관련되는 경제 전반의 변화를 좀더 폭넓게 살펴봐야 한다.

2차 세계대전 이후 여성의 노동시장 진입이 전례 없이 대규모로 진행됐다. 특히 여성 대부분은 시간제로 일했으며, 다수는 날로 확대되는 서비스 산업으로 유입됐다. 그래서 1980년에는 전체 노동자의 40% 이상을 여성이 차지했으며, 이 가운데 3분의 1은 몇몇 형태의 사무직에 종사했다.[4] 이 시기에 가족임금은 하락했고, 그래서 이제 대부분의 가정은 빈곤선 이상의 생활수준을 유지하기 위해 여성의 임금에 의존하

---

4. 이 통계는 영국 국립 통계청의 「1980~83년 신 소득 조사」(New Earnings Survey for the years 1980~1983)에서 인용했다. 이 조사는 인터넷 사이트 http://www.statistics.gov.uk 에서 볼 수 있다.

고 있다.

여성도 성인이 되면 수입이 있어야 한다는 생각도 일반화했다. 하지만 1970년대 중반까지는 여성의 일할 권리라는 개념이 몇몇 분야에서 공격받았다. 사람을 돌보는 이들이 나가서 일할 수 있게 만들어준 탁아소 같은 많은 시설이 공공 예산 지출의 감소로 폐쇄됐다. 또 노동자 보호법안이 바뀌면서 노동자의 많은 권리가 박탈당했다. 특히 시간제 노동자와 중소기업 노동자의 모성보호 및 부당해고 관련 권리가 심하게 줄었다. 게다가 1950년대 이후 처음으로 일하는 어머니들에 대한 이데올로기적 공격도 심하게 나타났다. 모성 실종 이론이 새 얼굴로 다시 등장하고 '공동체 보호' 정책이 대두돼, 여성이 집으로 돌아감으로써 남성 실업을 해결할 수 있다는 전통적인 관념과 결합했다. 이는 일자리를 지키려는 여성들의 싸움을 날로 어렵게 만드는 여론을 조성하기 위한 거였다. 예컨대, 1979년 대처 정부가 등장하자마자 상원에서 논쟁을 일으킨 스펜스 상원의원은 "여성들, 특히 아이를 가진 여성들을 설득해서 집에 머물게 만들면 해결책을 얻을 수 있을 것이다."고 말했다. 그는 "여성들이 일거리를 갖지 말라는 것이 아니다. 단지 노동 시장에서 남성들과 경쟁하지 말라는 것이다."고 덧붙였다.

이 시기에는 여성의 일자리 자체도 날로 위협받게 됐는데, 부분적으로는 공공 지출이 줄면서 학교와 병원의 많은 서비스가 위기에 처했기 때문이다. 또 경기침체와 전통적으로 여성들이 많이 일하는 업종인 전자, 섬유, 의류 업종의 국제적인 구조조정도 부분적인 요인이 됐다. 또 정보기술이 여성들이 주로 일하는 상점, 은행, 사무실에 도입된 것도 부분적으로 여성의 일자리에 악영향을 끼쳤다. 이미 정보기술은 이런 업종에서 요구되는 기술을 과거와 전혀 다른 것으로 바꿔버렸으며, 일처리를 기계 속도에 맞춰야 하는 노동강도 강화와 스트레스, 컴퓨터 화면을 계속 보는 데서 비롯되는 새로운 건강상 위험을 불러왔다.[5]

　새로운 기술은 실직도 유발했다. 물론 1970년대 말 많은 평론가들이 정보처리 업무의 3분의 1이 새 기술의 도입에 따라 없어질 것이라고 예상한 것처럼 대규모는 아니었다. 그런데 사태가 이렇게 진행된 것은, 내가 보기에 예상이 틀려서가 아니다. 정보기술의 도입은 본질적으로 두 단계로 나뉘어 진행되는데 아직까지는 우리가 첫 번째 단계만 경험한 상태이기 때문이라는 것이 내 생각이다.[6] 첫 번째 단계에서 핵심기술은 제품 가격을 낮추고 소형화를 가능하게 하는 미세전자공학이다. 이 덕분에 그전에는 기계의 도움을 받아 사람이 손으로 처리하던 정보처리 작업에 컴퓨터가 널리 도입됐다. 이 단계는 이미 많이 진행됐으며, 그 결과 소규모의 독립적인 컴퓨터 시스템이 널리 퍼졌다. 이 컴퓨터들이 서로 연결되는 일은 아직은 드물며, 그래서 대부분의 정보는 수명이 다할 때까지 종이에서 전자 매체로 이동됐다가 다시 종이로 돌아오는 과정을 거치고 있다.

　정보기술 도입의 두 번째 단계는 통신기술에 훨씬 더 의존하는 시기다. 이 시기에는 독립적인 컴퓨터 시스템들이 서로 연결된다. 이런 연결 작업이 광범하게 이뤄진 이후에야 급격한 생산성 증가가 나타난다. 이 단계에 와야만 종이를 이용해 정보를 처리하는 노동집약적인 작업

---

5. 신기술이 여성의 고용에 끼치는 영향에 관한 더 자세한 논의는 Ursula Huws, *Your Job in the Eighties* (London : Pluto Press, 1982)를 보라.
6. [역자주] 이 장은 1985년에 발표된 글에 기초하고 있다.

이 사라지기 때문이다. 몇몇 산업에서는 이런 과정의 초기 단계가 나타나고 있다. 우리 앞에 통신기술에 바탕을 둔 기술변화의 물결이 막 닥쳐오려 하고 있다.

일거리를 집으로 옮기기

새롭고 값싼 데이터 통신망의 효과는 잉여 노동력만 만드는 것이 아니라 정보처리 일거리가 수행되는 위치에도 근본적인 변화를 초래하게 될 것이다. 디지털 정보를 유선과 위성을 통해 값싸게 전송할 수 있는 방법이 있으면, 중앙 컴퓨터와 단말기 간의 거리는 더 이상 중요한 요인이 아니다. 정보는 단말기와 단말기 조작자가 위치하기 편한 곳이라면 어디서든지 입력하고 검색할 수 있다. 그 장소는 원격지 사무실일 수도 노동자 개인의 집일 수도 있다. 다른 무엇보다 바로 이 점이, 정보기술이 "가족들에게 유익하다."고 자주 반복되는 말의 바탕에 깔려 있다. 단순히 여성이 저임의 사무직 일자리를 잃어버리지 않고 가정으로, 남편의 지배 아래로 돌아갈 수 있는 수단이 제공된다고 사람들은 여긴다. 수많은 공개적 발언에서 이 점이 명백히 드러난다. 예를 들자면, 1984년 5월에 자선신탁주택협회가 주최한 한 회의의 초청장은 '재택근무 계획 짜기'라는 제목이 달려 있고, 재택근무가 가족에 대해 "최고의 지위를 회복시켜주는" 방법에 감격한 기획자들과 업계 관계자들의 초청문이 적혀 있다.

시나리오를 생각해보자. 영국에는 여성 사무 노동자가 300만 명 이상 있으며 그들 상당수는 자녀를 두고 있다. 또 다수는 컴퓨터 모니터와 자판을 이용해 작업하도록 훈련된 상태다. 날로 많은 사람이 일거리를 잃지만 다른 일거리를 확보하거나 일을 제공할 시설을 찾을 수 있는 이는 극히 소수다. 그러나 돈을 벌어야 할 필요성은 그 어느 때보다 높아진 상태다. 남성 실업이 높아지고 있는데다가 사회보장 혜택도 줄고 있기 때문이다. 고용주 처지에서 보면, 비용을 줄여야 한다. 또 가능한 영역이라면 어느 분야에서건 노동력을 비정규직화하려는 경향이 강하다. 집에서 일하는 이들을 고용하면 땅값 비싼 시내의 사무실 비용, 병가와 유급휴가 비용, 연금 같은 간접 비용을 아낄 수 있다. 노조 결성을 막고 임금 수준을 가능한 한 낮게 유지하는 데도 효과적이다. 많은 사람들의 삶이 날로 집 중심으로 바뀌고 대중교통과 탁아시설의 질이 떨어지는 것도 이런 추세를 부추긴다. 이런 추세를 촉진하는 마지막 요인은, 아이들을 버려둔 채 일하러 나가는 여성에 대한 적대적인 태도가 커지는 현실에서 비롯되는 심리적인 것이다.

이런 요인들이 1990년대에 재택근무가 급격하게 늘어날 것이라는 수없이 많은 예측의 바탕을 이룬다. 순전히 물리적인 측면에서 보면, 영국에서 새로운 기술을 바탕으로 한 재택근무가 늘어나게 할 기반이 잘 갖춰져 있다. 세계에서 1인당 개인용 컴퓨터 보급률이 가장 높은 편에 속한다. 인구 대부분이 통신망을 쉽게 설치할 수 있는 도시 지역에 몰려 있고, 민간 산업에 극히 유리한 형태로 전국에 통신망을 설치하려고 서두르는 정부가 있다. 게다가 정부는 아주 헐값에 국가 통신 기간망을 민간에 팔아넘기려고 시도하고 있다. 영국은 또 원격 재택근무를 수행할 길을 열어주는 '뷰데이터(비디오 정보처리)' 기술에서 세계

선두 주자다. 영국 기업 '리디퓨전 컴퓨터'는 이미 바로 이 용도로 '텔리퓨터'(teleputer) 워크스테이션을 만들고 있다. 하지만 위에서 개괄한 것이 암시하는 만큼 진전이 이뤄지지는 못한 상태다. 통신망 투자는 기대했던 것처럼 곧바로 나타나지 않고 있다. 브리티시텔레콤과 경쟁시키기 위해 설립된 민간 통신 업체인 머큐리는 심각한 재정 어려움에 빠져서, 10년 안에 투자자들에게 의미 있는 수익을 되돌려줄 가망이 없는 상태다. 1983년 지역 케이블텔레비전 사업권 입찰에 뛰어들었던 많은 기업들은 사업 개시 때부터 서투른 모습을 보이면서, 잠재적인 광고주들이 매력을 느낄만한 프로그램을 제공하지 못하고 있다.

반면 쌍방향 서비스들이 다른 모습으로 위장해서 가정을 서서히 파고들고 있다. 몇 번의 실패를 거듭한 끝에 브리티시텔레콤 프레스텔[7] '뷰데이터' 시스템이 일정한 성과를 이뤘다. 아직은 이용자 대부분이 기업 고객이긴 하다. 이 시스템을 바탕으로 한 사업 구상의 한 가지가 노팅엄주택금융조합의 '홈링크' 서비스다. 이 서비스는 프레스텔 정보 서비스를 홈뱅킹 서비스와 결합하는 것이다. 고객 유인을 위해서 이 금융조합에 1,000파운드 이상을 투자했거나 주택담보 대출을 받은 고객에게는 하드웨어가 무료로 제공된다. 하지만 상대적으로 비싼 전화 요금 비용 때문에 사용료가 부과된다. 제한적인 홈쇼핑도 런던 지역 홈링크 가입자에게 시범 서비스되고 있지만, 아직은 중산층의 장난감 수준에서 거의 진전이 없는 듯하다.

이와 관련해서는, 비디오 녹화기 같은 다른 상품들이 얼마나 빨리

---

7. [역자주] 프레스텔: 브리티시텔레콤이 1979년 9월에 선보인 정보통신 서비스인데, 사용법이 불편하고 쌍방향 기능의 미비 등으로 프랑스의 미니텔과 대조적으로 실패로 끝났다.

이런 사치품 단계에서 노동계급 가정이 수용하는 장비로 발전했는지를 기억하는 것이 온당한 태도다. 그럼에도, 비싼 전화요금, 홈쇼핑에 필수적으로 따르게 되는 노동집약적인 배달 업무 같은 요소가 이런 발전의 진정한 걸림돌이 될 것으로 보인다. 잉글랜드 북동부 게이츠헤드에서 실시된 홈쇼핑 시험 서비스는 주문과 배달 비용 충당을 위해 지역 정부 기관과 인력개발위원회의 보조금에 의존했다.

가정용 쌍방향 서비스의 진전을 가로막을 것으로 보이는 또 다른 요소는, 이 시스템을 남성들이 주도적으로 설계한다는 사실에서 비롯되는 것이다. 일본의 히가시 이카마에서 실시한 대규모 시험 서비스는[8] 평일 오후 2시부터 6시까지 운영돼 대부분의 이용자는 가정 내 여성들이었다. 이 시스템은 비디오 카메라 등을 이용한 제한적인 쌍방향 통신을 제공한다. 그래서 이용자들은 자신이나 자녀들 사진을 다른 시험 서비스 참여자에게 전송할 수 있다. 이 서비스는 서비스를 구축한 쪽에서 보면 실패였다. 이용자들은 제공되는 정보 서비스에는 관심이 거의 없는 듯했고, 유료 서비스를 이용하는 건 극도로 꺼려했다. (이 점은 영국의 프레스텔 실험에서도 똑같았다.) 사람들은 이 시스템을 친구를 사귀는 데 열심히 활용했다. 이웃과 이웃의 아이들 사진을 텔레비전으로 보면서 여성들은 슈퍼마켓에서 만나면 말을 걸어 사귈 수 있겠다고 느꼈다. 그들은 이 기술을 고립상태를 벗어나 밖으로 나서는 시도를 하게 해주는 수단으로 활용한 것이다. 설계자의 의도는 이와 달리 그

---

8. [역자주] 일본 히가시 이카마 실험 : '고도의 쌍방향 광 영상 정보 시스템'(Hi-OVIS)이라고 불리는 것으로, 1978년부터 86년까지 156 가구를 대상으로 대화형 텔레비전, 주문형 비디오, 홈쇼핑 등을 시범 서비스한 것이다.

들이 집에 있는 데 활용하라는 것이었겠지만. 물론 이런 시도가 가능했던 것은 실험 규모가 작았기 때문이다. 참여자가 많아질수록 화면에서 본 사람을 밖에서 만날 가능성은 줄어들게 될 것이다.[9]

이 실험의 결과는, 이런 시스템이 단순히 오락과 가정 관리를 돕는 기능만 제공한다면, 그래서 명백히 여성들의 필요성을 충족시키지 못한다면, 여성들은 이런 시스템의 도입에 저항할 것이라는 고무적인 증거를 보여준다. 하지만 결국에는 다른 기준이 지배하게 될 것이다. 현재의 컴퓨터처럼 이 시스템도 가정 내 남성 구성원들의 장난감, 또는 아이들 교육 보조도구, 또는 생계유지에 필요한 도구로 사람들이 구입할 것이다.

일거리가 사무실에서 집으로 옮겨질 거라는 단순한 시나리오를 복잡하게 만드는 또 다른 요인은, 사무실의 업무를 외국으로 쉽게 옮길 수 있게 해줄 위성기술의 존재다. 미국에 위치한 기업들 몇몇은 자료 입력 같은 단순 반복 업무를 임금이 미국 사무원의 4분의 1에 불과한 다른 나라로 이미 옮겨 가고 있다. 이런 노동집약적인 단순 업무 처리를 위해 선택된 나라들은 인도나 서인도제도처럼 영어를 쓰는 옛 영국 식민지 개도국들이다. 그리고 적어도 한 기업은 원격 사무 처리 대상국으로 아일랜드를 선택했다. 앞으로 사무직 분야에서 나타날 상황은, 의류 산업처럼 선진국 가내 여성 노동자와 개도국의 노동착취 공장의 노동자들을 서로 경쟁시키면서 저임 노동력에 의존하는 전통적인 제

---

9. 이 실험은 Tarja Cronberg and Inga-Lise Sangregorio, "More of the Same : The Impact of Information Technology on Domestic Life in japan," *Development Dialogue 2* (1981)에 자세히 묘사되어 있다.

조업과 아주 닮아갈 것이다.[10]

가정생활에 대한 암시

이런 상황의 진전이 정확히 얼마만큼의 기간 동안 진행되건, 그리고 전 세계적인 사무직 노동 분화의 결과가 무엇이건, 분명해 보이는 것은 그 방향이 노동의 비정규직화와 가정의 일터화라는 점이다. 이 장의 앞부분에서 개략적으로 제시했던 (가사의 상품화) 경향과 맞물려 생각하면, 이 경향은 자본이 막대한 비용을 노동자들에게 전가하는 것을 뜻한다. 이제 노동자는 재생산수단이라고 부를 수 있는 것의 비용 상당 부분과 함께 생산수단의 비용 상당 부분까지 떠맡아야 하는 것이다.

노동자들이 이제 떠맡아야 할 것으로 당연시되는 것들은 이렇다. 집 구매 및 유지 비용과 구매자금의 이자 부담, 서비스 산업을 대신해 새로운 가사 일을 처리하는 데 필요한 (세탁기, 전기드릴, 비디오 녹화기 같은) 다양한 자본재 구입 비용, (슈퍼마켓 오가기, 가정용 냉동기 가동에 들어가는 에너지 비용 같은) 소비재 운송과 보관 비용 상당 부분, (직접 조립하는 가구와 장난감 같은) 많은 소비 내구재 조립 비용, (은행 출납원, 주유소 주유요원, 상점 보조원 등의) 서비스 노동 상당 부분의 비용, (산업용 재봉틀, 가정용 컴퓨터, 타자기 같은) 임금노동에 필수적인 몇몇 자본재 비용, 게다가 난방비, 각종 에너지 비용, 식당 유지비, 사무실 공간 비용처럼 고용주가 보통 제공하던 많은 간접 비용, 재

---

10. Ursula Huws, "The Runaway Office Jobs," *International Labour Reports*, No. 2 (1984)를 보라.

택 노동자들에게는 제공하지 않는 유급휴가, 병가, 모성보호 관련 혜택, 퇴직수당, 연금 같은 혜택에 들어가는 비용.

이 목록을 피상적으로 죽 읽어보면, 이런 변화가 진보적이라고 느껴질 수도 있다. 분명히, 노동자들이 이제 모든 것들을 소유하면 자신들이 삶과 일을 훨씬 더 스스로 통제할 수 있게 된다고 주장할 이가 있으리라. 물론 이런 주장만큼 진실과 거리가 먼 것도 없다. 이런 상황 진전은 통제력 상실과 속박의 강화와 함께 나타나며, 이로써 노동자들은 자본에 종속된다.

자본의 통제는 몇 가지 방식으로 나타난다. 먼저, 통제는 노동력의 개별화를 통해 강화된다. 각자의 집에 고립된 노동자들이 자신들의 이익을 지키기 위해 힘을 합치는 것은 날로 어려워진다. 이는 소비 노동자건 피고용인이건 (또는 다른 측면에서 여성이건, 장애인이건, 부모건, 특정 민족 소속이건) 상관없이 마찬가지다. 두 번째로, 새로운 기술과 재택 노동자의 관계에서 통제는 기계와 시스템을 이용하는 식으로 작동하게 구성되어 있다. 요즘 데이터 입력용 소프트웨어에 표준적으로 포함되는 요소가 작업자의 성과를 아주 철저히 감시하는 기능이다. 1분당 키보드 입력 횟수, 오류 비율, 처리한 항목 개수, 휴식 시간과 휴식 빈도, 기타 고용주가 유용하다고 여기는 변수를 동원해 감시한다. 이런 방법은 전통적인 감독 방법보다 월등하게 효율적으로 노동자들을 단속할 수 있게 해준다. 몇몇 기업은 이런 원격 통제 기술을 거의 예술 경지까지 높여서 노동자들의 고독감까지 생산성 향상에 이용해 먹는다. 한 할부판매 회사는 노동자들을 개인별 및 집단별로 이중 평가하는 방식을 채택하고 있다.[11] 집단별 평가 기록은 할부금 납입 처리용 단말기를 맡는 여성들에게만 적용된다. 일정한 기간에 가장 실적이 좋은 집단에게는, 연체 고객에게 할부금 독촉 전화를 거는 상대적으로 편한 업무를 한동안 맡는 혜택이 돌아간다. 여기서는 같은 집단에 속한 동료들 눈치를 보게 만드는 구조가, 업무 속도 하락을 막는 핵심 장치다.

(덜 직접적일지언정) 훨씬 더 사악한 함의를 담고 있는 것이, 바로 정보기술 때문에 날로 더 손쉬워지는 세 번째 방식의 개인별 통제법이다. 이 방법은 감시를 통해 이뤄지는 통제다. 컴퓨터 단말기로 이뤄지는 업무 기능이 늘어남에 따라, 작업 기록을 디지털 형태로 저장하는 것도 날로 쉬워진다. 이미 당혹스러울 정도로 다양한 개인 정보가 각종 정부 기관과 기업들에 의해 확보되고 있다. 원격 근무, 원격 쇼핑, 원격 금융거래는 수집 정보를 급격하게 늘려줄 것이며, 이를 통해 개인과 개인의 행동, 선호도에 대한 더욱 세밀한 파악이 가능해진다. 미국에서는 이미 홈 쇼핑 실험이, 광고 대상을 정확하게 파악해내기 위한 개별 이용자의 '소비자 특징' 구성에 이용되고 있다. 이런 자료는 잠재적 파괴분자나 저항 활동 관련자를 식별하기 위해 정부에 의해 손쉽게 이용될 수 있다.

빅 브러더는 예정대로 1984년에 딱 맞춰서 온 것 같다.

교훈 얻기

이런 경향에서 얻어낼 수 있는 결론은 무엇일까?

---

11. Richard Clavaud, "Le Teletravail," *Telesoft*, no. 1 (December 1981~January 1982)의 묘사 인용.

첫째, 노동자들은 자신들의 가정을 구성하는 데 필요한 투자용 자금과 그 가정을 기술(제품)로 채워야 하는 부담을 해결하기 위해서 임금에 훨씬 더 의존하는 처지로 내몰린다고 볼 수 있다. 임금이 없으면 상대적 박탈은 커져만 간다.

둘째, 집단적 공적 공간이 허물어지고 조직화와 의사소통의 수단이 사라지면서 노동계급의 개별화가 더욱 심화되고 있다. 이는 중앙집중식 이데올로기적 통제를 강화한다.

셋째, 여성은 가정 내에서건 외부에서건 기술 덕분에 해방되기는커녕, 남성에 더욱 의존하는 처지에 놓이고 있다.

넷째, 막대한 노동 비용이 서비스 산업에서 소비자에게 전가되고 새로운 형태의 소비 노동이 늘어감에도, 소비 노동과정에 대한 통제권한을 잃는 일이 생겨난다. 이는 자동화가 일터에서 촉발한 노동과정에 대한 통제권한 상실과 밀접한 연관 속에서 병렬적으로 이뤄지고 있다.

다섯째, 여성이 임금 노동자 중에서 차지하는 비중이 날로 높아지겠지만 그들의 일은 점점 더 홀로 집에 고립된 채 수행하는 방식으로 되어갈 것이다.

이런 변화 양상이 사회주의자와 여성주의자들에게 던지는 함의는 무엇일까? 제기되는 가장 중요한 의문은, 통제에 관한 것이 되리라고 본다. 기술과 체제의 구상에 대한 통제, 유급이든 아니든 노동과정의 통제, 정보의 통제, 의사소통 수단의 통제 등일 것이다.

통제 문제는 최근 좌파 사이에서 벌어진 많은 논쟁에서 가장 두드러지게 나타난 쟁점이다. 예를 들어 영국 국영 산업의 경험은, 공적 소유 자체가 공적 책임이나 공적 통제를 의미하는 것은 아님을 보여줬다.

여성들은, 분명히 건강을 증진할 잠재력을 갖고 있는 의학 및 약학 기술이 자신의 몸을 스스로 통제할 권한을 강화시켜주는 것은 아님을 깨닫게 됐다. 반대로 남성이 지배하는 전문 의료진에게 더 많은 권한이 부여됐다는 것 또한 깨닫게 됐다. 이와 비슷하게, 건강과 안전 확보를 위한 노동자들의 투쟁은, 위험을 최소화하는 데 결정적으로 필요한 것이 작업 속도에 대한 통제라는 깨달음을 가져다줬다. 정보기술의 확산도 유사한 질문을 제기한다. 자본과 국가 중앙조직의 손아귀에 점점 더 장악되어 가는 우리의 일상생활에 대한 통제권한을 일정하게 되찾아오게 해줄 조직 형태와 요구사항을 모색하는 작업이 더욱 시급한 과제로 제기된다. 현재 나타나고 있는 일부 활동은 이런 방향을 향하고 있다. 런던 광역시 의회의 대중 계획 정책 입안, 비정규직 반대와 작업장 내 건강 및 안전 확보를 위한 노동자들의 투쟁, 가사를 집단적으로 처리하려는 실험, 공공 서비스 축소 반대 캠페인 등이 이런 것들이다. 하지만 이런 문제에 조직적이고 대규모로 대응하는 사회주의적 기획은 손에 꼽기도 힘든 것 같다. 이를 효과적으로 수행하기 위해선, 기술, 사회, 경제적 변화가 국가, 지역, 마을 또는 특정 산업 단위뿐 아니라 개인 가정 단위에까지 어떤 영향을 끼치고 있는지 분명히 분석하는 데서 출발해야 한다. 가정이야말로, 빅 브러더의 힘이 가장 강하게 느껴지는 장소이다. 또 고립된 여성과 남성 각 개인이 체제와 맞부딪힐 때 느끼는 무기력감이야말로 빅 브러더의 힘이 가장 크게 느껴지는 지점이다. 그 메커니즘을 총체적으로 이해할 때라야 거기에 맞서 싸울 수 있다.

4장 전 세계로 확대된 사무실

정보기술과 사무직 노동의 재배치[*]

과거의 상당한 연구들이, 선진국 내에서 정보기술이 고용에 끼치는 영향을 연구하고 정보기술이 (노동자들의) 숙련기술에 끼치는 여파와 그에 따른 내적인 노동 분업 문제를 탐구했다. 하지만, 정보기술이 정보처리 일거리를 다른 지역으로 옮겨 갈 잠재성과 이를 통해 사무직 노동 분업의 국제화에 기여할 여지에 대해서는 상대적으로 관심이 적었다.

정보기술의 도입이 불러오는 이러한 변화상을 서로 독립되어 있으면서도 연결된 세 가지로 구별 짓는 것이 가능하다.

첫 번째 것은, 사무 자동화가 조직구조에 '분리' 또는 '분해' 효과를

---

* 1985년 제3세계 정보 네트워크의 『제3세계 무역과 기술 회의』 자료집에 수록, 발표한 글.

끼치는 데서 비롯된다. 의사결정구조를 정식화하고 조직 내 각 개인의 실적을 개량화하며 감시할 잠재력을 극도로 높임으로써, 정보기술의 도입은 거대 조직의 수직적 분해에 상당히 기여한다. 그리고 이는 하청의 증가와 소규모 기업의 팽창을 부르는데, 특히 첨단기술 산업에서 심하다. 그렇다고 이 추세를 따로 떼어내 봐서는 안 된다. 영국에서처럼 정부가 정책적으로 권장하는 고용의 비정규직화라는 좀더 일반적인 추세의 맥락에서 봐야 한다. 정부의 비정규직화 촉진은 예컨대 노동권 보호법안의 폐지와 공공 서비스의 사영화 추진 등을 통해 이뤄진다. 산업의 수직적 해체 작업은 특정 지역 내 고용구조뿐 아니라 국제적인 노동 분업과도 연관성이 있다. 생산과정의 일부분을 해외로 옮겨가는 것이 과거보다 훨씬 쉬워짐으로써, 선진국의 특정 부분에서 탈산업화가 촉진되며 선진국과 제3세계 국가 간 분업 관계가 훨씬 복잡해진다. 그래서 더 이상 국제 분업을 단순히 '머리'와 '손'으로 나눠 분석하는 게 불가능해진다.[1]

정보기술이 고용구조에 변화를 가져오는 두 번째 방법은, 노동과정을 외부화할 수 있는 능력과 그에 따른 노동 비용의 외부화 능력을 통한 것이다. 이 점은 도매업, 보험, 여행처럼 중앙에 위치한 공급자가 여러 개의 고객 기업을 상대할 수 있는 분야에서 특히 두드러진다. (물론이 분야에서만 유독 나타나는 건 아니다.) 여러 고객 기업의 사무실에

---

1. S. Brusco, "Labor Market Structures, Company Policies and Technological Progress : The Case of Italy," in *Capital and Labor*, ed. O. Diettrich and J. Morley (Brussels : EEC, 1982) ; L. Siegel et. al., *Background Report on Silicon Valley* (Mountain View, Calif. : Pacific Studies Center, 1982) ; B. Bluestone and B. Harrison, *The Deindustrialization of America* (New York : Basic Books, 1982)를 보라.

원격 작업용 단말기를 설치함으로써, 그전에는 중앙에 위치한 조직에서 모두 처리하던 반복적인 사무를 고객에 해당하는 기업이 고용한 사무직 노동자에게 넘기는 게 가능하다. 이는 노동 비용의 상당 부분을 밑으로 전가하고 관련 산업과 영역의 고용구조를 변화시킬 수 있다.[2] 그래서 보험회사는 보험대리점에게 비용을 떠넘김으로써 노동을 줄일 수 있게 됐으며, 여행사는 여행대리점에, 자동차부품 공급 업체는 차수리점에 각각 떠넘기는 게 가능해졌다. 은행과 소매점망과 같은 분야에서는, 노동의 상당 부분을 셀프서비스라는 이름으로 소비자들에게 떠넘기는 상황까지 감으로써 이 과정의 논리적 귀결점에 이미 도달했다.[3] 꼭 지적할 사실은, 컴퓨터 시스템이 세밀한 감시와 정교한 경영 정보 시스템을 제공할 수 있게 되면서 고용의 탈집중화에는 통제의 집중화가 보통 수반된다는 점이다.[4] 말할 것도 없이, 이런 진전은 한 국가 안의 탈집중화에 한정되는 게 아니라 고용의 국제적 이동을 부를 잠재력도 지니고 있다.

정보기술이 업무 조직 형태에 변화를 가져올 수 있는 세 번째 방법은, 통신망 연결을 통한 '원격 근무'를 도입할 잠재력에서 비롯된다. 이런 변화는 아직 초기 단계이며 널리 확산되기에는 기술적으로나 경제적으로 많은 문제를 안고 있다.

기술적 문제는 두 가지 측면이 있다. 첫 번째 전제조건은, 전 세계

2. M. Aldrich, *Videotext : Key to the Wired City* (London : Quiller Press, 1982).

3. Ursula Huws, *Your Job in the Eighties* (London : Pluto Press, 1982).

4. E. Appelbaum, *The Impact of Technology on Skill Requirements and Occupational Structure in the Insurance Industry* (Philadelphia : Temple University Press, 1984).

각지의 상점, 사무실, 은행, 정부 부처, 공장, 가정에서 현재 쓰고 있는 서로 다른 컴퓨터 시스템들을 손쉬우면서도 안전하게 연결할 방법을 개발하는 것이다. 이를 위해서는 지금껏 없던 아주 복잡한 소프트웨어를 상당수 개발해야 한다. 두 번째로 필요한 것은, 값싸고 광범한 국제 고속 쌍방향 통신망이다. 부분적으로는 지역 케이블망, 개선된 전화망, 위성의 형태로 존재하지만 그것들의 연결 범위는 특정 지역에 한정되어 있다. 이렇게 통신망이 아직 완전히 갖춰지지 않은 건, 우선 진짜 값싼 고속 시내 통신망 구성에 필요한 광케이블 기술이 아직 충분히 개발되지 않았기 때문이다. 또 다른 이유는 경제적인 것이다. 전 세계 대부분의 지역에서 원격 근무가 대규모로 이뤄질 정도까지 통신망을 개발하려면 정부 단위에서 막대한 투자를 해야 할 것이다. 그런데 현재의 정치, 경제 상황에서 볼 때 이런 투자를 결정할 수 있는 정부는 거의 없어 보인다.

전자통신망을 컴퓨터처럼 값싸고 손쉽게 접근할 수 있게 해주는 보편적인 쌍방향 통신 체계가 아직 갖춰지지 않았다는 사실로 인하여, 제한적이기는 하지만 원격 근무가 적용 가능한 영역이 이미 있으며 일부 기관이 벌써 적용하고 있다는 사실을 보지 못해서는 안 된다.

한 국가 내부적으로 보면, 변화는 도심의 일자리를 교외나 지점으로 옮기는 것, 고위 기술직과 경영진의 업무부터 단순 데이터 입력까지 다양한 사무직 업무를 재택근무로 대체하는 등의 몇 가지 형태로 나타난다. 이런 변화에는 보통 임금 수준의 하락과 병가, 휴가, 모성보호 장치, 연금 혜택 등 각종 복지의 하락이 따르는데, 적어도 큰 기술이 필요 없는 일자리의 경우는 어린 자녀를 돌봐야 할 필요성 때문에 가정

에 더 얽매이는 처지인 여성들이 주로 이런 변화의 영향을 받는다.5

국제적으로는 온라인 통신망을 이용해 다른 나라로 기술적인 업무를 이전하는 일이 나타나고 있다. 팩시밀리 전송을 이용해 한 나라에서 신문 조판을 해서 해외에 있는 인쇄공장으로 보내는 것, 이탈리아나 미국에 있는 데이터베이스를 지구 반대편에서 접속할 수 있게 함으로써 특정 국가에 데이터 처리 업무 일부를 모두 넘겨 전문화하는 것 등이 여기에 포함된다. 거대기업이 국제 통신망으로 연결된 내부 통신을 사용함으로써 전체 생산과정의 각 부분을 나눠 맡은 각국 지사 간 업무 통합을 시도하는 것도 이런 방식에 해당한다. 이제는 한 설계자가 다른 나라에 있는 생산용 기계의 프로그램을 직접 짜는 게 가능하다. 이런 기술적 업무 대부분은 적은 인원만으로 가능하며, 그래서 순고용 효과는 크지 않다. 하지만 생산과정 통제와 기술 이전이라는 측면에서 이것이 담고 있는 의미는 상당하다. 일자리 숫자에 영향을 주는 면에서 보면, 위성망을 이용해 단순 반복적인 데이터 입력 업무를 제3세계로 이전하는 데이터 처리 업무의 해외이전이 더 중요한 문제다. 미국의 몇몇 데이터 전처리(前處理) 전문 하청 업체들은 이미 이런 식으로 바베이도스, 자메이카, 싱가포르, 인도 일부 지역에서 영어와 관련되는 업무를 처리하고 숫자와 관련된 업무는 브라질과 중국 본토에서 처리하는 것으로 알려져 있다. 일반적으로 승객한테 회수한 비행기 좌석표 쪼가리, 상품 구매 고객이 보내온 '특별할인' 쿠폰, 노동집약적인 단순 작업용 서류뭉치 따위는 모았다가 항공화물로 제3세계로 보

---

5. Ursula Huws, *The New Homeworkers : New Technology and the Changing Location of Whitecollar Work* (London : Low Pay Unit, 1984).

내지고, 현지 여성들이 적은 임금을 받고 24시간 교대근무로 천공 작업을 한다. 이런 작업장은 노동 여건이 워낙 나빠 '전자 스웨트숍(전자 노동착취 공장)'이라고 불린다.[6]

이런 변화와 관련해서 지적할 사안이 몇 가지 있다. 첫째는, 이런 일들이 유용한 기술을 익힐 수도 없고 대단한 수익을 올릴 수도 없는 단순 반복 업무의 성격을 띠고 있다는 점이다.

두 번째는, 제3세계 현지 기업이 직접 데이터 입력 하청 업체를 세우거나 합작 업체를 만드는 것이 현실적으로 가능한데도 지금까지 실제로 나타나는 것을 보면 미국 기업들이 직접 현지 공장을 세운다는 점이다. 현지 기업이 업무를 맡을지라도 자율성을 확보하기는 어렵다. 업무를 맡긴 발주 업체 안에 온라인 통신망이 갖춰져 있어서 하청공장에 대한 고도의 중앙통제가 이뤄지기 때문이다. 데이터 입력용 컴퓨터 시스템은, 작업 상황을 극도로 세밀하게 감시하는 기능을 갖추고 있기에, 분당 입력 타수, 오타율, 처리 업무량, 개별 노동자의 휴식시간까지 기록할 수 있다. 또 이를 바탕으로 하청 업체 간 비교가 가능해서 하청 업체에서 좀더 인간적인 작업과정을 적용하거나 노동 조건과 임금을 개선해줄 여지가 거의 없다. 마지막으로, 이런 작업은 정규직 일자리를 창출하지 않는다는 걸 지적해야 한다. 대규모 데이터 입력의 필요성은 기본적으로 일시적인 것이다. 광학 문자인식 기술과 음성인식 기술이 날로 발전하고 여기에 사용자가 직접 자신의 데이터를 입력하기 쉽게 해주는 온라인 시스템이 결합하면, 10년 안에 전문적인 천공 업무나

---

6. Ursula Huws, "The Runaway Office Jobs," *International Labour Reports*, no. 2 (March~April 1984).

데이터 전처리 작업자는 쓸모 없어질 것이다.

결론적으로 말하자면, 정보기술의 발전은 대부분의 사무직 업무(와 전산화한 생산 및 공정처리 시스템과 관련된 몇몇 수작업)가 더 이상 특정한 지역에 묶여 있어야 할 필요성을 없애버림으로써 정보처리 업무의 급격한 구조조정을 부를 이론적 가능성을 지니고 있는 것이 분명하다. 이는 현재 존재하는 선진국과 개도국의 불공평한 분업구조를 변화시킬 수 있다. 하지만 현실적으로, 다국적 기업과 그 기업의 노동자간, 그리고 선진국과 개도국간 힘의 균형이 근본적으로 바뀌지 않는한 이 구조 변화 가능성이 실현되기는 어려울 것이다. 도리어, 통제의 중앙집중화와 신기술이 해방의 도구가 아니라 지배의 도구로 쓰이는 걸 보게 될 공산이 크다.

5장 상품화에 맞서기

공장 밖에서의 유용성 창출

"이윤이 아니라 사용을 위한 생산"은 오랫동안 사회주의자들이 집중하던 슬로건이다. 첫눈에 보면, 사회주의적 산업전략이 지향해야 하는 바를 훌륭하게 요약하는 동시에 자본주의의 몰인간적인 본성을 폭로하고 사회주의의 현명하며 배려하는 성격을 드러내는 것 같다. 상식에 바로 호소하는 것이기도 하다.

그러나 약간만 뜯어보면, 이 요구는 당황스럽게 만드는 내적 모순을 감추고 있다. 이 모순은 대안적 경제, 산업전략이 취해야 할 방향에 관한 좌파들의 요즘 혼란 상당 부분을 잘 보여주는 예이다. 이 요구는, 이윤이 변화를 이끄는 최우선적인 힘이라고 인정하지 않고 이윤이 일자리를 제공할 것인지 말지를 결정하는 절대적 기준이라고 받아들이지도 않지만, 가장 효율적으로 이윤을 얻을 수 있다는 이유로 자본주의가 선호하는 산업활동인 상품생산 문제는 건드리지 않기 때문이다. 자본주의의 제품 생산과정 그 자체에는, 모든 요소를 이윤에 종속시키는 개념이 자리 잡고 있다. 자본주의는 오직 교환을 위해 상품을 제조함으로써만 노동계급한테서 잉여가치를 착취할 수 있기 때문이다.

상품생산이 우위를 차지하기 때문에 우리의 산업, 경제 발전에 끔찍한 기형이 나타났고, 자본주의 사회의 추악한 모습 상당수도 여기서 비롯됐다. 아이들에게 먹일 분유는 넘쳐나지만 어머니들에게 모유수유 방법을 가르칠 여력은 없다. 또 간호사를 육성하기에 앞서 약과 장비부터 쌓아 놓는다. 놀이방 찾기보다는 롤스로이스 자동차 모형 찾기가 훨씬 수월하고, 나이든 이들에게 따뜻한 정을 나눠주기보다는 텔레비전을 안기기가 훨씬 쉽다.

추상적이고 도덕적인 차원에서, 사회주의자들은 오래전부터 '물질 만능주의'나 '소비 만능주의'등으로 불린 이런 전도된 가치체계의 대안이 필요함을 인식하고 있었다. 온갖 수사를 동원해 이를 공격하기도 했다. 이 공격은 보통 2차 세계대전 이전에 존재하던 '긴밀한' 노동계급 공동체의 따뜻함을 잃어버린 데 대한 감상적인 어조를 띠고 있다. 하지만 사회주의자들이 미래를 위한 구체적인 계획을 구상하는 작업에 나서게 되면, 강조점은 대안 생산물에 확고히 두어진다. 공장의 일거리가 단조로운 단순 노동이며, 저급하며 위험한 것으로 널리 인식되고 있지만, 공장 폐쇄에 대응한 해법은 공장을 다시 열거나 새 공장을 짓는 것이다. 공장 체제 자체에 대한 총체적인 대안은 생각하지 않는다. 왜 좌파는 자본주의의 상품에 대한 집착에서 벗어나기를 꺼려하는 것일까? 이윤을 최우선시하는 것에 대한 사회주의적 도전이 왜 열의가 약하고 모호할까?

서로 다르지만 연관성이 있는 일련의 요소들이 관련되는 것 같다. 여성을 '서비스' 업종으로 내몰면서 공장 일은 남성의 일이라는 관념을 유발하는 노동의 성별 구분, 작업 내용을 합리적으로 분석하기보다는 '숙련기능'에 대한 임금 우대를 유지하기 위한 방어적 투쟁의 산물인 숙련기술의 왜곡된 정의, 과학과 기술이 모든 이에게 궁극적으로 이로운 진보의 중립적인 전령이라고 생각하는 맹신, 노동자 의식과 전투성은 상품 제조과정에 직접 관여하는 노동자들의 전유물이라는 믿음이 이 요소들이다.

이런 태도들은 역사적 뿌리가 깊다. 이런 태도를 어떻게 정당화하는지 따지기 전에, 뿌리를 파헤치고 그것들이 어떻게 형성됐는지 확인하고 현실 생산과정과는 어떤 관계인지를 보는 게 유용할 것이다.

내가 택한 이 작업의 출발점은, 지난 3세기의 자본주의 발전과정에서 다양한 활동들이 어떻게 상품으로 대체됐는지를 살피고, 이 대체과정이 화폐 관계 안의 노동과 밖의 노동에 어떤 영향을 끼쳤는지를 보는 것이다. 그 뒤에는 미래의 몇몇 변화상을 예측하고 개입전략을 짜는 게 가능할 수 있겠다.

우리는 경제가 몇몇 산업으로 분명하게 구별된다는 생각에 익숙하다. 땅에서 원자재를 얻는 농업, 광업, 채석업으로 구성되는 1차 산업이 있고, 상품에 따라 세부적으로 나뉘는 제조업의 2차 산업이 있으며, 분배 및 민·관 서비스로 구성되는 3차 산업이 있다.

화폐경제의 이 3개 산업 외에 꼭 필요한 기능을 하지만 임금노동과는 상관이 없는 네 번째 활동이 있다. 이를 부르는 이름은 여러 가지인

데, 어떤 것도 완전히 만족스럽지는 않다. 재생산, 소비, 가사노동이라고 하는 영역이다. 이는 가정과 공동체에서 이뤄지는 상품 및 재화의 소비, 어린이와 노인과 장애인 돌보기, 임금 노동자에 대한 봉사와 관련되는 일들로 구성된다. 이런 일들은 거의 여성들이 맡는데, 이 장의 취지에 맞춰 '사회화하지 않은 노동'이라고 부를 것이다.

경제의 이 네 가지 영역이 분명하며, 변함없고, 쉽게 정의할 수 있는 불변의 경계로 완벽히 나뉜다고들 보통 생각한다. 그리고 이 구분은 일상적인 노동통계 수집부터 정치전략 수립에까지 이르는 다양한 작업에 그대로 반영되어 있다. "우리가 생산하는 것 이상으로 계속 소비할 수는 없다."고 주장하는 영국 보수당의 극우 세력이건, '영국 산업 기반의 붕괴'를 걱정하는 사회주의적 좌파건, 전제는 똑같다. '생산적인' 제조업과 '비생산적인' 서비스업을 구별해서 대조하는 것이 가능하다는 것이다.

그래서 이 네 분야 간 경계가 극도로 모호할 뿐 아니라 계속 바뀌는 것이라고 인식하려면 상당한 시각교정이 필요하다. 공식통계 속에 표현되는 외관상 정적인 표면 밑에는 오르락내리락하는 운동이 계속되며 이는 우리의 삶에 깊은 영향을 끼친다.

미시적 수준 곧 개별 노동자 측면에서는 이들 분야 간 구별이 모호해지는 지점을 쉽게 지적할 수 있다. 농부가 자신의 트랙터를 고치는 것은 1차 산업이다. 그가 못 고쳐서 수리공을 부르면 곧바로 3차 산업으로 분류된다. 타자수가 책 내용을 타자로 치면 그는 제조업에 고용된 상태다. 그가 일자리를 잃고 공무원이 되어 공식보고서를 입력하면 비생산적인 서비스 노동자가 된다. 공장 안에서 막 생산된 스테인리스

포크를 운반하는 남성은 제조업에서 일하는 것이고, 포크를 가게에서 운반하는 여성은 서비스업 종사자가 된다. 회계사부터 트럭운전사, 청소부까지 수많은 노동자들은 고용주의 규모와 전문성에 따라, 그리고 하청 업무 계약이 있느냐 없느냐에 따라 자의적으로 업종이 분류된다.

이런 모순이 기존 통계에 대한 과도한 의존을 경고하는 데는 효과가 있지만, 그렇다고 각 분야 간 경계에 나타나는 주요한 변화에 대해서는 설명해주는 게 별로 없다. 이를 위해서는 더 넓은 범위의 역사적 개관이 필요하다. 지난 300년 동안의 자본주의 발전을 몇 문단의 글로 요약하는 건 거칠고 너무 단순화하는 것이 되기 십상이다. 그럼에도, 서비스가 상품으로 변화하는 과정과 사회화하지 않은 노동이 임금노동으로, 다시 사회화하지 않은 노동으로 바뀌는 과정을 밝히기 위해 이런 개관을 시도한다면 나름의 가치가 있을 것이다.

자본주의 초창기인 17세기에는 오늘날 같은 제조업 영역이 존재하지 않았다. 지금은 '서비스'라고 부르는 많은 일들과 함께 공장에서 이뤄지는 일들 상당수가 당시에는 집에서 이뤄졌다. 1장에서 인용했던 앨리스 클라크의 인용구를 다시 보자.

17세기에 이는[가정은] 광범한 생산 영역을 맡고 있었다. 술 제조, 낙농, 가금류와 돼지 사육, 채소와 과일 생산, 아마와 양모 짜기, 간호와 치료, 이 모든 것이 가내 산업을 이루는 요소들이었다.[1]

가정에서 만들던 제품의 종류는 음식과 옷은 물론 비누, 양초, 약품

---

1. Alice Clark, *Working Life of Women in the Seventeenth Century* (New York : A. M. Kelley, 1968).

등까지 아주 다양했다.

가장 먼저 집 밖으로 이동한 주요 생산 활동은 옷감 제조였다. 옷감 공장에서 처음으로 새로운 임금노동계급이 형성됐다. 공장들이 들어서기 시작하고 여성들이 집 밖에서 돈을 받고 일하는 자리가 생겨났지만, 이 효과는 일반의 기대와 달리 공장에서 만든 제품을 살 수 있는 돈을 제공함으로써 각 가정을 좀더 부유하게 해주는 것이 아니었다. 다시 앨리스 클라크의 글을 인용하자.

> 아버지가 집세와 다른 필수 지출을 감당할 만큼 돈을 벌면, 그리고 어머니가 가내 산업에만 집중할 만한 자본을 가지고 있을 때라면, 어머니는 자신과 자식들을 위한 옷을 직접 만들고 음식을 해먹일 수 있고 실제로 그렇게 했다. 하지만 가난해서 어머니도 밖에 나가 돈을 벌어야 한다면 어머니의 가족을 위한 생산 능력의 값어치는 급격하게 줄어들었다. 가족에게 음식을 해주고 옷을 만들어 입히는 건 생각도 하기 힘들고, 자신의 벌이는 혼자 먹고 살기도 힘든 수준이기 때문이다.[2]

시간과 재원의 부족에서 생기는 필요성이야말로, 집에서 직접 물건들을 만드는 대신 공산품의 소비자가 되는 선택을 촉발한 것이다. 새로 형성된 공장 노동자들은 시간이 부족한데다가 편의시설도 형편없는 상황이기 때문에 서비스를 구매하는 처지가 될 수밖에 없었다. 이는 이때까지 시종이나 하인을 고용할 여력이 있는 부자들만의 특권이던 것이다. 이런 상황 탓에 아이 돌보기, 빨래하기, 조리된 음식 제공

---

2. 같은 책.

같은 전혀 새로운 '서비스' 직종이 생겨났고, 이 가운데 상당수는 나중에 새로운 주요 산업의 기반이 됐다.

이런 변화와 함께 나타난 것이, 지역사회의 지혜로운 여성들과 어르신들이 자발적으로 해주던 일을 몰아내는 전문 서비스업 곧 외과의사 · 약사 · 내과의사 · 변호사 같은 직종의 지속적인 증가다. 말로 아이들을 가르치던 전통이 문자를 통한 교육으로 대체되는 현상도 함께 나타났다.

지금까지 우리는 사회화하지 않은 노동의 영역이 제조업 영역으로 변하고, 일부는 서비스업 영역으로 옮겨 가는 현상을 검토했다. 그러나 또 다른 현상이 있는데, 그건 18세기 이후 날로 더 중요성이 커진 서비스업의 제조업화다.

이런 변화를 구체적인 예를 통해 묘사하자면, 17세기에는 거의 전적으로 집에서 이뤄지던 많은 행위들에서 몇 가지를 보면 된다. 빨래, 환자 보살핌, 여흥 제공, 음식 제공, 난방과 등잔 마련, 새 소식 전해주기, 옷 만들기, 청소 등을 골라보자. 산업혁명 이전에 이런 일들은 주로 여성들이 자신의 가정을 위해 하던 것들이다. 게다가 이런 일들을 처리하려면 상당히 높은 수준의 숙련도와 지식이 필요했다. 일처리 속도는 노동을 맡는 사람이 알아서 조절했고, 그들은 일의 전체 과정과 일에 얽힌 위험을 충분히 알고 이해한다. 예를 들어, 빨래하는 일은 개인과 가족 전체의 직물을 다루는 것이며 이 일에는 빨고 다림질하고 풀 먹이고 비누를 만들고 드라이크리닝하는 게 포함되어 있다. 비슷하게, 여흥을 제공하는 일에는 노래하고 이야기를 들려주고 악기를 연주하고 춤추는 게 포함되어 있다.

자본주의가 힘을 얻어감에 따라 점차적으로 이런 많은 활동들이 유급 서비스로 전환했고 이 가운데 일부는 유급 '전문' 서비스가 됐다. 그리고 이런 서비스들은 임금 수입이 늘어나면서 광범하게 보급됐다. 물론 이런 현상은 산업혁명 한참 전부터도 맹아적으로 존재하기는 했다. 예를 들어 청소와 빨랫감을 받아 처리하는 일 같은 가사 및 출장 서비스가 생겨났다. 또 악단, 오케스트라, 서커스단, 음악회장에서 활동하는 전문 여흥 제공자, 그리고 좀더 뒤에는 극장의 영사 기사와 여성 안내원이 등장했다.

이런 일들이 집 밖으로 옮겨 가기 위해서 특별히 처리 방법이 바뀌어야 할 필요는 없다. 기술과 작업과정은 똑같다. 바뀌어야 할 것은 이것이 사회적 관계가 되어야 한다는 것뿐이다. 이제 이런 일을 맡는 사람들은 자신이나 가족을 위해서가 아니라 돈을 벌기 위해 일을 한다. 그런데 그 다음 단계로 옮겨 가기 위해서는 과학과 기술이 개입해야 했다. 이 단계는 이런 활동을 제조업으로 바꾸는 것 곧 '상품화'라고 부를 수 있는 것이다. 시장에서 돈을 받고 제공하는 청소 대행업이 비누·가루비누·세탁기·건조기 같은 상품의 제조를 유발하기 위해선 화학 산업·기계 산업·전기공학에서 기술적인 변화가 나타나야 한다. 라디오·레코드판·텔레비전·음향기기 등의 제조가 가능하기에 앞서, 음향과 영상 기록, 전송기술, 또 여기에 따른 케이블과 위성 관련 기술변화가 나타나야 하는 것이다. 이런 새로운 제조 노동과정에는 소수의 숙련 노동자만 필요하고, 나머지 대부분의 일은 전반적인 지식이 거의 없고 노동과정의 통제권도 없으며 일에 따르는 위험에 대해서도 잘 모르는 비숙련 노동자들이 맡아서 한다.

마지막으로 새로운 공산품들은 가정에 새로운 소비 활동 또는 새로운 사회화하지 않은 노동 곧 물건 사고, 작동시키고, 유지 관리하는 일거리와 하드웨어와 소프트웨어를 사거나 빌리는 일거리를 새로 안겨준다. 이 일에서도 숙련도와 전반적인 지식, 통제권한은 크게 필요 없다.

이런 활동들의 전반적인 변천 유형은 서로 아주 유사하다. 각각의 기능들이 맨 먼저 서비스 형태로 사회화하고, 기술변화의 결과 다시 상품으로 변신하고, 이 변신은 새로운 제조업의 기반을 제공하게 된다. 이어 새로운 상품의 등장은 대다수 사람들의 소비 행태를 변화시키고 아직 사회화하지 않은 노동의 성격까지 바꾼다. 물론 이런 변화가 부드러우면서도 끊김이 없이 꾸준히 나타나는 것이라고 생각하는 건 잘못이다. 이 변화는 갑작스런 격변이 긴 기간 동안 여러 번에 걸쳐 발생하면서 나타나고, 그 기간 동안 변화의 몇 가지 단계가 공존하게 된다. 하지만 대부분의 '서비스' 방식이 '제조' 방식보다 노동집약적이기 때문에, 대량 생산이 이뤄지는 단계에서는 상품을 사는 것보다 서비스를 사는 게 더 비쌀 수밖에 없다. 그래서 서비스 방식은 별로 중요하지 않은 수준으로 축소되거나 갑부들을 위한 사치로 남게 된다.

조너선 거슈니는 서비스가 상품에 밀려나는 과정에 대한 선구적인 연구를 수행했다. 그의 연구는 이런 변화의 범위와 기간에 대한 구체적인 정보를 제공한다. 또 이 과정이 전통적인 통계 방식으로는 포착되지 않지만, 광범한 영역에 대해 큰 함의를 담고 있는 강력한 추세임을 결론으로 제시한다. 예컨대, 극장과 공연장을 찾는 걸 상품에 기반을 둔 여흥이 대체하는 현상, 세탁소나 출장 서비스를 받는 대신 가정용 기기를 사용하는 것, 대중 교통수단 대신 자가용차와 오토바이를 이용하는 것 등 세 가지 영역에서 서비스와 상품의 소비 관계가 20년에 걸쳐서 완전히 역전됐다.[3]

17세기에는 집에서 직접 물품을 만드는 대신 상품 또는 서비스를 구매하게 만든 결정적 요인은 위에서도 언급했듯이 시간 부족이었다. 사회화한 노동의 증가와 사회화하지 않은 노동시간의 감소 간에는 직접적인 관련이 있다고 보는 것이 당연하다. 가정용 상품과 서비스가 더 많아질수록 가사에 필요한 시간이 더 적어질 것이라고 생각할 수 있는 것이다. 하지만 앞장에서 봤듯이 실제로는 이렇지 않다. 앤 오클리가 보여줬듯이, 가정용 기기와 가사용 화학물질, 빠른 교통수단과 기타 '노동 절약형' 상품들이 전례 없이 많이 넘쳐나는 20세기에 가정 일에 들이는 시간은 실제로 늘어났다.[4]

우린 앞에서 이런 현상의 이유를 논했다. 살림살이의 기준을 높이라는 강력한 이데올로기적 압박, 규모의 경제가 나타나지 못하게 하는 개별 가정의 작은 규모, 위에서 언급한 새로운 방식의 가정 소비 활동의 발생이 그 이유다. 마지막 이유에 대해서는 부연 설명이 필요하다.

서비스를 상품이 대체하는 건, 새로운 방식의 무보수 '소비' 노동을 만드는 결과를 빚었다. 이는 과거에는 임금을 받고 고용되어서 하던 일 가운데 상당 부분을 탈사회화하는 것이라고 말할 수 있다. 예컨대, 상점에서 나타나는 걸 보면 그전에는 임금을 받는 점원이 하던 물건

---

3. Jonathan Gershuny, *After Industrial Society? : The Emerging Self-Service Economy* (Atlantic Heights, N.J. : Humanities Press, 1978).

4. Ann Oakley, *Woman's Work : The Housewife, Past and Present* (New York : Vintage Books, 1976).

고르기 · 옮기기 · 무게달기 · 포장하기 · 계산대 앞에서 기다리기 같은 일들을 이제는 소비자가 떠맡는다. 셀프서비스는 주유소, 현금 인출, 카페테리아 같은 서비스업에서 이제 전형이 됐다. 의료 서비스에서도 의사와 간호사가 환자의 집으로 왕진을 오는 건 일반적이지 않다. 서비스 이용자들을 설득해서 직접 병원의 외래 창구에 와서 기다리는 데 시간을 소모하게 만들면, 임금을 지불해야 하는 노동시간을 줄일 수 있다는 걸 깨달은 것이다. 컴퓨터 진단 시스템이 갖춰진 병원에서는 환자에게 직접 자신의 상세 정보를 입력하도록 함으로써 그전에는 원무과 직원과 간호사가 하던 많은 일까지 환자에게 떠넘기고 있다.

각 가정이 개별적으로 보유한 상품을 이용하는 데 얽힌 추가적인 노동도 존재한다. 그런데 이 노동은, 값이 비싸면서 믿을만하지도 못한 공공 시설에 의존하느니 각자 갖춘 기계를 쓰는 게 표면상 훨씬 쉽고 편하다는 현실에 의해 은폐되곤 한다. 예를 들어, 집 앞에 와서 빨래거리를 수거하고 세탁물을 집까지 가져다주는 서비스를 이용하는 것보다 자동 세탁기를 이용해 빨래하는 게 훨씬 많은 시간이 소요된다.

이런 과정은 사회화한 노동과 사회화하지 않은 노동의 또 다른 경계 변화를 표현한다. 가정이라는 사적인 영역과 화폐경제라는 공적인 영역 간 왕래는 이제 쌍방향적인 것으로 볼 수 있다. 집안에서 일어나던 활동을 야금야금 밖으로 가져가 사회화할수록, 생산성을 높이려는 욕구와 이윤이 나지 않는 일을 가능하면 외부 경제로 전가하려는 욕망이 소비자들에게 또 다른 일거리를 떠넘기고, 그래서 소비자들이 대가도 없는 일을 더 떠안는다.

나는 위에서 이런 변화와 함께 나타나는 노동과정의 변화를 암시한

바 있는데, 이제 이를 좀더 상술하겠다. 17세기의 가정에는 계절에 따라 약간 차이가 있지만 극히 많은 일들이 있었고 그래서 가정 내 분업까지 가능했고, 일을 맡은 이는 광범한 숙련기술이 요구될 정도였음을 확인했다. 이 일 대부분은 처음부터 끝까지 가정에서 처리됐다. 그래서 일에 참여하는 모든 사람이 전체 과정을 이해했을 것이고, 요리, 고기 절이기, 각종 보존법, 의약처치법, 베 짜기, 양조, 양초와 비누 만들기, 가축 돌보기 등등의 일에 대해선 전반적으로 상당한 지식을 갖췄을 것이다. 많은 개인으로 보면 과로에 지치고 이래저래 들볶이곤 했겠지만, 특수한 상황이 아니면 일처리 속도는 개인이 알아서 조절하는 것이 아닐 경우 비공식적으로 또는 여러 사람의 의사에 따라 결정됐을 것이 분명하다.

서비스 산업으로 눈을 돌려보면, 역시 수많은 종류의 일들을 발견하게 된다. 하지만 이 일들 가운데서 '서비스'업의 특징적 형태를 찾아내는 게 가능하다. 이 일은 17세기 가정의 사회화하지 않은 노동만큼 폭넓은 숙련기술과 지식이 필요한 일은 아니고, 대신 훨씬 더 특화된 일이어서 아주 특별한 한 가지 일에만 집중하는 고도의 숙련된 직업 상당수가 등장하는 결과를 초래한다. 예를 들어, 의료 분야에서 비공식 경제에 속한 '전천후의 인물'은 약품 전문가, 외과의사, 산파, 물리치료사, 산부인과의사, 안과의사 등 전문가들에 의해 대체된다.

이런 날로 복잡해지는 분업 과정은 고도의 숙련기술이 필요 없는 전문 직종까지 만들어낸다. 이런 직종이란, 닦기, 마사지해주기, 물품운송처럼 일의 위계질서에서 밑바닥에 위치하지만 노동과정에 대한 일정한 지식을 갖춘 수작업 직종이 보통이다. 이런 일들은 새로운 산업이 나타나자마자 금세 생겨나게 마련인데, 대부분의 일은 사람과 관계되는 것이다. 감독과 업무 속도 결정도 기계보다는 사람이 한다.

많은 서비스 산업은 노동자들이 상사에 종속되지 않고 일을 해나갈 수 있는 가능성을 열어주면서 일정한 진보를 제시하기도 한다. 아주 특화된 지식을 갖춘데다가 자동화 정도는 낮은 상태여서, 대부분의 업무 관련 위험을 잘 이해할 수 있고 그래서 위험을 피하는 것도 상대적으로 쉽다.

제조업의 상황은 아주 다르다. 많은 분석가들이 지적했듯이, 전반적인 경향은 흔들림 없이 한 방향으로 향하고 있다. 숙련기술의 내용물과 노동 통제를 가능한 한 기계와 시스템 속에 결합시키고 대다수의 노동자를 무차별적이고 비숙련자이며 서로 대체가 가능한 대중으로 만들어 버리는 경향이 그것이다. 숙련기술과 관련해서는 두 가지 과정이 진행된다. 한편에서는 아주 고도의 숙련기술을 갖춘 통제 및 설계 담당 일자리를 극히 일부 창출하고 다른 한편으론 각 개인이 전체 생산과정에서 파편화한 일부만을 수행하는 단순 반복적인 일거리를 대거 만드는 것이다. 이 둘의 간격은 결코 이을 수 없다. 대부분의 노동자는 이제 전체 노동과정에 대한 시각을 지니지 못하며 오직 자신이 맡은 부분에 대해서만 완전히 이해한다. 그들이 다루는 화학약품, 컴퓨터가 제어하는 통제 시스템과 기타 신비화한 '과학'의 산물들은 이제 이들에게 이해할 수 없는 것이 됐으며, 이는 자신들이 직면할 수 있는 위험들을 이해할 수 없다는 것을 뜻한다. 일부 노동자들이 숨지고 나서야 자신들이 위험에 처한 게 아닌가 의심하기 시작하는 상황이 종종 발생한다. 일의 속도는 기계가 결정하기 때문에, 개별 노동자는 자신의 업무 속도를 조절한 힘을 잃어버릴 뿐 아니라 관리자에게 업무 속도에 대해 항의할 수도 없게 되는 상황도 아주 흔하다.

요즘 가정에서 하는 일은 어떤가? 기본적인 기능이야 300년 전 가정에서 하던 일들과 비슷하지만, 이런 기능을 수행하는 방식은 아주 다르다. 분석 결과, 가정의 소비 노동은 바로 위에서 언급한 제조업의 노동과정과 아주 유사한 것으로 드러나고 있다. 소비 노동은 가공식품, 가정용 화학 제품, 가정용 기기, 기성복과 같은 상품의 구매와 가족들에 대한 제공 및 사용에 거의 전적으로 바탕을 둔 활동이다. 이 제품들 대부분의 설계와 작동 방식을 이해하지 못하기 때문에, 주부들은 사용법과 사용에 따르는 위험성에 관한 정보를 '전문가'로부터 얻을 수밖에 없다. (보통 이 도움이란 깔끔하게 인쇄된 설명서의 형태다.) 망가지거나 사고가 나면 다른 전문가(수리공이나 의사)에게 연락하라고 되어 있고, 그래서 주부들은 그들이 문제를 해결해줄 때까지 별 수 없이 마냥 기다려야 한다(이것도 물론 그들이 해결할 수 있을 때에 한하지만).

주부는 학교, 일자리, 상점 여는 시간 등 외부의 시간표에 맞춰 돌아갈 수밖에 없는 빡빡한 일정 속에서도 일처리 순서를 스스로 결정할 여지가 전혀 없지는 않지만, 주부가 해야 하는 일거리와 그 일의 마무리 기준은 날로 외부적인 것들에 의해 좌우된다. 이런 외적인 요소들은, 기계와 집의 구조, 음식이나 옷감의 화학적 구성, (아이들을 언제 남들에게 맡겨도 되는지, 또는 학교는 언제 보내야 하는지 등을 정하는 법률 같은) 법적인 제약, 강력한 이데올로기적 압력 같은 것이다. 이 모든 것은 주부가 노동과정을 실질적으로 통제하는 능력을 약화시킨다. 이런 과정은 또 공장 노동자의 사례와 마찬가지로 가사노동에서 모든 숙련기술을 박탈해 기계구조 속에 포함시킨다. 1장에서 이미 지적했듯이, 현실적으로 주부들이 자신들의 일이 제조업 노동자의 일보다 더 단조롭고 더 파편적이며 더 빠르게 진행된다고 보는 것이 놀라운 일인가?

가정일과 서비스업 활동의 상품화가 진행될수록, 여성이 가사노동에서 해방되기는커녕 가사노동이 스트레스 쌓이는 고된 일로 바뀌는 정반대의 결과가 나타나는 걸 볼 수 있다. 공장노동에도 마찬가지 결과가 나타난다. 자동화의 물결이 몰아칠 때마다 숙련기술이 줄어들고 일의 만족도는 떨어진다. 정보기술의 발전도 넓은 영역의 서비스 업종을 상품화하는 결과를 초래하는데, 단순히 새로운 제조 업종을 창출하기만 하는 게 아니라 공장의 사회 관계 일부를 사무실, 상점, 병원, 은행에까지 퍼뜨린다. 노동의 파편화와 기계가 작업 속도를 결정하는 환경은 이제 일부 서비스 업종의 고유한 특징이 된 지경이다.

이런 사실 앞에서 어떻게 사회주의자들이 상품화의 심화를 가치 있는 일자리를 창출하고 좀더 나은 사회를 만드는 방법이라고 무비판적으로 주장할 수 있을까? 그들은 겁먹은 할머니를 진정시키기 위해 함께 앉아 이야기를 주고받는 것보다 전자 경보 공장에서 일하는 게 더 즐겁다고 정말 믿을까? 아니면 손수레 만드는 컨베이어 벨트 앞에 서 있는 게 할머니의 쇼핑을 도와주는 것보다 낫다고 믿을까? 정말로 병원의 인부나 간호사가 제약회사의 포장공보다 보람이 적은 일인가? 이런 일들 가운데 한 산업 내 사회적 관계를 노동자들의 일상 삶에 대한 개입과 통제권한을 강화하는 쪽으로 변화시킬 잠재력이 더 큰 일거리는 어느 것인가?

이 장의 초반부에서 내가 주장했듯이, 상품생산 우선주의에 도전할 전략개발 측면에서 사회주의적 사고방식엔 몇 가지 장벽이 있는 것 같다.

그 첫 번째는 노동의 성적 분화다. 사회화하지 않은 노동 영역을 보면, 소비 노동을 처리하고 집을 유지하며 가족을 돌보는 일은 압도적으로 여성이 맡는다. 화폐경제에서는, 여성들이 취업하는 산업이 상대적으로 제한되어 있고, 여성의 직업군으로 보면 더욱 제한되어 있다. 교통과 국방을 뺀 나머지 서비스 산업에서는 남성이 소수이고 그래서 서비스 산업은 여성적인 것으로 여겨진다. 반면 여성이 가정에서 무보수로 하던 일들과 밀접하게 관련된 업종인 의류와 신발을 뺀 나머지 제조업은 남성들이 지배하고 있다. 여성들은 식품업, 음료업, 전기공업, 섬유업에서도 현실적으로 소수이며 그나마도 명백하게 '여성용'이라고 여겨지는 일거리에 몰려 있다. 나머지 분야 가운데서는 사무 노동과 청소를 빼고는 아예 여성을 찾아보기도 힘들다. 여성들이 가정에서 무보수 노동을 책임지고 있다는 바로 그 점 때문에, 여성의 시간은 소중한 것으로 취급받지 못한다. 여성들이 일하는 차별받는 영역은 일반적으로 임금이 낮은 '노동의 빈민가'이기도 하다.

이런 현상과 밀접하게 연결되어 있는 것이 바로 여성의 숙련기술에 대한 평가절하다. 청소, 요리, 아이 보살핌, 옷 만들기 같은 숙련기술은 모든 여성들이 당연히 갖춰야 하는 것으로 여겨지고, 게다가 이런 기술은 가정에서 가족들을 위해 아무 대가없이 발휘하는 것으로 취급된다. 그래서 이런 기술들은 그 어떤 희소가치도 없으며, 시장에서 임금과 교환되는 상황이 되면 값이 바닥까지 떨어진다. 사실은 왕왕 숙련

기술로 인정받지도 못하며 이런 기술로 벌어먹고 사는 이들은 보통 '비숙련 노동자'로 낙인찍힌다.

신시어 콕번(Cynthia Cockburn)이 자신의 책『형제들』에서 지적했듯이, 숙련기술을 어떻게 정의할 것인가 하는 문제는 혼돈에 빠져 있고 감정이 개입되어 있다. 종종, 일자리에 '숙련'이라는 딱지를 붙이는 것은 그 일의 어려움을 반영하기보다는 그 일을 맡고 있는 이들의 조직력과 교섭력 정도를 반영한다. 공장노동의 질 저하와 파편화에 저항하는 노동자들의 핵심 원칙은, '숙련'이라는 이름표를 붙임으로써 과거의 관행을 지키고, 견습기간 제도 같은 것을 도입함으로써 그 일자리 접근 기회를 자신들이 통제하는 것이었다. 이런 숙련기술 집단화의 분명한 목적 한 가지는, 여성과 이주 노동자처럼 그들의 존재 자체가 자신들의 교섭력과 단결을 약하게 하는 자신들보다 취약한 노동자들의 유입을 막고, 이를 통해 위에서 언급한 분업을 영구화하고 더 강화하는 것이었다. 이런 행태는 여성이 하는 일을 저급한 것으로 취급하게 한다. 대부분의 '서비스' 일거리는 사내답지 않은 일로 여겨지지 않으면 비천하고 격이 떨어지는 것으로 취급된다. 이런 대접을 받는 건, 그 일자체의 성격 때문이 아니라 보통 그 일을 하는 이들이 지녔다고 평가되는 속성 때문이다.

서로 다른 일거리의 상대가치를 왜곡되게 평가하는 현상과 함께, 노동자의 전투성에 대한 좌파의 틀에 박힌 시각이 존재한다. 계급의식을 지닌 프롤레타리아를 형성하는 게 공장 시스템이기 때문에, 자본주의

---

5. Cynthia Cockburn, *Brothers* (London : Pluto Press, 1983).

를 무릎 꿇릴 강력한 노동자 조직이 등장할 곳도 바로 그곳이라는 생각을 깨뜨리기는 아주 어렵다. 혁명을 경험한 러시아·중국·쿠바 등등의 나라에서 농민이 맡았던 구실은 차치하고, 영국의 역사만 봐도 이런 전제가 얼마나 의심스러운지 알 수 있다. 20세기 초부터 지금까지 영국 노동운동에서 가장 강력한 정치적 세력은 이른바 부두 노동자·광부·운수 노동자의 삼각 동맹이었다. 이 가운데 누구도 공장생산에 관여하지 않는다. 광부들은 1차 산업에 해당하는 채굴 작업을 하며 나머지 둘은 '서비스' 노동자다. 하지만 3개 직종 모두 남성 직종이며, 이점은 그들이 노동자로 여겨지는 이유를 부분적으로 설명해주는 요소다. 1978년 '불만의 겨울'[6]에 영국 정부를 무너뜨린 이들 또한 공장 노동자가 아니긴 마찬가지다. 대부분은 공공 부문 여성 서비스 노동자들이었다. 제조업 노동자들이 어떤 서비스 노동자들에 비해서 목표를 쟁취하기 위해 훨씬 강력한 전투성을 보여준 것은 분명 사실이지만, 1978년에 버금가는 정치적 영향력을 발휘한 제조업 노동자 집단을 집어내기는 어렵다. 하지만 이 문제는 자본에 대한 관계 설정의 차이에서 오는 것이라기보다는 젠더(사회적 성별)의 산물로 볼 수 있을 것이다.

여성 서비스 노동자들은 조직화가 어려움을 깨닫는데, 이 어려움은 서비스 노동자여서가 아니라 여성이기 때문이다. 가정일 때문에 집회

---

6. [역자주] 불만의 겨울: 1976년 여름 영국 경제가 침체에 빠져 국제통화기금의 긴급 자금지원을 받았고, 이와 함께 공공 예산을 급격히 줄였다. 77년 8월 실업자가 160만 명을 넘어서는 등 노동 상황이 극도로 악화하자 주요 노조들이 78년 말부터 79년 초까지 대규모 파업을 벌였다. 당시 노동당의 제임스 캘러헌 총리는 별다른 대책을 내놓지 못했고, 이 때문에 그는 79년 5월 총선에서 패배했다.

에 참석할 수 없고, 가정 때문에 집 근처 중소기업에서 일하거나 시간제로 일해야 한다. 또 남성들이 그들을 배제하고 바보취급하거나 학대한다. 또는 경제적 어려움이 너무나 커서, 높은 임금이나 좋은 조건을 위해 쉽게 타협하지 않고 버티는 게 힘들다. 이 세 가지 요소는 서로 연결되어 있다. 이 모두가 합쳐지면서 부정적인 고정관념이 생긴다. 이 관념에 반대되는 긍정적인 인상이 다소간 고상한 일을 하는 백인, 남성 공장 노동자의 노동계급 전투성이다. 유일한 '진정한 부의 생산자'로 여겨지는 이들 남성의 노동은 중요하고 고귀한 것으로 평가될 뿐 아니라 숙련 노동으로 받아들여진다. 게다가 미래 사회주의 사회에서 노동이 어때야 하는지를 보여주는 일종의 모델로 여겨진다. 대조적으로, 보통 서비스 업종에 속하는 다른 종류의 노동은 기생적이라고 노골적으로 평가받지 않을지언정 노예적이고 고귀하지 못한 것으로 받아들여진다. 게다가 그것은 비숙련 노동이며 여성적인 데다가 진짜 남자가 할 만한 것이 아니라고 평가된다.

통계를 보면 실제 노동계급 구성은 이런 이미지와 배치된다. 영국에서는 노동자의 40% 이상이 여성이며, 전체 노동자 가운데 서비스업 종사자의 비중은 이보다도 높다. 그런데도 이런 이미지가 좀더 추상적인 수준에서는 사회주의 이념과 어색하게 공존한다. 우리는 과연 보살핌이 더 많은 사회를 만드는 데 헌신하고 있는 게 아닌가? 보살핌이 사회화된다면 그 형태는 결국 서비스 형태가 아닌가? 작업복 입은 남성 공장 노동자를 이런 전망에 어떻게 꿰맞춰야 하는가? 이런 모순의 해결은 단순한 문제가 아닌데, 좌파진영에서 최근 몇 년 동안 이 문제를 꽤 고민했음이 명백하다. 그들의 딜레마는 다름이 아니라, 많은 사람이 사회적으로 유용한 대안 생산물을 얻을 때 느끼는 즐거움을 설명해야 하는 것이다. 왜냐하면, 만약 이런 '대안' 생산물을 적시할 수 있다면, 이 노동자들을 다시 공장으로 보내 자신들의 숙련기술을 이용해 필요한 사용가치를 생산하게 할 수 있기 때문이다. 이렇게 되면, 남성 노동자들은 도움이 필요한 사람들에게 서비스를 제공하는 처지로 전락함으로써 자신들의 남성성을 망치는 걸 피하면서 자신들도 보살핌을 베푼다는 것을 과시할 수 있다.

이런 해법은, 상품생산을 더욱 늘리는 것이 사회주의적 미래로 나아가는 것이라는 생각을 강화시켜주는 생각이자 맑스주의자들이 공통적으로 갖고 있는 생각과도 충돌하지 않고 어울리는 생각이다. 그 생각이란, 과학과 기술은 가치중립적인 진보의 추진력이며 힘닿는 한 빨리 개발해서 언제인가 때가 무르익으면 노동계급이 완전히 쟁취해서 모든 이들에게 여가와 풍요를 제공할 수 있게 해야 한다는 관념이다. 지난 몇 년 동안 이런 생각에 대한 비판이 제기됐으며, 영국에서는 여성운동과 <과학의 사회적 책임을 위한 영국 협회> 같은 단체들이 이 비판을 주도했다. 이들은, 몇몇 노조운동가, 생태주의자들, 평화운동단체, 대안의학 관계자들과 함께 자본주의적 과학이 근본적으로 왜곡됐음을 보여주는 설득력 있는 분석을 제시했다. 이 관점에서 보면 기술은 건설이 아니라 파괴를 위해 개발됐다. 개념과 구상 자체가 반여성적, 반노동자적이며 현재의 형태를 그대로 이어받아서는 생명과 건강과 일상의 삶에 엄청난 위협을 주는 걸 피할 수 없다. 과학은 신비화됐고 타당하지 못하다. 또 과학의 우선순위를 결정하는 건 개발비용을 대는 계급이며 그들은 개발 방향을 지시한다. 이런 비판은, 상품을 더 생산하면 필연적으로 우리가 사회주의를 향해 한 발자국 나아가게 된다는 생각에 반대해 우려를 제기할 근거를 넓혀준다.

그렇다면 우리가 나아갈 길은 어딘가? 사람들이 행복하고 건강하게 살던 기술시대 이전의 황금기가 있었으며 그 시대로 돌아가야 한다고 암시하는 건 명백히 사람들을 오도하는 것이다. 새로운 기술은 언제나 모순적인 영향을 끼쳤으며, 새로운 해악을 끼치긴 했으나 그만큼 또 많은 해악을 제거해왔다. 상품화 과정이 꼭 본질적으로 노동계급 전반, 또는 노동계급 내 여성의 이익에 반하는 것은 아니며, 꼭 그렇게 작동한 것도 아니었다. 하지만 과거 사회주의자들이 했던 것보다는 훨씬 더 세심하게 이 문제에 의문을 품을 필요가 있어 보인다.

일자리 창출과 사회적 수요 충족을 동시에 추구하는 미래전략을 마련하려고 할 때, 생산물이 필연적인 답이라는 전제에서 출발해서는 안 된다. 만약 이 전제가 맞는다면 십중팔구 현재 자본주의안에서 작동하고 있는 세력들이 답을 찾을 것이다. 반대로 우리는 아직 충족되지 않은 욕구를 분석하는 데서 출발해야 한다. 이는 욕구를 충족하지 못한 이들이 자신들의 조직을 통해서 스스로 제시하는 생각에 귀 기울이는 걸 뜻한다. 임신한 여성들이 태아 검사를 더 자주 하길 원하는가, 아니면 전혀 다른 방식으로 훈련된 산파를 원하는가? 중증 장애인들이 새로운 장비를 원하는가, 아니면 돈, 혹은 재가(在家) 도우미를 선호하는가, 그것도 아니면 다르게 설계된 집을 원하는가? 살림살이에는 실제로 어떤 노동이 요구되며 그 노동을 가장 잘 사회화하는 방법은 무엇인가? 서비스 산업이 날로 자본집약화하고 셀프서비스 경제화하는 경향을 뒤집을 수 있나? 그리고 어떻게 하면 노동과정을 더 만족스럽고 안전하게 바꿀 수 있는가? 이 질문 가운데 몇몇은 새로운 상품이 필요하다는 답을 제시하게 만들겠지만, 대부분은 그렇지 않을 것 같다.

열악한 환경의 저임 노동이 존재하는 새로운 게토를 만들어내지 않고 이런 욕구를 충족시키는 해법을 찾아내려면, 소중하게 간직한 상당수의 생각에 도전하고 새로운 조직화 방식을 개발해야 한다. 특히 사회주의자들은 성적, 인종적 노동 분화에 대해 문제를 제기해야 하며 이를 극복할 방법을 찾아나서야 한다. 또 지역 공동체와 서비스 분야 노조 내부에서 전통적으로 침묵해왔고 소외됐던 이들의 말에 귀를 기울이고, 그들의 조직화를 돕는 걸 최우선 과제로 삼기 시작해야 한다.

6장 작업장 내 여성 건강 *

　‘건강’이라는 단어의 뜻을 단지 의학적인 병이 없는 상태가 아니라 행복한 상태(well-being)를 뜻하는 것으로 본다면, 반대말을 ‘질병’보다는 좀더 폭넓은 ‘행복하지 않는 상태’(not-well-being)로 봐야 할 것이다. ‘질병’(dis-ease)의 본뜻은, ‘아픔’(illness)(‘ill’은 단순히 ‘well’의 반대다)보다 훨씬 폭넓은 것이다. 하지만 이 두 단어는 특정한 의학적인 상태를 강조하는 데 너무나 절묘하게 징발당해서, 말의 유용성을 상당히 잃어버리고 말았다. 일상 대화를 보면 훨씬 더 일반적인 용어가 필요하다는 게 분명히 드러난다. 사람들은 ‘낯빛이 나쁜’ ‘여윈’ ‘긴장해 녹초가 된’ ‘쇠약한’ ‘기진맥진한’ ‘안 좋은’ 또는 무엇보다도 효과적인

---

* 1990년 카메라워크의 사진전시회 카탈로그를 통해 발표한 글.

'내 몸 같지 않은' 등등의 느낌에 대해 말한다.

가장 단순한 해법이 종종 최고다. 이 장에서 나는 '아픈'(ill)이라는 단어를 본디 뜻대로 '좋지 않은'(not-well)으로 쓰고 '언짢은 상태'(ill-being)를 의사들의 진단서에 등장하는 긴 단어의 병명을 씀으로써 특정할 수 있는 범주에 꼭 맞지는 않지만 온전히 행복하지 못한 상태를 표현하는 데 쓸 것이다.

그러므로 이 장은 임금노동이 여성의 행복한 상태에 어떤 영향을 끼치는지 또는 의학적으로 인지할 수 있는 질병 이외에도 명확히 규정하기 어려운 불편함, 긴장, 불행감을 포함한 나쁜 상태를 유발하는지에 대한 것이다.

첫 번째 질문은 이런 것이다. 도대체 왜 여성을 남성과 구별해서 인식하는가? 물론, 노동 환경이 안전하지 못하거나 유독물질로 오염됐다면 성별과 상관없이 모든 인체에 똑같이 영향을 끼치고, 여성을 다른 종족처럼 취급하는 건은 진정한 위험을 모호하게 만드는 것이라고 지적할 수 있다. 여성을 취약한 존재로 보고 초점을 여성에 두면, 어떤 일자리에서는 여성을 완전히 배제하는 차별적 정책을 유발할 위험이 없는가? 실제로 이런 위험이 있다. 그리고 이 문제는 나중에 다시 다루겠다. 하지만 여성에만 초점을 맞추지 않고는 작업장 내 건강 문제를 이해할 수 없는 이유가 몇 가지 있다. 그리고 이 가운데 몇은 서로 연관된 것들이다.

첫째, 그리고 가장 분명한 이유는 여성의 몸이 많은 면에서 남성과 다르다는 것이다. 남성은 페니스가 있는 반면 여성은 가슴, 음부, 자궁이 있다. 여성은 생리를 하는 반면 남성은 기분상태와 신진대사가 주기적으로 변화할지언정 생리는 없다. 여성은 아이를 낳지만 남성은 그렇지 않다. 평균적으로 여성은 남성보다 몸집이 작고 무게가 덜 나가고 힘이 약하다. 물론 둘이 교차하는 지점이 차이보다 더 크기는 하지만 말이다. 예컨대 백인 여성이 아시아계 남성보다 큰 경우도 종종 있고, 젊은 여성이 나이든 남성보다 강하기도 하다. 덩치와 힘의 차이가 문제가 되는 건, 단지 특정 화학약품 노출치 또는 들 수 있는 최대 무게 같은 현재의 안전 기준이 노동자를 젊고 튼튼한 백인 남성으로 전제하고 마련됐기 때문이다. (예를 들어 미국에서는 화학물질 노출치 검사는 보통 해병대에서 '자원자'를 받아 실시한다.) 이런 기준치는 몸집이 더 작은 이들과 늙거나 장애 때문에 영향을 더 심하게 받을 수 있는 이들을 위험에 빠뜨린다.[1]

몇몇 작업장 내 위험은 여성의 독특한 생리구조와 직접 관련된다. 2차 세계대전 때까지, 영국 랭커셔의 면화 공장에서는 정해진 짧은 시간을 빼고는 여성들에게 기계 옆을 떠나지 못하도록 하는 게 흔했었다. 그래서 여성들이 생리 중일 때는, 아무것이나 있는 대로 이용해서, 보통은 기름 먹인 헝겊을 썼는데, 흐르는 피를 닦았다. 산업용 기름에 접촉되는 일이 늘어나면서 많은 여성은 음부 암에 걸렸다. 비슷한 과정을 통해서 남성 자동차 수리공들은 기름에 전 작업복의 마찰 때문에 음낭에 암이 생길 위험이 높다. 하지만 여성의 생식기 암이 일에서 연유한다는 사실이 드러나는 데까지 상당히 오랜 시간이 걸렸는데, 이는 불과 얼마 전까지도 영국 공식통계(사망 원인에 대한 정보를 제공하는

---

1. Jeanne Mager Stellman, *Women's Work Women's Health : Myths and Realities* (New York : Pantheon, 1977)를 보라.

'표준 사망률')는 여성에 대한 기록을 남편의 직업에 따라 분류했기 때문이다.

생리는 대등한 기회 제공과 관련된 논쟁에서 아주 예민한 문제다. 총체적 차별을 당하고 있는데다가 고용주들이 이 차별을 영구화할 꼬투리를 잡기 위해 혈안이 된 상황에서, 여성주의자 가운데 '동등한 권리'를 강조하는 이들은 전통적으로 생리의 영향이 중요하지 않다고 주장해왔다. 이들은, 여성이 생리를 하는지 아닌지가 고용주와 무슨 상관이냐고 주장한다. 이 문제를 공론화하는 건 개인의 사생활 침해일 뿐 아니라, 기분 상하게 하는 농담부터 생리하는 여성 옆에서 일하는 남성에 대한 종교적 금기까지 다양한 형태의 학대에 여성을 노출시키는 것이기도 하다. 이런 접근법에서 보면, 한 사람의 생리주기는 어떤 식으로든 노동 문제에 개입할 수 없는 순전히 사적인 것이다.

하지만 이런 신념은 여성들의 사적인 대화에서 보통 인정되는 또 다른 신념과 불편하게 공존한다. 그 신념은 생리는 (예컨대 위경련이나 생리 전 편두통 같은 것 때문에) 고통스러울 수 있으며 육체적으로 진을 빼는 것이라는 생각이다. 또 생리가 어떤 사람에게는 평소보다 손재주가 떨어지게 만들 수 있거나 집중력을 떨어뜨릴 수 있다는 생각이다.

일본에서는 여성이 생리 중일 때는 고통을 겪을 것이라는 생각이 널리 퍼져 있고 생리휴가도 일반화되어 있으며 대부분의 노동계급 여성들은 이 제도를 환영한다. 중산층 여성들은 이렇게까지 확실하지 않다. 많은 사람들은 평등에 대한 추상적인 주장을 이용해서 이런 '불공평한' 대접이 다른 지역에서 남성을 우대하는 데 이용될 수 있다고 주장한다.

이는, 여성이 야근, 생식 관련 위험 또는 무거운 물건을 옮기는 것 같은 일로부터 '보호받아야' 하느냐 하는 문제를 놓고 서방세계에서 100년 이상 단속적으로 제기되어온 주장을 반복하는 것이다.

여성 개인의 일터에서 보면, 생리 중에 아무런 문제가 없거나 그저 생리를 잘 넘기지 않으면 상황은 결코 좋지 않다. 생리를 감추고 별다른 내색을 하지 않거나, 사람들에게 생리 사실을 알리고 필요하면 휴식시간을 더 갖는 선택을 해야 한다. 생리 사실을 알리게 되면, 농담거리가 되고 능력이 떨어지는 사람 취급을 받을 수도 있다. 어느 쪽을 선택하든 스트레스 쌓이는 일이고, 어느 쪽도 행복에 도움이 안 된다.

생리에 대한 논쟁 가운데 더 극단적인 형태는 임신과 출산을 둘러싸고 벌어지는 논란이다. 출산 이후 여성이 일자리를 잃지 않을 권리를 위한 투쟁이 워낙 격렬하게 진행되어서, 임신 기간 동안 여성의 건강을 보호하기 위한 추가적인 요구를 제기하기는 참으로 어려웠다. 여기서 가장 큰 어려움은 태아의 건강과 엄마의 건강을 구별하는 것이다. (태아 손상을 이유로 소송을 당할까 두려워하는) 고용주와 그들의 보험 회사들이 앞장서 견고하게 만들어 놓은 전통적인 관점은, 태아의 건강에 우선순위를 두고 엄마는 단순히 태아의 운반자로 여겨 엄마가 일하는 것 자체를 통해 태아에게 위험을 끼치는 것으로 보는 것이다. 이런 논리대로라면, 임신한 여성은 위험의 기미만 있어도 일터에서 배제되어야 한다. 어떤 경우엔 미래에 임신할 여지가 있는 여성조차 마찬가지로 배제되어야 한다.

이런 주장은, (납이나 이온 방사선 같이) 태아에 해를 끼치는 물질은 남녀 성인에게도 해를 입힐 수 있다는 사실을 무시한다. 또 일터를 청결하게 하는 걸 피하고 싶어 하는 고용주들이 연막으로 이용하기도 한다. 가임 여성이 배제되고 나면, 위험을 감수하는 대가로 임금을 조금 더 받곤 하는 남성들은 아주 위험한 환경에서 자신의 건강과 태어나지 않은 자식의 건강을 신경 쓰지 않고 일하게 된다. (방사선과 납은 남성의 번식력에도 나쁜 영향을 끼친다.) 이런 조처가 여성과 아이를 위한 것이 아니라는 사실은, 예컨대 휘발유와 페인트에 함유된 납, 핵발전소 주변의 방사선, 야근 금지조항 무시나 병원 간호사의 방사선 노출 같이 전혀 다른 상황에서 여성이 위험에 처하는 데에 무관심한 것을 보면 알 수 있다.[2]

다시 한번 위험한 상황에서 일하는 여성의 선택은 어느 쪽도 좋을 게 없다. 자신과 아이의 위험을 감수하거나 일자리를 빼앗기는 것이기 때문이다.

여성이 생리적으로 남성과 다르다는 게 문헌상에서는 중요하게 부각되지만, 일반적으로는 이 점 때문에 일터에서 여성이 겪는 불행은 전체 불행에 비하면 적다. 주된 위험은 생리적인 게 아니라 사회적으로 형성되는 것이기 때문이다. 이 위험은 육체적으로 다르다는 데서 비롯되는 게 아니라, 남녀 차별적 권력 관계, 직업적 남녀 구별, 여성에게 보살피는 일이 부여된다는 데서 비롯된다.

특히 뒤의 두 가지 요소는 서로 밀접히 연관되어 있다. 일터에서 여성들이 맡고 있는 많은 일 곧 청소, 조리, 바느질, 간호, 교사일, 사회사업 등은 여성들이 집에서 하던 일을 직접적으로 연장한 것에 불과하다.

---

2. Wendy Chavkin, ed., *Double Exposure : Women's Health Hazards on the Job and at Home* (New York : Monthly Review Press, 1983)를 보라.

또 이 일들은 보살핌과 직, 간접적으로 연결되어 있다. 물론 보살핌의 핵심 요소는 다른 이들의 건강과 안전을 책임지는 것이다. 아이가 화상을 입으면 어머니가 냄비를 제대로 간수하지 못했다고 비난당한다. 남편이 심장마비를 일으키면, 불포화 지방만을 섭취하게 할 여성의 임무를 제대로 못했기 때문이다. 노망난 시아버지가 문 앞을 어슬렁거리거나 버스 밑으로 들어가면 시아버지를 제대로 돌보지 못한 며느리의 잘못이 된다.

여성 잡지의 기사부터 병원에 붙어 있는 포스터까지 다양한 매체가 주장하는 것은 단 한 가지, 보살피는 사람의 잘못이라는 것이다. 예컨대 도로에서 벌어지는 끔찍한 사고(영국 어린이 5명 가운데 1명은 어느 시점엔가 교통사고로 다친다)가 부모가 아이들에게 아동 교통안전 규칙을 가르치지 않아서라기보다는, 주택단지의 잘못된 설계나 엉터리 교통 관련 계획 때문일 수 있다고 제시하는 주장은 아주 드물다. 이런 태도는, 스코틀랜드 애버딘의 공중보건 책임자 맥퀸 박사가 일간 「가디언」과 가정 내 사고에 대해 인터뷰한 것을 보면 아주 잘 드러난다. 사고를 "20세기 최대의 돌림병"이라고 표현하면서 그는 사고의 절반 이상이 가정에서 발생하며 가장 흔한 사고 원인은 피로라고 말했다. "대부분의 사고는 가정에서 아주 격렬한 활동을 한 끝에 나타나거나 밖에서 격심한 일을 하고 집에 돌아온 직후에 발생하기 때문"이라는 것이다. 그래서 그가 말하는 최선의 예방책은 뭘까? 가정주부들이 좀 더 쉬어야 한다는 것? 아니면 집의 구조를 좀더 안전하게 바꾸는 것? 아니다. 맥퀸 박사의 해결법은, "주부들에게 심신이 지쳤거나 마음이 초조한 때에는 사고의 원인이 될만한 것들을 치우고 별일 없으려니 하는 마음가짐을 버리는 등 특별히 신경 쓰도록 교육시켜야 한다."는 것이다. 다른 말로 하자면, 여성의 편안함에는 하등 관심이 없고 신경 쓸 일은 나머지 식구들을 위험에서 보호하는 것이라는 소리다.

여성들, 특히 어린 아이를 돌보는 데 많은 시간을 들이는 여성들 가운데 이런 태도를 어느 정도씩 내면화하지 않은 이들은 거의 없다. 여성들은 일상적으로 자신의 복지를 등한시할 뿐 아니라 자기가 책임져야 하는 걸로 여겨지는 사람이 다치거나 아프면 죄책감을 느끼기까지 한다. 이런 태도와 보살피는 일을 떠맡는 사람이라는 고정관념은 임금 노동 현장에서도 그대로 나타난다.

병원들은 가장 극적인 예를 보여준다. 병원에서 여성들이 하는 일은 간호일, 청소, 음식 제공, 사무직에 몰려 있고, 업무 시간은 환자 돌보는 것과 대부분 남성이기 마련인 '전문' 의료진 돌보는 것으로 나뉘어 있다. 병원이란 건강을 회복하는 장소로 상정되어 있지만, 그 안에서 일하는 여성들은 극도의 위험에 처해 있다. 직원들은 아주 스트레스가 심한 상황에서 보기 드물게 장시간 일하는 게 당연시된다. 공장에서라면 금지되어 있을 정도로 무거운 물건을 들어야 하고, 감염 가능성이 높은 질병과 해로운 물질에 그대로 노출되어 있다. 간호사 대부분은 감염된 변, 토해 놓은 것, 혈액, 오줌을 매일 처리해야 하고, 감염된 바늘에 찔리거나 감염된 이빨에 물릴 위험에 직면한다. 많은 간호사는 만성적인 피로에 시달리고 극심한 등 통증은 흔한 질병이다. 하지만 자신의 건강을 위해 휴식을 취하면 사람들은 눈살을 찌푸린다.

비슷한 이야기를 기꺼이 자신들의 건강을 희생하는 보육담당 간호사, 가정 도우미, 보살핌 보조원에 대해서도 할 수 있다. 이들의 상황도, 여성이 집에서 약하고 도움이 필요한 이들의 건강을 지켜주는 구실을 맡는 것과 관련해서 설명할 수 있다. 설명이 쉽지 않은 건, 자기희생과 자신의 건강을 돌보지 않는 태도가 남을 돌보는 일을 하지 않는 여성들, 그러니까 예컨대 공장이나 사무실, 가게에서 일하는 여성들에게도 나타나는 방식이다.

자신의 건강은 문제가 안 된다는 생각은 일과 무관하고 여성성의 일반적인 조건과 관련되는 듯하다. 진짜 남성은 위험을 무릅쓰는 것(이고 자신의 건강을 위협하는 걸 두려워하는 건 '여성적인' 것이다)이라는 남성우월주의 관념이 분명히 존재하는데도, 여성스러운 것에 대한 전통적인 관념이 결국 이런 결과를 부르는 것으로 보인다. 남성들이 위험한 노동 조건에 대해 불만을 제기하지 않는 건 약한 모습을 보이는 건 '남성답지 못한' 것이기 때문이지만, 여성들이 불만을 터뜨리지 않는 건 이기적인 모습은 '여성답지 못한' 것이기 때문이다. 그래서 위험은 영원히 사라지지 않는다.

말할 것도 없이, 모든 여성이 이런 일을 수동적으로 받아들이는 건 아니다. 건강과 안전 문제 때문에 전투적으로 들고 일어난 많은 여성 노동자 단체들이 있었다. 하지만 여기서도 자기희생 이데올로기(이 이데올로기는 때때로 자매애나 노조 단결이라는 명분을 위한 희생으로 대체된다)가 투쟁해야 한다는 분위기를 만드는 데 기여한다.

직업에서의 남녀 구별이 건강에 끼치는 영향은 물론 여성을 보살피는 일자리로 내모는 데만 그치지 않는다. '남성의 일'과 '여성의 일'이 분명히 구별되지 않는 산업은 거의 존재하지 않는다. 공장에서 여성의 일은 가장 단순하고 반복적인 조립, 포장일, 특히 '손재주'가 필요한 일에 집중되어 있다. 유통업에서는, 여성은 금전출납기를 다루거나 값싼 물건들을 생글생글 웃으며 판다. (남성들은 여성들을 관리하거나 자동차, 컴퓨터, 음향기기처럼 비싼 첨단 제품들을 판다.) 사무실에서 여성들의 일자리는 경력이라는 사다리의 가장 밑바닥에 있는 것들이다. 자판을 다루거나 서류를 철하거나, 남성이 주를 이루는 전문, 기술직 담당자와 경영진을 보좌하는 일이다.

이런 남녀 구별은 건강 문제에 몇 가지를 시사한다. 가장 단순한 수준에서는 여성들이 남성보다 적은 임금을 받고 더 가난하다는 뜻이다. 그래서 일터 밖에서 스트레스를 주는 수많은 요인들과 맞부딪칠 여지가 더 크며, 이는 일터에서의 상태에도 영향을 끼친다. 이런 현상은 특히 홀로 살거나 혼자 가족들을 돌보는 여성에게 두드러진다. 또 주거환경이 더 나쁘고 오염된 지역에 살 여지가 높다. 부적절한 대중교통을 이용하거나 여가를 제대로 즐기지 못할 여지도 높다. 무보수 가사노동에 따른 스트레스와 일터에서 남의 뒷바라지를 하는 데서 오는 스트레스에다가 이런 스트레스까지 합쳐지면, 여성이 평소에 항상 느끼는 스트레스의 '기본수준'은 아주 높아진다. 그래서 일터에서 약간의 스트레스만 더 받게 되어도 위험한 수준에 이르게 된다.

불행하게도, 여성들이 일자리를 얻게 되는 열악한 영역에는 이런 추가적인 스트레스가 널려 있다. 공장이건 사무실이건 상점이건 여성들이 맡는 대부분의 일들은 좁은 범위에서 반복적인 움직임을 지속하는 일들이다. 게다가 집중적으로 무언가를 지켜봐야 하는 일들이기도 하다. 예를 들어 전자 제품 공장에서 조립공은 작은 부품들을 다루기 위해 눈을 가늘게 뜨고 현미경을 봐야하는 일이 많다. 문서편집이나 정보 입력 담당자는 밝게 빛나는 화면을 응시하면서 손가락으로는 자판 위를 옮겨 다녀야 한다. 빠르게 일해야 하는 점 또한 스트레스를 더하는 요소다. 어떤 경우는, 진짜로 기계가 노동자들을 감시한다. 시간당 타자수를 계산하고, 응대하는 고객 숫자와 오류 비율을 기록하고 휴식 시간을 재는 것이다. 다른 경우는, 실적에 따라 임금을 지급하는 체제를 통해 규율이 가해진다. 근육 일부를 긴장상태로 유지하고 자세를 바꾸지 않는 가운데 다른 부분은 가능한 한 빠르게 움직이는 건, 때로는 돌이킬 수 없는 신체 손상을 부를 수 있다.

이런 일거리 대부분의 또 다른 특징은, 한자리에 고정되어 있다는 것이다. 이에 비해 남성의 일은 이동이 잦다. 지난 몇 년 동안 실시된 시간과 움직임에 대한 연구들은, 조립라인의 노동자가 부품을 가지러 가려고 자리를 뜨면 얼마만큼의 시간 손실이 나타나는지, 타자수가 서류철에서 뭔가를 가져오려고 자리를 뜨면 얼마만큼 시간이 낭비되는지, 또는 계산대의 점원이 포장용 봉투를 더 가져다 놓기 위해 일어나면 낭비되는 시간이 얼마인지를 초 단위로 제시한다. 그래서 고용주들은 몸을 펼 핑계거리를 제공하는 이런 요소들을 모두 없애버렸다. 기계를 손볼 일이 생기면 건물 안을 자유롭게 돌아다니는 남성들이 보통 처리한다.

이렇게 한곳에 박혀서 일하는 이들이 차지하는 공간이 옮겨 다니느라 땅에 발을 딛는 일이 상대적으로 적은 이들의 공간보다 넓을 거라고 생각하겠지만, 실제로는 반대인 경우가 흔하다. 사무 공간을 한번 죽 돌아보면, 두꺼운 카펫이 깔려 있는 넓은 방을 흔히 볼 수 있다. 이런 방들은 기껏해야 일주일에 몇 시간 그곳에서 일하는 관리자 단 한

명을 위한 마호가니나무와 가죽으로 만든 책상 하나와 널찍한 의자 몇
개만 덩그마니 놓여있다. 반면에 그 옆에는 바닥이 비닐로 이뤄진 작
업 공간에 타자수와 데이터 입력 담당 직원들이 가방을 놔둘 여유로
없이 촘촘히 모여서 하루 종일 일하고 있다. 또 영상표시 단말기(VDTs)
에서 많은 자기장이 나오는데도, 이들의 의자와 컴퓨터는 웬만하면 화
학합성물질로 표면을 처리한 것들이고 공기정화 시스템은 원시적이
다.[3] 게다가 이런 자리는 쓰레기를 보관하는 뒷마당 쪽으로 유리창이
난 장소일 가능성이 높다. 땅이 넓게 보이거나 도시가 보이는 곳은 관
리자들의 차지다. 그 결과 나타나는 갖가지 스트레스(소음, 환기 불량,
동료의 담배연기나 거슬리는 행태에 어쩔 수 없이 노출되는 것, 제대
로 안되는 온도 조절, 사생활의 완전한 박탈, 육체적인 부자유 상태 등
등)는 지나가는 사람에게까지 느껴질 정도의 언짢음을 유발한다. 비록
억압받는 사람들이 나누는 동지애는 있지만 말이다.

하지만 좁은 공간에 묶여 있는 것이 몸에 끼치는 영향이 이런 업무
분리가 만들어내는 유일한 언짢음은 아니다. 언짢음은 작업장을 지배
하는 남녀 차별적 권력구조가 표현되는 과정에서도 겪게 된다. 보통
칸막이가 없는 열린 공간에서 컴퓨터 앞에 종일 앉아 있는 여성들은
자유롭게 오가는 남성들에게 말 그대로 언제나 이용될 수 있다. 여성
이 맡는 일에 비서 업무가 포함되어 있다면, 그는 특정한 상사를 돕도
록 규정되어 있겠지만 급한 상황에서는 다른 관리자가 본디 업무 영역

---

3. 사무 노동자들의 노동 조건에 대한 더 자세한 것은 Marianne Craig, *The Office Worker's Survival Handbook* (London : Women's Press, 1991) and Ursula Huws, *The VDU Hazard's Handbook* (London : Hazards Centre, 1987)을 보라.

과 상관없는 일을 시키기 위해 부르는 것이 당연시된다. ("이봐요, 커피 좀 타줄 수 있겠소?") 일반적으로 지위가 대등하거나 낮다고 여겨지는 남성들(예컨대 우편 수발 담당자나 수위)도 지나가면서 거리낌 없이 방해하거나 농담을 던진다.[4]

이렇게 언제고 남성들의 눈길을 끌게 되는 상태는 비록 그 눈길이 가장 부드럽더라도 신경을 거슬리는 것이 될 수 있다. 더 심한 상황에서는 죽도록 따분한 일상에서 잠시나마 느낄 수 있는 사소한 즐거움이 될 수도 있다. 하지만 이는 더 심각한 성적 괴롭힘이 될 수도 있다. 이렇게 되면 노동은 건강과 행복을 해치며 견디어야 하는 매일 매일의 악몽이 되고 만다. 의미심장하게도, 성적 괴롭힘이 가장 심하게 나타나는 경우 곧 남성 무리가 여성을 구조적으로 학대하는 경우는 여성이 눈에 보이지 않는 남녀간 업무 영역의 경계를 넘어설 때 나타난다. 또 여성들이 예컨대 건설현장, 인쇄소, 소방 업무 같은 '남성'의 일을 할 수 있음을 내세울 때도 그렇다. 이런 상황에서 성적 괴롭힘은, 자신이 마음대로 할 수 없는 업무 현장의 사회 관계에서 즐거움을 얻는 요소로 작용하는 게 아니라 직업의 영역구분을 규제·단속하는 수단으로 작용한다. 성적 학대를 범하는 남성들은 고도의 보안이 유지되는 건물의 주변 벽을 지키는 셰퍼드 개와 같다. 그리고 대부분의 여성은 의식적이든 무의식적이든 초청을 받을 때만, 그것도 스스로 위험을 감수할 때만 들어갈 수 있음을 감지하고 있다. 얼씬도 하지 않는 게 훨씬 안전한 것이다.

---

4. Rosemary Pringle, *Secretaries Talk : Sexuality, Power, and Work* (London : Verso, 1989)를 보라.

나는 이 장에서 사회적 요소와 물리적 요소의 상호작용은 일터에서 언짢음을 유발하는 과정뿐 아니라 이 언짢음을 겪게 되는 방식에서도 극도로 복합적이라는 걸 보여주려 시도했다. 많은 경우 일터의 사회관계는 일자리와 장비, 건물의 구도를 통해 표현되며, 이 구도는 특정한 물리적 위험을 동반한다. 그래서 해결책 또한 다양한 측면을 지닌 게 될 것이다. 기술적 해결책을 찾거나 건물과 기계의 설계를 바꾸는 것도 도움을 주겠지만, 이것만으로는 충분하지 않다. 일자리의 구도를 바꾸는 것도 많은 위험 요인을 제거하겠지만 역시 그것만으로는 안 된다. 전체 산업의 분업구조를 급진적으로 재검토하는 걸 시도하면 많은 여성들에게 이로운 변화를 가져올 수 있겠지만, 이조차도 완전한 해결책이 아니다. 언제나 여성의 행복이 보장되는 작업 환경을 만들어내려면, 우리사회의 기초가 되는 사회 관계 그 자체의 변혁을 일으키는 게 필수적이다.

7장 재택근무

전망들[*]

이 장은 지난 20년 동안 전자적인 방법을 이용한 재택근무자라는 개념에 부여된 서로 다른 의미와 이 생각에 깔려 있는 몇 가지 전제를 모색한다. 이 전제들이 미래의 재택근무가 어디까지 확대될지에 대해서 제시하는 것은 별로 없지만, 재택근무에 대한 현재의 강한 집착과 현재 겪고 있는 어려움에 대해서는 매력적인 통찰을 제공한다.

삶의 아이러니 하나는, 미래에 대한 예언서들보다 시간의 흔적을 더 정확히 또는 그 날짜를 더 빨리 밝혀내는 게 거의 없다는 점이다. 예를 들어, 파시즘적이고 스탈린주의적인 거석 시대풍 건축물과 끝없는 조립라인을 묘사하고 있는 1930년대의 비관적인 과학소설을 보라. 또 핵

* 1991년 1월 『퓨처스』에 발표한 글.

무기에 의한 파괴의 와중에도 점잖은 미국 중산층의 도덕관을 굳건히 지키고 있는 핵가족이 등장하는 1950년대 환상소설을 봐도 안다. 여성들은 모두 젊고 파스텔 톤의 짧은 치마를 입고 플라스틱 장화를 신었으며, 에너지원도 없는 상태에서 번쩍이는 경기장 바닥 색으로 칠한 대형 컴퓨터가 거대한 테이프 데크가 윙윙 소리를 내며 돌아간 뒤에 음산한 목소리로 원하는 정보를 알려주는 1960년대의 장난스런 우주 모험 소설은 어떤가.

이런 이미지들이 보여주는 것은 미래에 대한 유용한 정보가 아니다. 그러나 무엇이 보편적이며 인간 삶에서 변치 않는 건 무엇인지, 또 기술 진보의 방향은 어떤지, 특정한 사회발전에서 바람직한 건 무엇인지에 관한 아주 문화적으로 특정한 (그리고 종종 극적으로 잘못된) 전제는 보여준다. 다른 말로 하자면, 무슨 일이 벌어질지를 직접적으로 말해주지는 않지만 이미지를 만든 이들이 믿고 기대하는 것, 또는 발생할까봐 두려워하는 것이 무엇인지를 말해준다는 것이다. 이들이 같은 세대의 다른 이들을 대표하는 한 이 정보는 유용하다. 사람들은 그들의 신념과 두려움, 희망에 따라 행동하며, 이런 행동 또는 그에 대한 반응은 다음 세대를 위한 환경을 구성하게 된다. 이렇게 구성된 환경 속에서 다음 세대는 자신들이 시도할 예언의 밑바탕을 구성하기 위해 지도를 그리고 반응하고 추정하는 행동을 하게 될 것이다.

이 장에서 나는 지난 20년 동안 일정한 간격으로, 그리고 변화가 심한 요즘 상황에서는 아주 드물 만큼 집요하게 계속 등장했던 특정한 예측에 초점을 맞출 예정이다. 이런 예측 밑에 깔려 있는 전제를 따져봄으로써, 실제로 무슨 일이 벌어졌으며 예측했던 이들이 두려워하거나 희망했던 어떤 것이 실현될지를 밝혀내기를 기대한다. 또 이 결과 다음에 일어날 일을 결정할 핵심 이해집단을 밝혀내는 데 도움을 주기를 기대한다.

문제가 되는 예측은 사람들이 고용주로부터 멀리 떨어져, 보통 집에서 일을 하게 만들어줄 정보기술의 사용에 관한 것이다. 이 분야의 발전 문제는 노동의 미래에 대한 예측에서 핵심적인 위치를 차지하고 있다. 그래서 이 문제가 실제 보급 정도에 비해 훨씬 더 중요한 상징적 의미를 갖게 된 것이 아닌가 하는 의심을 떨쳐버리기 어렵다.

'원격 노동'이 상기시키는 이미지는 강력한 것이다. 판유리와 철골로 이뤄진 도시 중심부 마천루에 시골의 오두막을 대비시키고, 분주하고 활발한 복잡한 사무실 생활에 집안의 평온함을 대비시킨다. 또 출근시간 통근 열차에서 매일 몸을 부대끼는 모습과 손상되지 않고 공격받지 않는다는 느낌을 주는 분리되고 추상적이며 거의 천상의 모습과 같은 통신수단을 대비시킨다. 이는 암암리에 두 가지 세상의 최고만을 모은 것 곧 국제적인 이념 및 정보의 교류에 완전히 참여하면서도 가정이라는 피난처에 둘러싸여있는 것을 약속한다. 노동자는 안전하며 친숙하고 자궁과도 같은 환경 속에 둘러싸여 있으면서도 거대한 외부세계와 마치 탯줄로 연결되듯이 밀접히 연관되어 있다는 것이다. 물질세계의 동맥과 정맥은 통신망이며, 이 망은 밤낮으로 정보가 계속 흐르면서 맥박 친다. 이제 우리는 지난 시대의 갈등에 대한 해결책을 얻은 듯하다. 모험과 안전의 욕구 사이의 갈등, 교류와 사생활 욕구 간 갈등, 도시의 흥분과 농촌의 평온함을 원하는 마음 사이의 갈등 등에 대한 해결책 말이다.

상징은 이런 것들로 만들어진다. 나의 반론은 '전자적인 가내 노동자'는 노동의 미래에 대한 많은 사람의 희망과 불안을 구체화한 아주 강렬한 상징이 됐다는 것이다. 하지만 이것이 담고 있는 의미는 일정하지 않다. 시간이 지나면서 바뀌었을 뿐만 아니라 의미를 두는 당사자의 기술, 노동, 가정과의 관련성에 따라 달라진다. 예를 들면, 남성이냐 여성이냐, 고용주냐 비고용인이냐, 혼자 사느냐 부양가족이 있느냐, 집이 좋으냐 나쁘냐, 젊은이냐 나이든 이냐, 정보기술에 끌리는가 아니면 배척당하는가에 따라 다른 것이다.

이런 서로 다른 의미가 밝혀지지 않는다면, 그 이미지는 파악하기 힘들게 되고 서로 모순되는 태도의 혼란스런 얽힘 속에 빠져 있게 될 것이다. 표현을 좀 바꿔보자면, 각각의 목소리가 구별되지 않는 감정적인 소음, 변화 없는 딱딱거리는 소리만 듣게 되는 것이다. 정치인들이 하듯이 이런 소음에서 어떤 의미를 얻어내려고 시도하면 그들은 거칠게 '찬성'과 '반대'로 나누고 싶은 유혹을 느끼게 된다. 그리고 이는 많은 평론가들이 실제로 한 것이다. 그들은 원격 노동에 대한 태도를 거의 전적으로 양 극단 곧 낙관론자와 비관론자, 옹호론자와 반대론자, 좋다고 생각하는 이들과 나쁘다고 생각하는 이들로만 나눠 분석했다.

노동 조직의 그 어떤 측면도 이것처럼 감정적인 (그리고 종종 도덕적인) 색채를 띤 방식으로 논의된 적이 거의 없다는 사실은 흥미로울 뿐 아니라 이 상징의 힘을 추가로 증언하는 것이기도 하다. 이보다 훨씬 많은 사람에게 영향을 끼친 측면들도 이것처럼 포괄적인 방식으로 질문이 제기될 거라고 기대하기 어렵다. 예컨대, 당신은 시간제 노동을 찬성합니까 반대합니까, 시간 외 노동이나 조립라인, 성과급제, 이주 노동자 사용을 찬성합니까 반대합니까 이런 식으로 묻지는 않을 것이다.

이런 거친 양극화는 사태를 밝히기보다는 모호하게 하기 때문에, 이 장에서는 이런 식을 피할 걸 제의한다. 하지만 다른 평론가들과 마찬가지로 내 관점 또한 아무리 객관성을 확보하려고 노력할지라도 의식적으로나 무의식적으로나 내 개인의 상황과 경험, 역사적 맥락 때문에 어쩔 수 없이 특정한 색깔을 띠게 마련이다. 그래서 내 관점에 영향을 줄 수 있을 만한 상황에 대해 먼저 간단히 설명하는 것만이 정직한 태도이리라.

나는 지난 10년 가까이 혼자 아이들을 키웠으며 런던 시내 혼잡한 아파트에 있는 내 집에서 자유 업종 일을 하며 살았다. 내 일은 연구, 저술, 강의로 구성되며 때때로 다른 이들과 공동 작업을 하는데 때로는 서로 마주보며 일하기도 하고 때로는 얼굴을 보지 않고 일하기도 한다. 내가 일하는 방에는 석 대의 컴퓨터와 전화기 두 대, 팩시밀리 한 대, 두개의 프린터, 서류용 캐비닛 다섯 개, 책꽂이 여섯 개, 책상 두 개가 있다. 현재는 공동 작업자가 방을 같이 쓰고 있다. 내 수입은 놀랍게 늘었다가 줄었다 한다. 노트북 컴퓨터를 두고 하룻밤 이상 집 밖을 나가는 일이 없다.

1982년 (딸이 태어난) 이후 몇 건의 재택근무 관련 조사를 기획했거나 분석해왔다. 그 가운데 하나는 (영국에서는 최초의 사례로 생각되는데) '하이테크' 재택근무자에 대한 연구였고, '전통적인' 재택근무자와의 비교 연구, 중증 장애자인 재택근무자와 재택근무자가 될 가능성을 지닌 이에 대한 연구, 이곳저곳 이동하는 원격 근무자 연구, 사무실 분

산이 검토되고 있는 중앙 사무실의 키보드 작업 담당자 연구, 유럽 4개
국 노동자와 고용주의 원격 근무에 대한 태도에 관한 대규모 조사, 영
국과 독일의 14개 기업 내 원격 근무 비교 조사, 유럽 5개국의 '새로운
노동 형태' 조사, 원격 근무에 관한 여러 시기의 문헌에 관한 포괄적인
(그리고 말할 것도 없이 소모적인) 검토 작업 등도 벌였다.[1]

그러니 나는 원격 근무를 실제로 하고 있는 사람이자, 경험적인 증
거에 아주 익숙한 사람으로서 이 글을 쓰고 있다고 할 수 있다. 하지만
이것으로 박식함이 보장되는 건 아니다. 사실은 이와 반대다. 이 두 가
지 경험이 어느 정도는 서로 긴장 관계를 보이기 때문에, 더 정확하게
말하자면 관련 문제의 복잡성을 강하게 인식하게 되고 과도한 일반화
를 경계하게 된다고 할 수 있다. 또 한 가지 지적해야 할 것은, 내 모든
작업이 이 땅에 기반을 둔 것이기 때문에 영국적 편향이 있으며 이 편
향은 이 글에서 내가 예로 드는 것들에 의심할 바 없이 분명히 나타날
것이다.

내 관심사항을 밝혔으니 이제 전자기술을 이용한 재택근무자의 이
미지로 돌아가자. 이런 노동자는 적어도 1957년의 자동화에 관한 문헌
에서부터 존재했지만, 실제로 대중들이 의식하기 시작한 것은 1970년
대 초부터다.[2] 당시엔 에너지 위기감이 나타났다. 화석연료가 값싸고

---

1. 여러 자료 가운데 특히 Ursula Huws, *The New Homeworkers : New Technology and the Relocation
of White-Collar Work* (London : Low Pay Unit, 1984) ; "Remote Possibilities : Some Difficulties in
the Analysis and Quantification of Telework," in *Telework : Present Situation and Future
Development of a New Form of Work*, ed. W. B. Korte, S. Robinson, and W. J. Steinle (New
York : Elsevier Science Publishers, 1988) ; and "Uprooting the Office," *Practical Computing*,
September 1989를 보라.

2. J. C. Jones, "Automation and Design (1~5)," *Design* 103, 104, 106, 108, 110 (1957~1958).

무제한적으로 공급되는 시대가 끝났다는 자각이 갑자기 나타난 것이다. 집에서 일하는 방식은 무엇보다 먼저 연료를 절약하는 방안으로 제시됐고, '통신과 교통의 대체효과'라는 측면에서 논의됐다.

1970년대 중반에 이르자, 닐스(Nilles)와 하크니스(Harkness) 같은 연구자들은 미국의 전체 노동력의 1%가 집에서 근무할 때 절약되는 기름이 얼마가 될지 구체적으로 예측해 제시했고, '텔리커뮤터'(원격 통근자)라는 신조어가 등장했다.[3] 이런 개념으로 보면 집에서 일하는 이는 근무하기 위해 물리적으로 직장에 가는 대신 (통신수단을 이용해 의사소통을 함으로써) '원격으로 통근하는' 사람이다. 고용주와의 계약 관계, 수행하는 업무의 특성, 노동자의 주거지 위치 같은 다른 요소들은 변함이 없는 것으로 여겨졌다. 이런 '원격 통근자'의 이미지는 전형적인 통근자의 이미지를 반영하고 있는 것이다. 이 당시 대중적인 이미지는 이런 노동자가 남성이며 관리직 또는 전문직 업무를 하며 기업문화를 따르고 도시 교외에 사는 모습이었다.

자유의지론이 지배하던 1960년대에 뿌리를 뒀으며 좀더 거슬러 올라가면 1950년대 비트 세대까지 가는 또 다른 사고방식이 공존했다. 이 사고방식은 기업지배 산업사회에 대한 더 급진적인 비판을 제기하고 정보기술을 비인간적인 기업을 해체하고 도시를 푸르게 만들 수단으로 제시한다. 이런 사고방식을 주장하는 이들의 캐치프레이즈는 '탈산업사회' '명랑한 기술' '미국의 녹화' '작은 것이 아름답다.'였으며

---

3. J. Nilles et. al., *The Telecommunications-Transportation Trade-off* (New York : John Wiley, 1976) ; R. C. Harkness, *Technological Assessment of Telecommunications-Transportation Interactions* (Menlo Park, Calif. : Stanford Research Institute, 1977)를 보라.

그들은 탈중앙화했으며 진보된 기술을 이용해 의사소통을 하는 소규모 일터에 대한 대체적인 낙관론을 갖고 있었다.[4] 이들은 관료제와 거대 조직에 대한 히피식 적대감도 갖고 있다. 이들 대부분이 흔히 규정하는 거대 조직에는 다국적 기업, 정부 기관은 물론 노조 같은 서로 맞서는 조직들이 모두 포함되어 있다.

대중적 미래학 분야에서 가장 영향력이 큰 책들의 저자가 보통 남자라는 것과 직접 관련되겠지만, 이런 탈중앙화한 노동 시나리오에서 중심인물은 역시 절대적으로 남성이다. 이들은 전통적인 '통근자'보다는 판에 박은 '창조적' 노동자와 더 공통점이 많은 모습이다. '원격 통근자'와 비교해 이들 '원격지 근무자'들은 훨씬 개인주의적이고 덜 전통적이며, 자영업자일 가능성이 높다. 좀더 따져보면 이 남성은 정장보다는 청바지를 입고 도시 교외보다는 전원에 살 것이라고 상상할 수 있다.

하지만 이 두 가지 생각은 많은 공통점도 지니고 있다. 주인공은 두쪽 모두 중산층 남성이고, 노동자들이 어디서 일할지와 일을 하지 말지 자체를 결정할 자유가 있다는 걸 전제하고 있다. (이는 또한 완전고용을 전제하고 있는 것이기도 하다.) 그리고 두 쪽은 모두 기술은 상서로우며 각 개인 사용자가 통제할 수 있는 것으로 여긴다. 70년대 말에 이 두 가지 생각은 어느 정도 서로 결합해서 앨빈 토플러의 '전자적

---

4. Daniel Bell, *The Coming of Post-Industrial Society* (New York : Basic Books, 1973) ; I. D. Illich, *Tools for Conviviality* (New York : Harper & Row, 1973) ; Charles A. Reich, *The Greening of America* (New York : Random House, 1970) ; and E. F. Schumacher, *Small Is Beautiful* (New York : Harper & Row, 1973) [E. F. 슈마허, 『작은 것이 아름답다』, 원종익 역, 서울 : 원음사, 1992]를 보라.

전원주택'이라는 개념을 만드는 데 이르렀다.5

하지만 그 와중에 기술에 대한 대중의 태도에 급격한 변화가 나타났다. 1978년에는, 서방세계가 대규모 실업을 동반한 대형 산업구조조정에 들어섰다는 것이 분명해졌을 뿐 아니라 이런 구조조정의 중심 도구는 '실리콘 칩'이 상징하는 정보기술이 되리라는 것도 분명했다. 적어도 영국에서는 갑자기 신문들이 "모든 것에 칩을" 이라는 제목으로 가득 찼고, 텔레비전 화면은 불길한 예언과 소년 같은 쾌활한 흥분이 묘하게 뒤섞인 분위기로 '새로운 산업 혁명'을 설명하는 일련의 프로그램들이 휩쓸기 시작했다.

불길함이 가득 찬 예언은 전적으로 실업 문제에 집중했다. (1978년 9월 「가디언」의 전형적인 제목은 "기술이 500만 명의 일자리를 앗아갈수 있다."는 것이었다.) 반면 소년 같은 흥분은 밸브나 트랜지스터와 비교해 마이크로 칩이 월등히 싸고 크기도 작다는 데 열광해서 "여러분의 거실에서" 처리할 수 있는 놀랍게 많은 일들에 집중하는 경향을 보였다. 스튜디오에 '미래의 가정'이 설치되었고 거기에 가장이 (가끔은 공손한 부인, 아이와 함께) 앉아서 텔레비전 화면 앞에 조이스틱을 들고 있다. 그는 가정용 컴퓨터 하나만으로 주식 가격을 알아보고 휴가 여행을 예약하고 각종 물건값을 결제하고 최근 크리켓 경기 결과를 알아볼 수 있다는 데 감탄한다. 이런 식으로 홈뱅킹, 홈쇼핑, "심지어 일"조차 처리할 수 있다는 설명을 시청자들은 듣는다. 기술은 본질적으로 실무용 장난감이며, 다시 한번 기술 사용자는 중산층 남성으로

---

5. Alvin Toffler, *The Third Wave* (New York : Bantam Books, 1981) [앨빈 토플러, 『제3의 물결』, 유재천 역, 서울 : 주우, 1981].

상정된다.

이렇게 날카롭게 모순되는 시각을 접하면서 기술은 기본적으로 부드럽고 상서로운 것이라는 대중들이 그동안 공유하던 생각이 깨어지기 시작했다. 기술적 진보를 피할 수 없는 건가라고 의문을 제기하는 건 여전히 러다이트운동과 같은 것으로 여겨졌지만, 기술이 '위협인지 약속인지'를 묻는 건 정당한 일이 됐다. 이 단계에서 집에서 일할 수 있는 가능성은 '약속' 쪽에 해당하는 것으로 받아들여졌다. 아직은 위협이 아닌 듯 했지만 이런 상황이 오래 지속되지는 않았다.

이때쯤 값싼 개인용 컴퓨터와 워드프로세서 기계가 상당한 규모로 영국 전역의 사무실에 등장하기 시작했다. 이 기계들을 쓸 것으로 예상된 이들은 초기의 대중적 이미지와 달리 남성 관리자와 전문직이 아니라 낮은 수준의 비서 업무와 사무직을 맡고 있지만 아직은 확고한 위치를 유지하고 있는 여성들이었다. 이 변화에 따라 컴퓨터 사용에 관한 새로운 이미지가 형성되기 시작했다. 컴퓨터를 '작동'하거나 통제하는 이들로 표현되는 흰색 옷을 입은 기술자나 고위 경영진과 연관되는 대신 컴퓨터는 수동적인 여성 조작자들이 이용하는 도구로 표현되기 시작했다. 게다가 컴퓨터는 조작하는 이 여성들 자신을 통제하는 수단이 될 수 있는 것으로 표현됐다. 워드프로세서 광고는 비서의 (성적인 매력과 연관되어 있기는 하지만) 바보스러움과 미덥지 못함을 강조하고, 기술이 정확성과 생산성을 개선하고 관리자들의 사무직원 감독을 더 쉽게 만들어주는 방법임을 강조한다. 컴퓨터 처리 과정을 둘러싼 전문 프로그래밍 용어 속에 담겨있던 과거의 신비 대부분도 사라져 버렸다. 컴퓨터는 이제 멍청한 금발머리도 조작법을 배울 수 있을 정도로 쓰기 쉬운 기계로 표현된다.

　애초에 이런 생각은 가정에서 일하는 것에 대해 언급하지 않았다. 하지만 이것이 여성주의자들의 관심을 끌기 시작했는데 이는 특히 당시에 사무직 여성 노동자의 노조화가 급속히 진행되는 것과 맞물려 나타났다. 이 시기에는 또 일하는 여성들이 컴퓨터를 바탕으로 한 업무가 언론들이 묘사한 이미지와 전혀 다르다는 걸 자신들의 경험을 통해 깨닫게 되면서, 정보기술의 영향에 대한 대안적 분석도 시작됐다. 이런 대안적 분석은 과거의 산업사회 비판에 대한 관심도 불러일으켰다. 특히 브레이버먼의 작품이 주목을 받았는데 그의 '탈숙련화' 개념이 하급 사무직 노동의 컴퓨터화를 동반하는 것으로 보이는 노동의 파편화, 단순 업무화, 압박 강화를 설명하기 위해 채용됐다. (이 채용 작업은 어려움이 없지 않았는데, 그건 역사적으로 '숙련'이라는 범주가 대부분의 산업에서 '남성의' 노동과 밀접하게 연결된 개념이었기 때문이다.)6 이런 분석에 입각해서 보면, 사무실 자동화에서 기인한 착취적이며 공장과 같은 조건에 맞서 스스로를 지킬 유일한 희망은 노조로 단결해서 더 인간적인 노동 조건을 위한 단체협상을 시도하는 것이다. 그래서 노동자들을 서로 분리시키는 그 어떤 것도 반대해야 하는 것이다. 그리고 가내노동이 아직은 즉각적인 현실이라기보다 이론적 가능성으로 여겨지기는 했지만, 노동자를 분리시키는 것으로 분명히 분류됐다.

---

6. Harry Braverman, *Labor and Monopoly Capital : The Degradation of Work in the Twentieth Century* (New York : Monthly Review Press, 1974) ; 9 to 5, *Race Against Time : Automation of the Office* (Boston : National Association of Office Workers, 1980) ; and J. Barker and H. Downing, "Word Processing and the Transformation of the Patriarchal Relations of Control in the Office," *Capital and Class* 10 (1980).

이 문제에 대한 여성주의적 사고는 20여 년이나 뒤로 거슬러 올라가 1950년대와 60년대에 '덫에 걸린 주부 증후군'이라 불린 것에 관한 비상한 문헌으로부터도 도움을 받았다. '이름도 없는 문제'에 대한 프리던(Friedan)의 분석을 시작으로, 가정 내 여성의 고립은 여성의 억압에 대한 여성주의적 주장의 핵심이 됐다. 또 집단적 가사 준비부터 탁아시설 설치 캠페인까지 1970년대의 기획 상당수는 이 고립을 깨는 데 초점을 맞춘 것이었다.[7] 1980년대를 눈앞에 두고서도 아직 여성주의 관점에서 원격 노동을 분명히 분석한 문건이 발행되지 않았지만 미래에 대한 전망이 경종을 울림을 느끼는 여성들도 많았다.

가정은 남성들의 경우와 달리 여가의 장소가 아니라 억압의 장소라는 인식이 널리 퍼졌다. 여성주의 문건 속에서 가정은 여성들이 24시간 내내 돈 한푼 받지 못하고 남편과 아이와 환자와 어른들에게 봉사하는 곳이며 여성의 사적인 공간이라고는 없는 곳이다. 또 결혼하게 되면 처벌 없는 강간의 희생자가 될 수 있는 곳이다. 여기서 탈출할 길이 없는 여성들은 우울, 자존심과 자신감 상실로 고통 받을 여지가 있었다. 종종 감옥과 비교됐다.[8]

80년대에 접어들면서, 새 기술의 영향에 대한 대중적 논의에 전혀 새로운 분위기가 나타났다. 당시는 노동당 의원이었다가 나중에 사민주의당원이 된 셜리 윌리엄스(Shirley Williams)가 말한 "미세전자공학

---

7. Betty Friedan, *The Feminine Mystique* (New York : Dell Publishing, 1963) [베티 프리단, 『여성의 신비』, 김행자 역, 서울 : 평민사, 1978].

8. L. Comer, *Wedlocked Women* (Leeds, England : Feminist Books, 1974) and Ann Oakley, *Woman's Work : The Housewife, Past and Present* (New York : Vintage Books, 1976)를 보라.

은 가족 재결합의 기회를 제공한다."[9]는 개념이 나타난 것이다. 이 개념은 여성의 우려 일부를 반영하기는 했지만 일반적으로는 여성주의자들이 내세우는 건 아니었다. 반대로 명백히 반여성주의적 논쟁을 제기하는 이들이 가장 많이 내세우는 것이었다. 마가렛 대처 수상, 당시 정보기술 장관인 케니스 베이커(Kenneth Baker), 주교, 산업자본가 등이 그런 이들이다.

첫눈에는 가족과 미세전자공학의 관련성이 분명하지 않다. 이는 유독 마이크 올드리치(Mike Aldrich)의 책에서 분명히 제시됐다. '아르오시시(ROCC) 컴퓨터'(전 리디퓨전 컴퓨터)의 관리이사이자 실패로 돌아간 영국정부의 케이블 정책에 밀접히 관여했던 그는 영국정부의 정보기술자문패널(ITAP)이 제시한 영향력 있는 보고서인 「케이블 시스템스」의 주요 작성자였다. 정부의 정책은 상당 부분 이 보고서에 의존했다. 케니스 베이커가 서문을 써준 올드리치의 책『비디오텍스트 : 네트워크화 도시로 가는 열쇠』(Videotext : Key to the Wired City)는 자사 제품에 대한 선전으로 이뤄져 있다. 그의 회사는 영국에서 데이터 입력 시스템 제조에서 앞서가는 기업이고 당시 가정용 단말기를 포함한 뷰데이터(또는 비디오텍스) 시스템에 막대한 투자를 하고 있었다. 이 책에는 다음과 같이 속 보이는 구절이 있다.

어떤 제도도 (산업사회의 형성 결과) 결혼처럼 어려움을 겪지는 않았다. "죽음이 우리를 갈라놓을 때까지"라는 본디 기독교의 결혼 윤리로부터 … 결혼의 37%가 첫 5년 동안 실패로 돌아간다는 1981년 영국 통계에 이

---

9. S. Williams, *Politics Is for People* (Cambridge : Harvard University Press, 1981)을 보라.

르기까지, 우리는 우리 문명의 중심이었던 한 제도의 붕괴를 볼 수 있다. 오래가지 못하는 결혼과 독신 부모 가족의 증가는 대가족의 쇠퇴와 노인, 병자, 장애인에 대한 가족의 책임의식의 점차적인 소멸과 대비된다. 가정 중심 가족사회가 대처할 수 없기 때문에 이 모든 것이 이제는 주로 정부의 책임이 됐다.

바탕에 깔린 경제적 추세가 과거에는 반가족적이었다면, 아마도 미래는 우리의 노동 추세 덕분에 사회 조직의 기본 단위인 가족의 전망을 밝게 해줄 것이다. 1981년 미국 전체 노동 비용의 60%는 사무직 노동자들이 차지했다. 논리적인 상품이나 서류 작업을 맡는 전체 노동력은 계속 증가할 것이다 … 우리는 우리사회가 블루칼라에서 화이트칼라 중심으로 바뀌어가고 있다는 사실을 직시해야 한다. 이는 노동에 대한 우리의 태도를 바꾸게 될 것이다. 강철 공장을 매일 전원주택의 노동자에게 배달하는 것은 불가능하지만, 전자적 서류 업무를 매일 보내주는 건 가능하다. 수많은 통신 장비와 서비스 비용의 실질 가치가 계속 떨어지면서, 변화의 부담은 현재 우리가 아는 노동을 위해 소도시와 도시에 중심을 두는 대신 우리 삶의 중심을 가정에 두는 데로 향해야 한다.

… 가정을 안식처로 삼는 사회제도가 비틀거리는 상황에서 가정의 중요성은 모순적으로 더 중요해지고 있다. 아마 결혼이 불안해지는 이유의 하나는 경제일 것이다.[10]

다른 많은 유사한 발언들처럼, 이 문장도 여성이라는 단어 사용을 회피한다. 가족과 사무 노동은 여성노동의 특정한 표현으로 제시되는 대신에 모든 사람에게 영향을 끼치는 추상적인 개념으로 표현된다. 하지만 물론 저자가 말하는 것은 여성의 변화하는 기능이다. 저자는 여

---

10. M. Aldrich, *Videotext : Key to the Wired City* (London : Quiller Press, 1982)를 보라.

성들이 집에 있으면서 어린이와 노인과 환자를 돌보던 날이 사라졌음을 애석해 한다. 또 여성의 가정 밖 경제 활동과 그 결과로, 원할 경우 혼자 아이들을 키우며 살 수 있는 자유를 얻게 되는 남성으로부터의 독립을 한탄한다. 그는 또 암암리에 화이트칼라 노동력에 포함되는 여성의 노동이 필요함을 인정한다. 정보기술을 이렇게 탐내는 것은, 집 밖의 여성 임금노동과 집안의 무보수 노동이 사회적으로 동시에 필요하다는 명백한 모순의 해법 차원에서다. 재택 노동자가 되면 여성은 두 가지를 동시에 할 수 있다.

원격 노동의 기능은 변화해왔다. 통근 문제 또는 거대 관료조직의 거추장스럽고 이상한 특성의 해결책이 아니라 가족 붕괴 문제의 해법이 됐다. 기능의 변화와 함께 원격 노동자의 이미지 또한 바뀌었다. 변화는 성별과 지위에서 모두 나타났다. 더 이상 통근을 하던 남성이나 자율적인 예술가가 아니라 여성에서다. 그리고 "가족을 우선시 한다."고 암시됨으로써, 이런 여성의 일은 상대적으로 중요하지 않으며 할머니의 요강을 비우고 아이의 기저귀를 빼는 사이에 짬을 내서 할 수 있는 정도의 일이라고 추론할 수 있게 된다.

바로 이때가, 원격 노동의 실제 사례에 관심이 모아지기 시작한 때다. 영국 소프트웨어 산업은 1960년대 이후 집에서 일하는 프로그래머를 상당히 고용해왔으며 그들 대부분은 아이를 갖기 위해 사무실에서 하던 일을 그만둔 여성들이라는 것이 드러났다. 창업자인 스티브 셜리(Steve Shirley)의 카리스마 있는 개성에, 홍보담당관 로즈메리 시먼즈(Rosemary Symonds)의 꾸준한 노력이 결합한 데 힘입어, 거의 전적으로 집에서 일하는 여성 노동자들로 운영되는 소프트웨어 업체인 에프 인터내셔널(나중에 에프아이 그룹이라고 이름을 바꿈)이 신문 기사와 라디오와 텔레비전 방송에 미화된 모습으로 자주 등장했다.

개별 재택 노동자들에게 직접 설문지를 작성하게 하거나 인터뷰해서 얻은 조사 결과는 매우 양면적인 결과를 보여준다. 소수의 재택 노동자는 성공한 기업가들이었지만 대부분은 고용주 한 명을 위해 일했으며 고립과 불안과 자신감 상실로 상당히 고통을 당했다. 또 자신들의 상황이 일없는 것보다는 낫지만 가족과 함께 지내고 싶어 한 대가를 치르고 있는 것이라고 스스로 평가했다. 많은 이들, 특히 자영업자로 여겨지는 이들은 일에 비해 벌이가 시원치 못했고 밖에 나가서 일했다면 얻을 수 있을 각종 혜택도 누리지 못했다.[11] 사실 비록 그들이 대부분 중산층이기는 했지만 바느질이나 포장 일을 하던 전통적인 수작업 가내 노동자들과 몇 가지 공통점도 있다.[12] 이들 대부분의 여성들에게 재택근무는 어떤 문제에 대해서도 완벽한 해결책을 제시하지 못했다. 타협점을 찾을 수 없는 돈벌이와 아이 돌보기라는 요구 사이에서 갈등하고 있을 때 일정한 기간 동안 확보할 수 있는 많은 타협책 가

11. M. H. Olson, *Remote Office Work : Implications for Individuals and Organizations* (New York : New York University School of Business Administration, 1981) ; J. H. Pratt, "Home Teleworking : A Study of Its Pioneers," *Technological Forecasting and Social Change* 25 (2000) ; S. S. Kawakami, *Electronic Homework : Problems and Prospects from a Human Resources Perspective* (Urbana-Champaign, Ill. : Institute of Labor and Industrial Relations, 1983) ; Huws, *The New Homeworkers* ; G. Vedel, *Just Pick Up a Telephone! : Remote Office Work in Sweden* (Copenhagen, Denmark : Copenhagen School of Economics and Business Administration, 1984) ; and M. Lie, *Is Remote Work the Way to the Good Life for Women as Well as Men?* (Trondheim, Norway : Institute for Social Research in Industry, 1985)을 보라.

12. L. Bisset and U. Huws, *Sweated labour : Homeworking in Britain Today* (London : Low Pay Unit, 1984)를 보라.

운데 하나일 뿐인 것이다. 이런 상황의 중심에 있는 모호함은 그들의
실제 경험을 아주 다르게 해석할 수 있게 만든다.

재택근무가 노조 조직을 파괴하는 수단이 될 수 있을 것을 걱정하는
이들은 여기서 착취의 증거를 찾고, (9시에 출근해 5시에 퇴근하는 미
국의 노동자들 같은) 사무직 노동자를 대변하는 노조와 기타 조직들은
전자적 기술을 이용해 가정에서 일하는 노동자 규모를 억제하거나 이
제도 자체를 없애버릴 것을 요구했다. 독일의 거대 산별 노조인 금속
노조(아이지 메탈) 같은 세력들이 이랬다. 이들과 다름없는 강도로 또
다른 이들은 재택근무가 여성을 해방시키는 도구라고 주장했다.13

재택근무는 1980년대 중반에 논쟁의 주제로 자리 잡았고, 몇몇 무게
있는 정책 논의 자료와 기술 평가서, 국제 연구, 학술회의의 초점이 됐
다.14 이렇게 만들어진 문서들은 재택근무를 기본적으로 도덕적인 틀
에서 분석하는 경향이 있었지만(찬반 중심의 구도를 갖춘 논쟁에서 수
용될 수 있는 근거를 얻으려고 시도했지만), 또 다른 공개적인 논의가
나타나고 있었다. 이 논의에서 재택근무는 훨씬 도구적인 기능을 했으
며 재택근무는 노동 조직의 가능한 한 형태 측면에서 좀더 냉정하게

---

13. B. A. Gutek, "Women's Work in the Office in the Future," in *The Technological Woman :
Interfacing with Tomorrow*, ed. J. Zimmerman (New York : Praeger, 1983)을 보라.

14. U.S. Congress Office of Technological Assessment, *Automation of America's Offices* (Washington,
D.C. : U.S. Government Printing Office, 1985) ; European Foundation for the Improvement of
Living and Working conditions, *Telework : Impact on Living and Working Conditions* (Dublin :
European Foundation for the Improvement of Living and Working conditions, 1984) ; National
Research Council, *Office Workstations in the Home* (Washington, D.C. : National Academy Press,
1985) ; and Housing Associations Charitable Trust, *Planning for Homework* (London : Housing
Associations Charitable Trust, 1984)를 보라.

검토됐다.

이 논의에서 핵심 단어는 유연성이었으며, 조직구조를 좀더 가볍고 시장의 변화, 특히 일본 경쟁 기업에 빠르게 대응할 수 있게 만드는 것이 주제였다. 새로운 유행 문구로는 '유연한 전문화' '적시 생산' 노동조직의 '핵심-주변 모델' 등이 있었다.[15] 이 논쟁에서 제시된 생각 가운데 새로운 건 거의 없었다. 예컨대 자동화가 대량 생산 제품을 개별화할 수 있다는 주장은 존스가 1957년부터 58년까지 『디자인』에 연작으로 쓴 자동화에 대한 예시성 글에서 제시했던 것이다.[16] 동심원을 동원해 조직구조를 설명하는 도표는 적어도 20년 동안 경영학 과정의 영사기에 등장하던 것이다. 새로운 것은, 이런 생각들이 조직 형태에 관한 일반적인 논의를 돕기 위해 추상적으로 발전된 것이 아니라 즉각적이고 구체적인 적용을 위해 규범적으로 제시됐다는 점이다.

1970년대 말과 80년대 초의 수익성 위기와 노동의 엄청난 몰락을 거쳐 살아남은 제조 업체들은 이제 투자를 다시 시작하면서 대규모 정규 노동력을 확보하지 않으면서 규모를 늘리는 길을 추구했다. 유통 같은 일부 서비스 업계는 시장변화에 좀더 민감하게 반응하기 위해 자동화한 판매시점관리 기술을 사용하면서 구조개편을 시도했고 반면 다른 업계는 고정 비용을 줄이는 방법을 추구했다. 유연성은 이런 목표를 추구하는 도구로 제시됐다. 그리고 유연성은 고용주를 위한 유연

---

15. J. Atkinson, *Flexibility, Uncertainty and Manpower Management* (London : Institute of Manpower Studies, 1984) and C. Curson, ed., *Flexible Patterns of Work* (Wellington, N.Z. : institute of Personnel Management, 1986)를 보라.

16. Jones, "Automation and Design (1~5)".

성으로 해석됐다. 노동시간을 바꾸는 유연성, 노동자의 업무를 변경시키는 유연성 또는 수요에 맞춰 직원을 배치하거나 줄이는 유연성이었던 것이다. 관리자들에게는 이런 유연성을 확보하기 위한 몇 가지 방법 가운데서 선택할 수 있는 권한이 주어졌다. 그들에게 주어진 것은, 새로운 교대근무 형태, 연 단위 시간 계약, 복합 업무 협약, 임시 또는 고정조건 계약, 시간제 노동, 하청(공공 영역에서 하청은 민영화와 강제 경쟁 입찰의 수단으로 권장됐다), 시간제 노동자 사용 확대, 재택근무자 활용 등이다. 재택근무는 단지 이 많은 선택지 가운데 하나로만 여겨졌다.

이런 관점에서 표피를 보면, 재택근무라는 개념은 그동안 담겨있던 감정적인 내용물 상당 부분이 사라지고 남녀 차별적 성격이 많이 탈색된 것처럼 보인다. 사실, 일터의 유연성에 관한 많은 문헌은 직접적으로든 간접적으로든 여성들에게는 가족들의 요구에 대처하기 위해서 시간을 분배하는 데 유연성이 필요하다고 언급한다. 하지만 (일터의 유연성과 개인적 유연성이라는) 서로 아주 다르고 일반적으로 공존하기 어려운 이 두 가지의 필요성이 실제로는 같은 것이라는 사실 곧 고용주의 유연성은 노동자의 유연성을 뜻할 수밖에 없다는 사실은 거론하지 않는다. 현실에서 맞아떨어진다는 증거는 놀라우리만치 적은데도, '핵심' 노동자는 남성이고 '주변부' 노동자는 여성이라는 일반적인 전제가 있는 듯하다.[17] 이런 각본에서 재택근무자는 여전히 여성이지만, 이런 형태의 노동은 더 이상 가족 붕괴의 해법으로 제시되지는 않는다.

---

17. U. Huws, J. Hurstfield, and R. Holtmaat, *What Price Flexibility? The Casualisation of Women's Employment* (London : Low Pay Unit, 1989)를 보라.

단순히 고용주의 간접 비용을 줄이고 조직적 적응력을 높이는 데 이용할 수 있는 한 가지 수단일 뿐이다.

재택근무가 찬조 출연하는 또 다른 논의가 이 논의와 교차하는데, 그건 기업 경제 문제에 관한 논쟁이다. 여기서 재택근무는 사업가로 가는 과정의 중간 단계로 간주된다. 이 생각은 1980년대 초 랭크 제록스(Rank Xerox)가 도입한 '네트워킹' 계획을 통해 공개적으로 처음 등장했다.[18] 이 계획 아래서 고위 경영진과 전문직 간부는 각자 자기 사업을 벌이는 훈련을 받게 되며 독립하는 첫해에는 랭크 제록스로부터 최소한의 일을 보장받아 재택근무자로 일하게 된다.

이때 이후, 재택근무의 일부 정의에는 집을 근거지로 하면서 업무 도중 컴퓨터를 쓸 일이 생기는 자영업자가 포함됐다. 실제로는 기타 다른 재택근무 형태로부터 집을 근거지로 한 중소기업 경영을 엄밀하게 나누는 것이 불가능하다. (또는 그 어떤 재택근무 형태를 만족스럽게 규정하는 것 또한 불가능하다.)[19] 그래서 늘어나는 자영업자 인구를 다시 집 밖으로 나가 중소기업을 세우게 될 예비 기업가군이 늘어나는 것으로 볼지 여부는 각자의 선택 문제로 열려 있는 것이다.

이런 관점을 통해 재택근무자는 다시 이미지를 바꾼다. 이들은 이제 다시 한번 남성일 여지가 높아지며(랭크 제록스의 '네트워크'들은 거의 모두 남성이었다), 가사 일에 묶여있는 이들로 인식되지 않으며 대신 자유 경쟁 시장에서 자리를 잡기 위해 자발적으로 장시간 일하는 자유

---

18. P. Judkins, D. West, and J. Drew, *Networking in Organisations. The Rank Xerox Experiment* (Hampshire, England : Gower Publishing, Ltd., 1985)를 보라.

19. Huws, "Remote Possibilities"를 보라.

로운 행위자로 받아들여진다. 이들이 대표하는 것은 '의존 문화'에 대한 해법이다. 곧 그들의 기능은 경제의 활력을 되살리고, 복지 예산을 줄이고, 자립과 자유시장의 전통적인 가치에 새로운 생명을 불어넣는 것이다.

나는 이 장에서 재택근무가 해법을 제시하는 것들 가운데 상대적으로 중요한 것들에 대해서만 다뤘다. 물론 다른 문제들도 있다. 이 가운데 세 가지만 들자면 장애인 고용 문제, 외딴 지역의 경제재건 문제, 창조적인 사고를 할 수 있는 산만하지 않은 주변 여건 제공 문제를 꼽을 수 있다. 이런 '해법'들이 재택근무자는 누구이며 어떤 모습인가에 대한 전혀 다른 이미지를 낳으며 재택근무가 '좋은지' '나쁜지'에 대해서도 전혀 다른 생각을 갖게 했다는 점을 내가 보여줬기를 기대한다. 질문을 제기하지 않고 이 장을 마무리 짓기는 불가능하다. 이 가운데 어떤 이미지가 현실에 가장 부합하는가?

내가 맺게 되는 결론이 사태를 밝혀 보여주지 못하지 않을까 걱정된다. 결론은 이렇다. 재택근무가 너무나 모호하고 잘못 정의된 개념이어서 분명히 규정되고 계량화할 수 있는 방식으로 존재한다고 말하기 힘들다는 것이다. 또 이는 현실로서보다는 이데올로기적 구성물로서 훨씬 강력하게 존재한다는 것이다. 그리고 위에서 요약했던 서로 다르며 상호모순적이기까지 한 그 많은 생각들을 뒷받침하는 증거들이 충분한 반면 각각의 생각들이 적용될만한 노동력은 소수에 불과하다는 사실을 뒤집을 증거가 충분하지 않다는 것이다. 통근 시간을 낭비하지 않기 위해 고용주와 합의하에 집에서 일하는 이들이 있다. (하지만 아주 많은 건 아니다.) 또 거대기업이라는 환경에 워낙 반감이 심해서 손

수 '전자적 전원주택'을 건설한 개인주의적인 성향의 이들도 많진 않지만 있다. 자신의 아이들을 돌봐줄 마땅한 기관을 못 찾아서 집에서 컴퓨터를 이용해 일하며 이런 환경에 만족해하는 여성들도 어느 정도는 있다. 비슷한 상황에 놓여 있으면서 착취당하고 합당한 임금을 받지 못한다고 믿는 이들도 있다. 직원들 일부를 재택근무제로 전환하는 방안을 체계적으로 검토하는 공공 및 민간 기관들도 몇몇 있다. 배관공에서 농부, 건축가까지 집에서 일하지만 컴퓨터를 이용하게 된 것은 그저 우연일 뿐인 이들도 꽤 있다. 일은 밖에서 하지만 가끔은 집에서 컴퓨터를 이용해 여분의 일을 하는 사람들도 상당수 존재한다. 게다가 상황을 더욱 혼란스럽게 만드는 건, 이동전화·팩시밀리·노트북 컴퓨터 덕분에 이동하면서 처리할 수 있는 일들이 늘어나고 있으며 그래서 이런 업무들은 더 이상 특정한 장소에 얽매이지 않는다는 사실이다.[20] 사람들이 정보만으로 사는 게 아니기 때문에, 인구의 다수가 재택근무자가 될 수 있다는 관념은 억지다. 하지만 이런 각종 재택근무 범주가 날로 늘어나고 있으며 이런 추세는 앞으로도 계속될 것 같다.

이런 서로 다른 재택근무 이미지들의 가장 흥미로운 측면은, 지금 벌어지고 있는 현상에 대해 수량적으로 말해주는 것보다는 이런 이미지들 간의 상호작용 역학이다.

톰 포레스터(Tom Forester)의 1988년 글「전자적 전원주택」에 소개된 한 가지 예를[21] 소개하는 걸로 글을 맺으려고 한다. 재택근무가 1970년대에 예측했던 비율로 성장하지 않을 것이라는 그 글의 주제는 유별난

---

20. Huws, "Uprooting the Office"를 보라.
21. Tom Forester, "The Myth of the Electronic Cottage," *Futures* (June 1988).

것이 아니다. 하지만 이런 결론에 도달하는 방식은 독특하다. 그는 자신과 자신의 몇몇 친구들의 재택근무 경험에 거의 전적으로 의존해서 이런 주장을 폈다. 그가 이 주제에 관한 몇몇 문헌들을 검토하긴 했지만 너무나 대강 훑어봤다. 예를 들자면, 남녀 성별 문제에 초점을 맞춘 다양한 경험적 연구와 분석적 연구를 그저 뭉뚱그려서 "금전적 착취, 노동 조건, 노조 대표성의 결여 문제를 제기한다."고 치부해버린다. 그의 주장이 밑바닥으로 삼는 사실은, "의기양양함과 높은 생산성을 느낀 초기 2, 3년의 밀월기간이 지나면 외로움과 고립감과 '항상 똑같은 사면의 벽'에서 탈출하고픈 생각이 늘어만 가는 불만족스런 시기가 오더라."는 자신의 경험이다. 그의 출발점은 본질적으로 남성 '원격 통근자'라는 개념과 이 개념과 연관되어 있는 '전자적 전원주택'이라는 것이기 때문에, 여성이라면 대뜸 '덫에 걸린 주부 증후군'이라고 인식할 수 있는 경험에 대처할 준비가 전혀 되어 있지 않다. 이런 경험은 여성주의 문건을 좀더 조심스럽게 읽어봤다면 경각심을 갖게 될 것들인데도 말이다.

자신의 개인적 경험에서 인간성 전체를 추론하는 건 말할 것도 없이 아주 위험한 짓이다. 그렇지만 이런 개인적 경험과 이 경험이 스며들어 있는 결정이야말로 사회운동의 구성 요소들을 형성한다. 우린 이런 추론들을 자기 책임 아래 무시한다. 왜냐하면 새로운 태도가 형성되는 건 이념과 구체적인 삶의 경험이 상호작용하는 것을 통해서이며, 이렇게 형성된 태도는 다시 행동의 밑바탕을 구성하기 때문이다. 전자적 전원주택이 어느 정도 현실이 될지, 그리고 현실이 될 때 어떤 구체적인 형태를 띨지는, 다양한 사회적 행위자들 곧 대형 고용주, 기업가, 창조적인 개인주의자들, 부양가족을 둔 여성들, 계획입안자들이 내리는 결정에 따라 달라질 것이다. 이들이 하는 결정은 모두 같은 방향은 아닐 것이고, 이 결정 또한 영원히 변하지 않는 건 아니다. 이들이 서로 작용하면서 예상 밖의 새로운 형태를 만들 것이다. 새로운 영역에서 갈등이 생길 것이고 이런 갈등을 해결하기 위해 새로운 사회 형태를 마련하는 협상이 벌어질 것이다. 원격 노동이 이런 사회 형태 가운데 어떤 것을 묘사하는 데 적합한 용어로 계속 살아남게 될지 여부는 그저 추측해 볼 일일 뿐이다. 현재로서는 이 개념을 누구나 조금만 애쓰면 파악할 수 있다. 이걸 잡아서 각자 나름의 의미를 파악하자.

8장 집단적 꿈의 쇠락

여성과 기술에 관한 연구 20년 반성

이번 장의 바탕이 된 논문 청탁을 받았을 때, 나는 이 문제에 초점을 맞추는 게 극도로 힘든 상황이었다. 정보기술과 여성 고용 문제의 상관관계에 대해 말할 새로운 것을 찾는 게 중요한 듯 했는데, 머리 속에 떠오르는 것이라곤 죄다 이미 말했거나 썼던 내용의 반복처럼 느껴졌다. 새로운 정보를 접하고 문헌을 참고해도 새로운 개념을 찾아내기 힘들었다. 한마디로 이 주제가 나로서는 진부한 것으로 보였다. 그리고 보니 이 문제를 잡고 씨름한 지 20년이 다 되어간다는 사실에 생각이 미치자 충격을 받았다.

그리곤 이 논의에 내가 기여할 수 있는 건, 경험적 증거들을 다시 모아 놓는 것도 아니고 새로운 기술과 여성 고용 문제 연구를 위한 개념 틀 구성을 도울만한 분석적 전망을 내어 놓는 것도 아니라는 생각이들었다. 그렇다고 기술사회에서 여성의 이익을 보호하거나 신장하기 위한 일련의 '요구사항'들을 제기하는 것도 아니었다. 물론 이 작업들이 가치가 없다는 소리는 아니다. 비록 자의적인 것으로 비칠 위험은 있지만, 지난 오랜 기간 내가 관여했던 다양한 사업의 역사를 도표화해서 거기서 얻을 수 있는 것을 따져보는 것이 더 유용할 것으로 생각됐다. 그런데 이 사업의 대부분은 대체로 여성주의적인 것들이랄 수 있다.

이 작업의 목적은 단지 일들을 기록하자는 것도, 그렇다고 원한을 풀자는 것도 아니다. 기술·여성·노동의 관계를 해명하기 위해 사용했던 개념들을 확인하고 그 개념들이 시간이 지나며 어떻게 바뀌었는지를 보자는 것이다. 어떤 경우, 이는 논쟁을 벌일 때와 연구의 가설을 세울 때 우리가 의식적으로든 무의식적으로든 개입시켰던 이론적 전제들을 드러내려는 지적 자아의 고고학적 탐구와 같은 것이었다. 이 작업과 밀접하게 관련된 두 번째 목표도 있었다. 그건 여성과 기술 문제 관련 작업에 쓰인 연구 방법론을 비교하고 평가하는 것이다.

(스스로를 여성주의자라고 내세우는 이들을 포함해 많은 이들이 의심하는) '여성주의적 연구'라는 게 만약 있다면, 이것이 다른 연구와 구별되는 핵심 특징이 특정한 방법론이라고 할 수는 없다. 이 방법론이란 진부하지만 여전히 강력한 명제인 "개인적인 것이 정치적이다."[1]라는 구호 속에 가장 잘 담겨있는 어떤 태도이다. 여성주의가 무언가를 이뤘다면 그건 분명 연구 의제의 핵심에 주체적 자아를 위치 지은

---

1. [역자주] "개인적인 것이 정치적이다."는 명제는 1960년대 여성해방운동이 내세운 기치다.

것이다. 한편으로 여성주의는 사회학적 연구의 전통적인 대상 곧 빈민층·피억압층·여성·어린이·노인 등등의 말을 경청해야 한다고 주장하고 그들에게 주체성을 부여하며 연구자는 그들의 세계관의 정당성을 입증해야 한다고 주장해왔다. 또 다른 한편으로 여성주의는, 제3자적 객관성이라는 실증주의적 이상이 실현 가능하다는 생각에 맞서 연구자의 주체성에 관심을 기울이는 동시에 연구자의 지적 발전을 형성하는 주변 환경과 연구자의 성별·인종·계급이 그의 연구에 영향을 끼친다고 주장했다. 방송 제작 때 전면의 피사체(보통 사람이나 동물)만을 남겨서 다른 배경화면과 합성할 때 쓰는 '크로마키'라는 시스템이 있다. 이 작업은 피사체를 단일한 색의 배경 (보통 파란색이 쓰인다) 앞에서 찍고 배경화면을 찍을 때는 이 색만을 걸러낸 뒤에 피사체와 합치는 것이다. 이렇게 하면 색의 왜곡이 없이 두 이미지가 합쳐진다. 어떤 면에서 보면 이 방식이 연구자의 관점에 대한 적절한 은유라고 할 수 있다. 연구자가 당연시하는 전제는 일종의 색 차단막을 형성해 전체의 양상이 그대로 나타나지 않게 하는 것 같다. 이 연구를 접하는 이들은 이 전제에 도전할 정도로 명민하지 않는 한 비슷한 차단막을 통해서 보도록 강요된다. 과거에 이런 식으로 지워져 보이지 않던 대상이 흔히 여성이었다.

이런 개념을 스스로 여성주의자라고 부른 많은 연구자들이 받아들여 세련화시켰지만, 1960년대 이후 여성주의가 이런 개념을 창안해냈다고 인정할 수는 없다. 연구 주제를 구성하는 사람들의 눈으로 세상을 보려는 시도는 지난 몇 세기 동안 민족지학(民族誌學) 연구에서 일상적인 특징이었다. 억압받는 이들의 경험에서 대안적 반대 이념을 구성하려는 정치적 시도는 마오주의의 '의식 고양'과 그람시까지 거슬러 올라갈 수 있다. 비슷하게 과학자들의 객관성이라는 것을 거부하는 것 또한 1950년대와 60년대에 힘을 얻은 실증주의 비판에서 공통적인 것이다. 그럼에도 이런 접근법이 지난 25년 동안 그 어떤 집단보다 여성주의자들에 의해 훨씬 엄밀하게 개발되고 사용되었다는 건 사실일 것이다.

지난 20년 동안 내가 여성과 신기술에 대해 써낸 작업 상당수에는 내가 빠져 있었던 건 아닌가 우려된다. 이렇게 된 데는 몇 가지 이유가 있다. 외부 용역 작업의 경우 고객의 제안서상 조건에는 작업의 방법론과 제출 문건이 표준적인 '전문' 연구 관행에 따르라는 문구가 포함되는 일이 잦았다. 내가 한 또 다른 주요 작업은, 정부의 주요 문건이나 학술 논문에 표현된 지배적인 관점을 비판하거나 반박하는 것이었다. 이 경우에는 심각한 태도가 필요했기 때문에 비판 대상 문건들과 비슷한 과장된 어조를 쓸 필요성이 있었다. 또 다른 작업은 여성단체, 노조, 공해피해 집단, 운동조직 등과 함께 정치적인 목적 등을 위한 합동 작업을 벌인 것이다. 이 경우는 개별 저자의 개성을 그 집단의 성원이나 그 집단이 대변하는 이들을 인격화한 '우리'라는 말 뒤에 감추는 것이 필수적이었다.

이런 이유들이 아무리 합당한 것일지라도, 이제 돌이켜보면 이런 내 작업들은 나를 언급하지 않았다는 점 때문에 어떤 면에서 결함이 있는 것이라고 생각한다. 객관적으로 보일 필요성 때문에, 심지어는 논쟁에서 이기기 위해서, 과잉 단순화가 나타났고 좀더 주관적인 글쓰기에서라면 나타났을 의구심, 세밀함, 모순 그리고 감춰진 연관성 등이 억제

됐다. 이 때문에 또 저자가 모든 답을 알고 있는 것처럼 느끼게 만드는 어조가 나타나기도 하고 읽는 이가 더 깊이 따져보고 문제를 자신의 경험과 연결 지어 생각하는 걸 가로막기도 했다.

이번 장에서는 이런 문제점을 어느 정도 시정할 수 있기를 바란다. 그러기 위해서 꼭 필요한 부분이, 나를 주어로 한 일인칭 문장으로 글을 쓰고, 내가 연구한 주제들과 나의 개인적 경험을 연결해서 언급하는 것이다. 그런데 이렇게 하면 또 몇 가지 위험이 따른다.

첫 번째 위험은 고대 그리스의 여성 시인 사포 이후 모든 여성들이 글을 쓸 때 겪게 되는 위험 곧 품위 없다거나 자기중심적이라는 비난을 받을 위험이다.

두 번째 위험은 이보다 좀더 큰 위험인데, 학식이 없다거나 글쓸 자격이 떨어진다는 비난을 받는 것이다. 전문적인 편집자가 애초 원고에서 칼질을 하는 문장이나 구절은 거의 예외 없이 '나'라는 말을 사용한 것들이라는 걸 어느 때부터 알게 됐다. 많은 존경스런 학자 집단에서는 완전히 사라졌지만, 실증주의라는 게 여전히 학술지나 학술서적 편집실에서는 맹위를 떨치고 있다. 자신을 언급하는 게 비과학적인 것으로 여겨지건, 일화를 떠벌리는 것으로 여겨지건, 아니면 단지 자신이 확신하지 못하는 걸 드러낼 뿐이라고 생각되건 간에 아무튼, 대부분의 편집자는 '적절한' 학술회의 발표 논문, 글 또는 논문이란 어떤 것이어야 하는지에 대한 강력한 내부적 기준을 가지고 있으며 이 기준에 맞지 않는 것은 무자비하게 삭제해버리는 게 아닌가 의심스럽다. 이런 과정은 일반적으로 전문성이라는 개념과 밀접하게 연관되어 있다. 20년 전 내가 편집자로 일하면서 나 스스로 비슷한 검열을

했던 기억이 있다.

편집자와 마찬가지로 학계에서도 그렇고, 심지어 여성학 같은 대항적 영역에서조차 그렇다. 자신의 작업을 우뚝 솟아 있는 이론적 맥락 속에 자리매김하는 과장된 서두로 시작해서, 증거를 '객관적'으로 제시하고, 결론은 아주 미미하며, 인용은 아주 꼼꼼히 밝히고, 주석을 세밀하게 배치하는 학술적 글의 전통적인 구조 그 어디에도 허술한 저자 자신이 존재할 공간이라곤 없다. 기껏해야, 저자는 보통 자신의 과거 저작을 언급할 때나 몰래 자리 잡을 수 있다. 아니면 사회학적 연구의 방법론을 거론하면서 저자와는 공통된 특성이 없는 이들과 인터뷰를 할 때 영향을 끼칠 수 있는 저자의 개인 성향을 에둘러 언급하는 정도다.

세 번째 위험이 가장 심각하다. 그건, 내가 관여했던 작업이나 사회운동의 일지를 기록하면서 내가 맡은 몫은 상대적으로 적은데도 마치 내가 전적으로 공헌한 것처럼 비쳐질 위험이다. 이런 종류의 글에서는 내가 어떤 개념을 확립하는 데 직, 간접적으로 도움을 준 모든 이들을 거론하는 게 불가능하다. 많은 경우 집단적인 노력에서 한 개인이 공헌한 바를 밝혀내는 건 파도를 일으킨 첫 번째 물방울이 어느 방울인지 확인하는 것만큼이나 어려운 일이다. 앞으로 이어질 문장에서 내가 일인칭으로 쓴 문장은 내가 언급하는 어떤 사상이 전적으로 나의 것이라는 뜻이 아니라는 걸 독자들이 이해해줬으면 좋겠다. 이런 경우는 고고학자가 한 움큼의 흙을 관찰하거나 화학자가 시료를 다루듯이 나 자신을 시험대로 삼아, "이런 생각이 어떻게 나타났나?" "출처는 어딘가?" "이것들이 어떻게 변했나?" "그리고 어떻게 이용됐나?"와 같은 질문에 답하기 위해 분석하고 분류하는 시도라고 이해하면 좋겠다. 이런 질문에 대한 답은 또 다른 추가 질문을 제기하게 만들 수 있기를 기대한다. "이런 생각이 여전히 유효한가?" "다른 시대나 장소의 새로운 상황에도 그대로 적용될 수 있나?" 아니면 "우리가 과거 이런 생각을 할 때 입던 옷과 다름없이 이 생각도 시대에 뒤쳐진 건 아닌가?" 이런 질문들 말이다.

이런 정신에 입각해 나는 '신기술'(당시는 그렇게 불렀다)과 노동에 대한 논의에 내가 처음 개입하게 됐던 때의 주변 상황을 서술하는 것으로 글을 시작하려고 한다.

당시(1970년대 초반) 나는 학교용 도서와 시청각 자료를 만드는 출판 업계에서 일하고 있었다. 이 업계는 저임과 열악한 노동환경으로 악명이 높았다. 내가 일을 시작한 1970년에는 대학을 마친 신입 편집 담당자의 연봉이 750파운드였으며 일년에 휴가는 2주였다. 당시 남성 비육체 노동자의 연평균 임금은 1,862파운드였다. 이런 불평등에 격분한 나는 노조 결성에 적극 참여했다. 이 일은 전국언론인 노조 조직을 비롯해 아직도 직능별 노조 형태를 유지하고 있는 다른 많은 노조 조직과 상대해야 하는 일이 될 수밖에 없었다. 비서 노조, 디자이너 노조, 창고 노동자 노조, 식자공 노조와 기타 전문 인쇄 노조 등 한도 끝도 없이 많은 조직과 말이다.

이와는 별개로 쉴러 로버샘의 글에 특히 영향을 받아 나는 영국에서 막 떠오르던 여성운동에 참여하기 시작했다.[2] 언론인 노조에서 만나게

---

2. S. Rowbottom, *Women's Liberation and the New Politics* (Mayday Manifesto, 1969, reprinted Nottingham, England : betrand Russell Peace Foundation, 1971) ; *Women's Consciousness, Man's*

된 많은 급진주의자들은 나와 마찬가지로 1968년 당시 학생이었고 당시 자율주의적(아나키스트적) 학생 정치 활동 또는 맑스주의적 활동, 또는 양자 모두에 뿌리를 둔 것으로 보이는 일련의 신념들을 노조 활동에 침투시켰다. 이런 신념들을 되돌아 따져보면 몇 가지 주제가 특히 중요한 것으로 부각된다. 하나는, 일반 노동자들은 (자신들을 억압하는 요인들을 지적해 드러내 보여주면) 스스로 조직을 결성하고 적합한 요구사항을 정식화해내고 해방을 위해 자발적으로 투쟁할 능력을 갖고 있다는 믿음이다. 이런 생각은, 노조 전임자나 관료적 인물들은 계급적 이해가 일반 노동자들과 달라서 기회만 있다면 언제나 '변절'을 위한 협상을 벌일 것이라는 불신과 연결되어 있는 것이다. 또 하나는, 서로 다른 종류의 노동자간 단결을 강조하는 것이다. 특정 집단의 분파적 이해 추구는 초점을 흩뜨리며 분열적인 것으로 여겨졌다. 단결 호소는 종종 여성 노동자들이 '특별한 조건'(예컨대 모성 권리 같은)을 요구하는 걸 억제하는 데 이용됐는데, 이는 동료 남성들을 소외시킬 수 있는 것으로 생각됐다. 이런 주제들이 나타나는 당시의 전반적인 분위기는 위세 등등한 정치적 낙관론의 일종이다. 1960년대에 나타나던 확장 일변도의 경제 환경이 이미 사라졌음에도, 여전히 상황은 개선될 뿐이라는 생각이 강했다. 실제로 일부 집단에서는 사회주의 혁명이 임박하지 않은 게 아닐까 하는 가능성을 언급하는 것조차 패배주의적인 것이었다.

이런 상황에서, 새로운 기술이 식자공의 일 성격을 바꿔 놓을 수도

World (London : Allen Lane, 1973) ; *Hidden from History* (London : Pluto Press, 1973).

있다는 소문이 영국에까지 들려오자 첫 번째 반응은 그것을 노동자의 단결을 저해하는 위험 요인으로 보는 것이었다. 언론인 노조의 급진적인 조합원들은 다른 인쇄 노조 소속의 몇몇 동료들과 함께, 이 문제를 전임 조합간부 손에 맡기는 것은 안전하지 못하다고 보고 여성들이 이끄는 노동자 모임을 결성해 이 문제를 연구하기로 결정했다. 모든 인쇄 노조가 강고하게 단결하지 않는다면 기자들이 직접 제목을 입력하게 될 수 있으며 이는 식자공들의 일자리를 빼앗는 결과를 초래할 것이라는 주장이 제기됐다. 이 결과는 기자 노조를 포함한 다른 모든 인쇄관련 노조 또한 약화시킬 수 있었다. 왜냐하면 전통적으로 고임금을 받는 식자공들만이 신문 소유주를 즉각 협상 자리로 나오게 할 힘을 갖고 있었기 때문이다. 그들은 종종 즉각적인 파업행동(이를 언론계에서는 '비공식 파업'이라고 했다)에 들어갈 것이라고 위협하거나 실제로 파업에 돌입함으로써 힘을 과시했다. 이들의 파업은 신문 생산을 완전히 중단시킬 수 있었다.

당시 쟁점은 잉여 노동력 발생과 노조 단결 문제였다. 실제로 관리자들이 새로운 기술을 도입하는 유일한 이유는 '인쇄 노조를 분쇄하는 것'이라는 주장이 자주 등장했다. 노조 조사단의 일원이 새 기술이 도입되면 어떤 일이 발생할지 살피기 위해 미국을 방문했는데, 이런 생각을 더욱 강화시켜줄 정보를 들고 돌아왔다. 비디오 단말기 앞에서 작업하면 건강에 해로울 수 있다는 언급도 지나치듯 제기됐지만 크게 논의되지는 않았다. 새로운 기계를 작동시키는 데 필요한 기술을 보통 여성의 일자리로 여겨지는 타자수가 익혀야 한다는 사실도 별로 논의되지 않았다. 아마 이렇게 언급이 적었던 데는, 영국에서 당시 남성 가운데 타자 실력이 요구되는 직군은 기자들뿐이라는 점이 작용하지 않았나 싶다. 이런 분석에 맞춰서 노동자들에게 요구된 행동은 저항하는 것이었다. 그들은 일자리를 지키기 위해서가 아니라 노조의 힘을 유지하기 위해서 모든 새로운 기술을 거부해야 했다.

당시 나는 이 두 가지 논의에 개입하지 않고 있었는데, 노조 안에서 논란이 벌어지는 동안 이와 관련된 여성주의적 출판물을 보이는 족족 모두 읽었다. 당시 내가 알던 사회주의적 여성주의자들 사이에서는, 여성 해방의 전제조건으로 가장 중요한 두 가지 '요구'가 경제적 독립과 가사노동의 사회화였다. 경제적 독립은 초점을 임금노동에 두게 만들었고, 가사노동 사회화는 초점을 무보수 노동에 두게 하는 것이다. 당시 나는 많은 맑스주의적 여성주의 문건의 도움을 받아서 (그 가운데서도 진 가드너가 특히 많은 도움을 주었다)[3] 사적인 무보수 가사노동과 화폐경제의 관계를 놓고 많은 시간 고민에 빠졌던 것으로 기억한다.

1976년 나는 여러 개 공장을 거느린 영국 잉글랜드 북부의 한 기업 소속 출판 부문에서 일자리를 얻었다. 이 기업은 대부분 남성인 관리직 사원과 대부분 여성인 사무직 사원의 작업 환경이 극도로 대비되는 상하 위계질서가 엄격한 곳이었다. 노조 조직은 관리직에 해당하는 남성들이 지배하고 있었고, 나는 여성주의에 공감하는 남성 한명과 함께 노동자 다수의 고통이 무엇인지 확인하기 위해선 노조 안에서 여성들만의 모임을 열어야 한다는 결론에 도달했다. 내가 새로운 기술의 여파를 직접적으로 처음 접한 곳이 바로 이곳의 여성 화장실이었다. 어

---

3. J. Gardiner et. al., "Women's Domestic Labor," *New Left Review*, no. 89 (1975).

느 날 거기서 난 한 젊은 여성을 봤다. 웅크리고 앉아서는 두 손으로 머리를 감싸 쥐고 앞뒤로 몸을 흔들고 있었는데 한눈에도 상당히 고통스러운 듯했다. 왜 그러느냐고 묻자 그이는 괴로운 고통을 주는 게 '그놈의 기계'라고 말했다. 그 기계는 회사의 중앙 컴퓨터와 연결된 단말기였고, 그이는 그 단말기로 송장(送狀)을 처리하는 일을 했다. 나는 이 문제를 첫 번째로 열린 여성 모임에서 공개하기로 결정하고 그 모임용으로 만드는 문건에 이 이야기를 소개했다. 그 모임에서 확인된 사실은, 비록 소수이며 대부분은 송장 처리를 맡는 사무직원들에게만 해당되는 것이긴 했지만 컴퓨터 단말기 앞에서 일하는 이들이 있었고, 회사는 고객 담당 부서에 워드프로세서라고 하는 신비에 쌓인 새 기계를 도입할 참이라는 것이었다.

그들이 설명하는 걸 듣고 나는 그 기계들이 신문에서 읽었던 '신기술'과 상당히 유사한 면을 띠고 있다는 걸 깨달았다. 또 이 기술이 단지 수백 명의 남성 인쇄 노동자들에게만 영향을 끼치는 게 아니라 수만 명의 여성 사무직 노동자들에게도 여파를 미칠 거라는 점도 깨닫게 됐다. 나는 사무기기 전시회에 가보고, 그때쯤 전문지에 등장하기 시작한 마이크로프로세서 기술에 관한 특집 기사를 읽고, 비디오 단말기와 관련된 재해에 관해 알려진 것이 있는지 묻기 위해 (「산재게시판」이라는 직장 보건 잡지를 내는) <과학의 사회적 책임을 위한 영국 협회>에 편지를 쓰는 등 할 수 있는 한 모든 정보를 수집하기 시작했다.

이 협회로부터 비디오 단말기와 관련된 연구 두 가지를 구할 수 있었는데 하나는 미국에서 한 것이고 다른 하나는 스웨덴에서 실시한 것이었다. 두 연구 조사가 인용한 참고문헌을 추적해서 나는 이 주제에 대한 상당한 정보를 확보할 수 있었다. 이렇게 확보한 정보 가운데는 눈의 피로에 관한 것과 키보드 작업의 인체공학에 관한 상당히 기술적이지만 유용한 자료도 들어 있었다. 그 가운데는 '전자파 공포'를 부인하는 별 정보가 없는 글도 있었다. 놀랍게도 이 몇 가지 자료를 갖고 있는 것만으로 나는 이 분야의 '전문가'가 되어 버렸다. 「산재게시판」 발행에 관여하는 사람과 다른 문제를 이야기하다가 나는 당시 급진적 과학운동계에서 흔히 퍼져 있는 이념에 대해 개략적인 소개를 받을 수 있었다. 그 이념은 과학이란 중립적이지 않으며 직업적 재해를 분석할 때 일반적으로 적용해야 할 원칙은 문제가 개별 노동자에게 있는 게 아니라 업무 구조에 있고 그래서 문제의 해법은 노동자를 바꾸는 게 아니라 업무 구조를 바꾸는 것이라는 내용이었다.

한편으로 나는 한 무리의 사람들(학자, 노조원들, 지역사회 운동가들)과 함께 시내에 노조와 지역사회 그룹들을 위한 정보 센터를 세우는 일에 참여하고 있었다. (브라질의 교육학자) 파울로 프레일리의 사상과 지역사회 개발 및 성인 교육을 위한 새로운 급진 운동의 영향을 받은 이 작업은, 노동계급에게 그들의 삶을 형성하는 각종 세력들에 대한 대안적 분석법을 개발하고 이를 바꾸기 위한 행동에 나서게 하는 데 필요한 정보와 자원을 제공하려는 활동이었다.[4] 평범한 이들의 자발적 조직화와 연대라는 주제가 여전히 강하게 작용했지만, 어떤 상황에서는 사람들에게 (전문적인 지역사회 일꾼들이라고 부를 수 있는 이들의) 도움이 있어야 이런 일을 효율적으로 할 수 있다는 (지역사회 활

---

4. P. Freire, *Pedagogy of the Oppressed* (New York : Seabury Press, 1970) [파울로 프레일리, 『페다고지 : 억눌린자를 위한 교육』, 성찬성 역, 서울 : 한마당, 1995].

동의 전통에서 비롯된) 인식도 섞여 있었다. 하지만 전문적인 연구자의 몫은 단지 필요한 집단에게 필요한 연구와 정보를 제공하는 것으로 한 정되어야 하는지, 아니면 정치적 지도력을 발휘할 책임까지 있는지를 둘러싼 치열한 논란도 존재했다.

이 센터를 열 충분한 자금이 마침내 확보된 시점에서 몇 가지 일이 거의 동시에 발생했다. 나는 이 센터에서 전업으로 일하기 위해 그동안 하던 일을 그만뒀고, 「산재게시판」은 내게 비디오 단말기에서 비롯되는 위험에 관한 글을 써달라고 청탁했다. 또 <비비시 방송>은 <지금 칩 들이 내려오고 있다>는 제목의 신기술이 고용에 끼치는 영향을 다룬 다큐멘터리를 만듦으로써 정보기술에 대한 공공의 인식을 극적으로 높 였다. 이런 일들이 결합하면서, 정보 센터가 문을 연 그 주에 「산재게시 판」 글을 읽었거나 우리 센터의 뉴스레터에 실린 글(신기술이 지역 내 사무직 일자리에 끼칠 수 있는 영향에 관한 것)을 읽은 이들의 편지와 전화가 쏟아져 들어 왔다. 이들 대부분은 자신이 사무직 노동자이거나 정보기술이 영향을 끼칠만한 다른 업계의 노조원들이었다. 이들은 크게 두 부류로 나눌 수 있다. 하나는 컴퓨터 화면을 오래 보면서 작업한 탓 에 이미 눈의 피로나 두통을 겪고 있는 이들이었고, 다른 하나는 정보기 술의 도입으로 자신들의 일자리가 사라질지도 모른다고 불안해하는 이 들이었다.

지역사회의 정보 욕구에 호응하려면 새로운 기술에 대한 연구 작업을 이 센터의 최우선 과제로 삼아야 한다는 게 분명해졌다. 이 시점에서 나 에게 '새 기술'이라는 딱지가 따라붙었고 내가 정보기술에 관한 공개 논 쟁에 발을 들여놨다는 사실을 인식하게 됐다. 이 논쟁은 서로 종종 중첩

되는 몇몇 자리에서 벌어졌다. 가장 급진적인 영역으로는 <사회주의 경제학자 회의>와 <과학의 사회적 책임을 위한 영국 협회>를 들 수 있다. (두 단체는 본질적으로 출판과 회의 개최 활동도 겸하는 사회주의 학자들의 연구 모임이다.) 하지만 이 기간 동안(1977~1980년) 정부, 학술단체, 사용자단체, 노조, 전문직업인 조직이 주최하는 수많은 회의도 열렸다. 수많은 텔레비전 프로그램과 교육용 필름도 제작됐으며 보고서와 대중용 소책자도 출판됐다. 이 문제는 처음으로 여성 단체들로부터도 주목받게 됐다.

좌파 학계에는 해리 브레이버먼이 절대적 영향을 끼쳤다. 그의 『노동과 독점자본』(1974년 출판)은 노동과정 분석에 전혀 새로운 세대를 열었고 (그가 이 책을 쓴 정신에 확연히 반대하는) 이들 거의 모두가 관심을 자동차 생산 노동자 문제에 집중하는 듯했다.[5] 과거에는 일자리 감소와 단결 문제에 집중되던 기술 관련 논의에 새로운 주제 곧 숙련기술 문제가 끼어들었다. 노동자를 비숙련자로 전락시킬 의도로 산업 과정을 단순화하는 자본의 포드주의적 경향이 절대적 흐름이라고 일반적으로 생각했다. 이런 좌파적 사고방식이 개입하는 한, 신기술은 단지 비숙련화의 도구일 뿐이었다. 제인 바커와 헤이절 다우닝(Hazel Downing)은 브레이버먼의 모델을 채택해 신기술의 도입 문제를 타자업무와 비서 업무에도 적용할 수 있다는 걸 보여줬다.[6] 숙련이란 개념

5. Harry Braverman, *Labor and Monopoly Capital : The Degradation of Work in the Twentieth Century* (New York : Monthly Review Press, 1974).
6. J. Barker and H. Downing, "Word Process and the Transformation of Patriarchal Relations," *Capital and Class* 10 (1980).

을 여성에게 적용할 때는 많은 문제가 발생할 수 있다는 사실, 그리고 더 복잡한 숙련기술이 개입되는 새로운 작업과정을 도입하는 게 고용주의 이익과 맞아떨어지는 상황도 있다는 사실은 관심 밖이었다. 내가 브레이버먼의 비숙련화 개념을 이용해 가내노동의 숙련기술 개념 변화를 분석하려고 시도한 논문을 썼을 때, <사회주의 경제학자 회의>의 미세공학 워킹그룹 내 남성들의 반응은 적대적인 것이었다.[7] 그들의 관심 범위 안에서 가사 업무의 자동화란 아무런 문제가 없는 '좋은 일'이었으며 추가적인 분석이 필요 없었다. 그것은 생산의 영역이 아니라 '소비의 영역'에서 벌어지는 것이었기에, 그들의 논의에는 그 어떤 관련성도 없었다.

기술변화의 영향 분석을 정통 경제 이론과 맑스 경제 이론에 통합시키려는 시도도 함께 나타났다. 콘드라티에프의 기술개발 '파동' 순환 이론이 많이 논의됐다. 하지만 기술에 의해 유발되는 대규모 실업이라는 망령은 여전히 지배적인 주제였다. 이는 자본의 대규모 재조정의 이행기적 특성일 수 있다는 주장이 종종 제기됐다. 하지만, 대부분의 평론가들은 다음번 호황기의 바탕이 될만할 것에 대한 이해 문제에 부닥치면 어쩔 줄 몰라 당황했다. 로봇은 차를 살 수 없다고 하는데, 그렇다면 다음번에 쏟아져 나올 상품을 소비할 시장은 도대체 무엇으로부터 창출될 것인가? 또 한번, 논쟁을 주도하던 남성 경제학자들은 가사노동의 자동화가 새로운 상품의 창출과 관련이 있으리라는 제안에 강하게 저항했다.[8]

---

7. 1장과 2장, 그리고 "Consuming Fashions," *New Statesman & Society* (1988)를 보라.

8. Conference of Socialist Economists (CSE) Microprocessors Group, *Microelectronics : Capitalist*

반면 노조운동 내부에서는 기술도입을 직접 경험하기 시작했다. 대부분의 사람이 답하고 싶어 한 질문은 "얼마나 많은 일자리가 사라질 것인가?"하는 것이었다. 여전히 어떤 분파는 기술도입에 대한 철두철미한 반대가 아닌 어떤 태도도 배반 행위라고 생각했다. 기술도입 조건에 대한 협상 자체도 종종 거부됐고 이는 결국 그 기계를 사용하게 될 노동자들(대부분은 여성이다)을 위해서가 아니었다. 어떤 경우는, 협상에서 노동자 쪽의 이익을 지킬 책임이 있는 사무직 노조의 대표단이 새 기술도입의 혜택을 가장 많이 보는 하위 관리층, 전문직 및 기술직 직원 같은 층에서 나오는 일까지 벌어졌다. 가장 많은 걸 잃게 될 비서직과 사무직 여성 노동자들은 이들을 문제의 해법이 아니라 바로 원인으로 인식했다. 어떤 경우 이런 인식은 여성 노동자들 내 전투성을 강화시켰다. 그런데 이들 여성 노동자 가운데 많은 이들은 난생 처음으로 노조 선출직에 입후보하고 나섰고 노조 내 여성 모임이 주최하는 여성과 신기술에 관한 회의에 열성적으로 참여했다. 그들이 가장 우려하는 기술 관련 문제는 건강, 안전, 업무 구조, 그리고 교육훈련 기회 문제였다. 하지만 많은 경우엔 이런 문제들이 여성으로서 그들이 직장에서 겪는 다른 문제들과 구별될 수 있는 성질의 것이 아님이 명백했다. 기술을 논하기 위해 소집된 모임은 종종 노조 내 남성 동료의 성차별적 태도에 어떻게 대처할 것이며 노조 활동에 적극적으로 참여하는 걸 반대하는 남편이나 애인 문제를 어떻게 할 것인가를 논의하는 걸로 귀결되곤 했다. (화장품 제조 공장의 회의 소집자였던) 한 여성의

Technology and the Working Class (London : CSE Books, 1981).

남편은 회의실 밖에서 회의가 끝나기를 기다리며 짜증스럽게 시계를 쳐다보고 누군가 밖으로 나오기만 하면 접근해서 쳐다보곤 하던 걸 지금도 기억한다. (학교의 비서였던) 또 다른 여성은 남편으로부터 자신과 노조 가운데 하나를 선택하라는 요구를 받았다. (그녀는 내게 "글쎄요, 이 문제에 대해 한동안 생각하고는 결심했어요. 노조를 선택하기로요. 정말 고마워요!"라고 말했다.)

당시 우리가 만들었던 문건들은 보통 이런 문제에 대해선 언급하지 않았다. 주된 내용은 '이중의 업무' 곧 임금노동과 무보수 가사노동의 결합이라는 부담에 대한 것이었다. 하지만 세 번째 업무 곧 노조 업무에 대해서는 공개적으로 별로 거론하지 않았다. 돌이켜보면 이 업무가 훨씬 힘들면서도 다른 두 가지 업무에 비해 보상도 적었다. 최악의 상황은, (어디고 참석할 집회도 없어서 사회적으로는 완전히 혼란에 빠져 있는 이가 대부분인) 입 사납고 말만 많은 남성들 무리 속에서 환풍도 잘 안되는 담배연기 자욱한 회의실에서 녹초가 될 때까지 일하고는 지저분한 집으로 돌아가 보면 냉장고는 텅 비어 있고 가게는 이미 모두 문을 닫은 상황이며, 우파들로부터는 투사들이라는 소리를 듣고 좌파들한테는 반동적이라는 소리나 들으며 결코 고맙다는 말 한마디 듣지 못하고 비난만 당하는 그런 상황이다. 그 와중에 눈앞에서 많은 관계가 깨어지는 걸 봐야 한다. 1970년대가 그렇게 흘러가면서 행복감에 젖는 승리의 순간은 점점 더 드물어졌다.

하지만 우리의 문건은 몹시도 낙관적이었다. 1976년부터 80년까지 나는 플루토 출판사의 노동자 지침서 시리즈의 하나로 출판될 걸로 예상된 「일하는 여성의 지침서」 원고 작업을 했다. 과로와 병, 사별이라는 내 사적인 사건으로 진척이 안 된데다가 뜻밖의 사건들(1979년 등장한 대처 정부는 내가 그토록 고통스럽게 분석해왔던 수많은 법률의 상당 부분을 즉각 폐기하기 시작했다)에 직면하면서 이 책은 끝내 완성되지 못했고 아직까지도 책으로 나오지 못하고 있다. 그럼에도 이 책의 언어와 접근법은 당시에 전형적인 것이었다. 각각의 장은 한 가지 문제의 분석으로 시작했다. (예를 들면 탁아시설 미비 또는 저임금) 또 내가 직접 인터뷰한 일하는 여성들의 말 또는 2차 자료에서 발췌한 인용문을 꼼꼼히 편집해서 사례로 들었다. 그리고는 논조가 좀더 규범적인 쪽으로 변한다. ("이것이 우리가 할 수 있는 일이다."는 식으로) 그리고는 다시 어떤 특정 여성 노동자 집단이 그 문제를 어떻게 성공적으로 극복했는지 상세하게 예시했다. 조 피츠패트릭(Jo Fitzpatrick)과 메리엔 디(Marianne Dee)의 많은 도움을 받아 수집한 이 모든 정보는 회의나 모임에서 직접 사람을 접촉해 개인들의 많은 모범 사례를 추적하고, 여기에 신문 기사, 잡지의 글, 소책자와 책들에서 정보를 많이 수집해 만들어낸 것들이다. 그리고 같은 시기에 자료 센터에 이런 정보를 모으는 도서관을 설치하지 않았더라면 이 작업은 불가능했을 것이다. 이 자료들을 지금 다시 읽어보면서 인상에 남는 것은, '문제들'을 제기할 때의 비관적인 어조가 '해결책들'을 제시할 때의 영감이 가득한 승리감으로 묘하게 바뀌는 것이다. 자본주의와 가부장제의 결합이 말로는 모두 담을 수 없는 그 많은 고통의 원인으로 제시되어 있다. 그런데 이런 설명 속에서, 여성주의적 이해로 무장하고 정당한 분노로 자극받아 조직화에 나선 여성들은 결코 무너지지 않을 것 같은 모습을 보이는 놀라운 자매애와 힘을 만들어낸다. 나는 이것이 단순한 감정의 투사이거나 희망사항일 뿐이라고 생각하지 않는다. 당시 사회주의적 여성주의 저작물(과 몇몇 영상)의 분위기가 일반적으로 이런 것을 볼 때 이것은 당시 우리가 진짜 느끼던 바이며 우리가 숨쉬던 감정적 환경이며 그래서 지금은 진부하고 상투적인 표현을 동원하지 않고는 묘사할 수 없는 어떤 것이라고 확신한다.

물론 여성들이 활발히 활동한 유일한 영역이 노조 공간인 것은 아니었다. 1970년대 말에는, 기술과 여성의 삶의 관계에 관련된 많은 측면 가운데 특정 부분을 제기하는 많은 모임들이 나타났다. 기술을 불가피한 것으로 보건, '중립적인' 것으로 보건, 아니면 바람직한 것으로 보건, 몇몇 그룹은 과학과 기술 분야에서 여성이 배제되는 걸 가장 큰 문제로 보았고 여성에 대한 훈련을 요구하기 시작했다. 이들은 필요한 경우 여성만으로 구성된 집단을 위한 훈련도 요구했다. 여성주의 교사들은 학교에서 관련 사업을 추진했고 다른 이들은 여성을 위한 기술훈련 센터 기금을 모을 단체들을 구성했다. 최초는 아닐지 몰라도 초기부터 이런 활동을 한 단체가 <이스트 리즈 여성 워크숍>이고, 여성주의 전자공학자인 라이네트 윌러비가 이 단체를 주도했다. 이런 훈련의 목적이 과연 무엇인지를 둘러싼 논란도 있었다. 여성을 착취하는 체제의 밑바닥 틈새를 채우기 위해 훈련을 받아야 하나? 대부분의 자매들을 뒤로한 채 '경력의 층계'를 올라가기 위해 선택받은 소수만 '남성들'의 숙련기술에 접근하는 건가? 본질적으로 남성적인 기술을 비판할 능력을 기르기 위해, 기술 자체보다는 기술에 관해서 교육받아야 하는가? 아니면 기술 자체는 중립적인 것이어서, 남성이 주도하는 파괴적이고 이윤추구적인 방식이 아니라 인도주의적 목적을 위해 여성이 통제하기만 한다면 사회에 이익을 줄 수 있는 건가? 10여 년 동안 여성들은 단호하고 독립적이며 (탐욕적이지는 않되) 자율적이 되라고 강요받아왔는데 이제 이런 질문들은 기묘하게도 구식 같은 느낌을 준다.

과학과 기술의 중립성과 통제 문제에 대한 관심이 단지 정보기술을 논할 때만 나타난 것은 아니었다. 이 시기에 의료 기술이 여성의 삶에 끼치는 영향을 둘러싼 여성주의자간 활발한 (그리고 어떤 면에서는 좀 더 진전된) 논의, (몇 년 뒤에 그린햄 코먼 평화캠프를[9] 통해 절정에 달했던) 성과 군사 기술의 관계에 대한 공개 논쟁이 시작되면서, 논의는 여러 분야에서 서로 얽히며 동시에 진행됐다.

또 다른 중요 관심사항은 다국적 기업의 구실과 국제 여성 연대 활동이었다. 동남아시아 실리콘 칩 공장의 상황을 묘사한 레이첼 그로스먼의 책들이 1979년 영국에 소개되면서, 그동안 정보기술 제품이 만들어진 과정엔 의문을 제기하지 않고 이런 제품을 쓰는 업계의 노동과정에 정보기술이 끼치는 영향에만 관심을 보이던 많은 여성들이 큰 충격을 받았다.[10]

1979년과 1980년에 여성과 정보기술에 관한 여성주의자들의 학술회의가 성황리에 개최됐다. 나는 당시 <요크셔와 햄버사이드 사회주의 여성주의자 그룹>의 이름으로 학술회의 개최 소식을 알리는 홍보물을

---

9. [역자주] 그린햄 코먼 평화캠프는 1981년 그린햄 코먼 공군기지에 있는 미군의 크루즈 핵미사일 철수를 요구하며 기지 앞에서 여성들이 벌인 항의농성 운동이다. 1년 만에 이 캠프에는 여성들만 남았으며 2000년 철수를 결정할 때까지 19년 동안 계속됐다.

10. Rachel Grossman, "Women's Place in the Integrated Circuit," *Southeast Asia Chronicle* 66/*Pacific Research* 9 (joint issue) (1979).

아직도 가지고 있다. 당시는 복사가 흔하지 않아서 이 홍보물을 스텐실로 인쇄했다. 이 회의는 <웨스트 요크셔 여성 및 신기술 그룹>을 탄생시켰고 이 단체는 1982년에 잡지 『스칼릿 위민』의 이 문제 특집호를 제작했다. 나는 지금도 이 홍보물이 '왜 신기술이 특히 여성에게 영향을 끼치는가?'(홍보물의 제목)를 가장 훌륭하게 요약한 것으로 평가한다. 이 홍보물에는 당시의 신랄한 분위기도 그대로 남아 있다. 이 수사적인 제목에 대한 답은 다음의 네 가지 소제목으로 제시되었다. "우리가 하는 일의 종류 때문에" "우리는 집에서도 일하기 때문에" "우리가 교육받은 방식 때문에" "경제 위기가 여성에게 가장 혹독한 고통을 주기 때문에". 이런 소제목 아래서 이 회의는 당시 주요 관심사였던 문제들을 총체적으로 다룰 수 있었다. 당시 주요 문제는 '숙련기술의 상실' '이중의 일 부담' '기동성' '노조' '소비' '가내하청' '실업' '감축' '다국적 기업'이었다. 이 홍보물은 신기술이 여성에게 끼칠 수 있는 모든 악영향을 불안을 유발하는 방식으로 모두 둘러본 뒤, "기술이 여성의 해방을 가져올 수 있을까?"와 같은 몇 가지의 질문으로 끝을 맺었다. 나는 주드 스토더트와 함께 지치도록 머리를 짜낸 뒤에 기계식 타자기를 이용해 게스테트너 스텐실 복사기에 직접 글을 쳐 넣던 그 늦은 밤을 지금도 기억할 수 있다. A4 용지 두 면에 모든 걸 적어야 하고 말은 가능한 한 단순하게 하고, 그러면서도 정치적으로 올바르지 못한 해석을 무의식중에 유발할 만한 것은 철저히 배제해야 했기 때문에, 복사기에 쳐 넣기 전에 단어 한 자, 한 자를 엄밀히 따져야 했다. 주관성이 개입할 여지라곤 없었던 것이다.

1979년 내가 일하던 자료 센터는 신기술이 여성의 삶에 끼치는 영향에 대한 연구를 위해 (공정 기회 위원회로부터) 얼마간의 돈을 지원받았다. 이 사건은 내가 처음으로 심각하게 방법론 문제를 고민해야 하는 걸 뜻했다. 기술적 변화가 사회에 끼치는 영향을 체계적으로 분석할 도구를 제시할 수 있는 딱 하나의 학문적 규칙이 존재하는 것 같지 않았다. 1960년대 학생시절 여름방학 동안 나는 '미래의 도시'에 관한 일련의 학제적 학술회의를 위한 리포터로 일하면서 예측 기술에 관해 약간의 지식을 습득했으나, 여기서는 미래학조차 별다른 도움이 되지 못하는 듯 했다. 내가 찾을 수 있었던 관련 서적들은 이곳저곳에 흩어져 있었다. 일부는 경제학 분야에, 일부는 사회학 분야에, 또 일부는 심리학, 의학, 기술 분야에, 그리고 지리학, '경영학', 또 일부는 새롭게 떠오르는 '여성학'과 '노조 연구' 분야에 있었다. 그나마도 경험에서 우러나온 정보는 이런 데가 아니라, 특정 산업 관련 간행물, 신문, 학술회의 자료, 정부 보고서 등에서 얻을 수 있었다. 그런데 이런 정보들은 서로 돌고 도는 경향이 있었다. 한 분야에서 실시한 잠정적인 예측이 다른 분야에서 인용됐고, 또 다시 인용될 때는 마치 권위가 있는 자료처럼 취급됐다. (메리엔 디가 고안한) 우리 자료 센터만의 독특한 서적 분류법을 이용해 당시 진행하고 있는 연구 조사와 관련된 상식적인 제목을 붙여서 이런 자료들을 한꺼번에 모아 놓을 수 있었다. 이 덕분에 전체 문헌을 한눈에 볼 수 있게 분류하는 것도 가능했다. (이는 보통 별다른 사전지식이 없이 찾아오는 학자들이 이용할 수 있는 자료가 됐다.) 하지만 이런 분류가 필연적으로 아주 논리적인 개념 틀을 만들어 내는 건 아니었다. 나 또한 경험적인 정보들을 거의 무작위로 모아 놓았고, 이를 심하게 왜곡하지 않는 범위에서 일정한 분야별로 정리했다고 판단될 때까지 몇 번이고 다시 분류하곤 했다.

가장 핵심적인 어려움은 여성의 고용 형태들의 상대적 중요성을 판단하게 해줄 만큼 정보를 충분히 확보하는 것이었다. 어떤 종류의 일이 자동화될 것 같은가? 그리고 얼마나 많은 여성이 이런 분야에 종사할까? 내가 얻을 수 있는 최신 고용통계는 직업별이 아니라 산업별로 분류되어 있었다. 산업 내 직업 분포에 관한 과거의 연구 조사는 남녀를 구별하지 않고 수치를 합산해 놓아 남녀간 차별 양상을 볼 수 없었기에 나로서는 쓸모가 없었다.[11] 직업의 장기적인 변화와 그 안에서의 남녀간 구성 변화 추세를 확인하기 위해서는 기초 자료(20세기 초부터의 인구 및 고용 총 조사)로 되돌아가서, 많은 시간동안 계산기와 씨름해야 했다. (이 작업은 쿠엔틴 오트람(Quentin Outram)의 아낌없는 도움이 없었다면 결코 완성되지 않았을 것이다.) 이것이 내가 공식통계를 처음 직접 접한 때였으며, 이 경험은 아주 환멸적인 것이었다.

『사회통계 신비 벗기기』라는 책을 출판하려고 하던 <급진적 통계학 그룹>을 알고 있었기에 나는 통계가 '체제'의 가치라고 할 만한 것을 구체화하고 있음을 발견할 준비가 되어 있었다.[12] 하지만 나는 순진하게 공식통계가 적어도 포괄적이라고 믿고 있었다. 정부가 정책을 결정하는 데 중요한 것으로 누구나 생각할 분야의 통계가 전혀 존재하지 않는다는 사실을 알고 나는 큰 충격을 받았다. 몇 년 지난 뒤에야 나는

---

11. R. E. Crum and C. Gudgin, *Non-Production Activities in U.K. Manufacturing Industry* (Brussels : Commission of European Communities, 1977)를 보라.

12. J. Irvine, I. Miles, and J. Evans, eds., *Demystifying Social Statistics* (London : Pluto Press, 1979) [J. 어바인, 『알기쉬운 사회통계학 강의 : 통계학의 비밀을 벗긴다』, 김정로 박태원 공역, 서울 : 이성과 현실, 1990].

정부의 연구 조사 수집 기관에 대한 비판을 구체화하거나 개선방향을 제시할 자신을 얻게 됐다. 당시에 나는 단지 혼자 어쩔 줄 몰라 했고 서로 모순되는 사실들의 정글 속을 지도도 없이 헤맸다. 아마 이 실존적 불안은 연구자가 되는 과정에서 피할 수 없는 부분일 것이다. 확실성이 무너지고 전제가 깨지면서, 우리는 저 위에서 '정답'을 제시할 신적인 존재란 없고 우리가 직접 현실에 대한 나름의 관점을 구축해야 한다는 걸 깨달았다. 하지만 지금도 내가 이런 일에 익숙하다고 말할 수 없다. 지금도 나는 어디선가 독자가 문장 하나하나를 분해하고 잘못된 사실과 논리적 오류를 지적할 것이라고 예상하고 글을 쓴다. 또 내가 완성된 작업 결과를 세상에 내놨을 때, 나와 마찬가지로 불안함 속에 작업하는 다른 사람의 글에 인용되는 것을 빼곤 아무런 반응이 없으면, 다행이라고 생각해야 할지 아니면 실망해야 할지 지금도 확신이 서지 않는다.

여기서 당시의 연구 과정을 상세히 묘사할 건 못된다. 그런데 이것이 그 후 거의 10년 동안 지속된 내 생활방식을 형성시켰다. 그건 연구 결과를 두 번 쓰는 것이다. 한 번은 자금을 댄 고객이 받아들일 수 있는 학술적인 방식으로 쓰고, 두 번째는 '보통 사람'이 이해할 수 있게 대중적인 형태로 썼다. 1980년대가 흘러가면서, 이런 일이 날로 힘들어졌다. 대중적인 형태의 글을 기꺼이 출판할 조직이 날로 줄어들었기 때문이다. 성공한 대중운동이 없고 대규모의 대중 저항문화가 있는 것도 아니어서, 이런 출판물이 대상으로 삼을 '보통 사람'이 과연 어떤 이들인지 파악하는 것도 점점 어려워졌다. 요즘은 내가 '정답'을 알고 있다는 자신도 없어져, 내 자신의 목소리가 아닌 저자다운 목소리를 내는 것도 날로 불편해지고 있다. 근데 이건 주제에서 좀 벗어난 이야 기다. 1980년에 경기침체가 임박했다는 징후가 너무나 분명했고 정부 는 우리가 기억하는 한 가장 반동적이고 반여성적이었음에도, 자신이 알게 된 내용을 가능하면 빨리 (말하자면 여전히 정열이 남아 있었다) 좀더 많은 노동 대중들에게 알리는 것이 여전히 중요한 것으로 보였다. 1981년에 나는 (신기술이 고용에 끼치는 영향에 대한 대중적인 여성용 안내책자를 만든다는 생각으로) 『80년대 당신의 일자리』라는 책을 썼 는데, (임신 기간의 고혈압에 힘입어) 단 2주 만에 작업을 마쳤다. 물론 이 책에 담긴 정신은 1970년대부터 있던 것이다. 이 책의 어조는 "당신 도 할 수 있고, 필요한 건 조직과 용기다."라는 70년대식 선동적 문건 과 같은 것이었다. 또 단체 행동에 전적으로 집중했고, 개인으로 행동 하는 건 힘이 되지 못한다는 걸 은연중에 암시했다.[13]

1980년대 초반에 이런 분위기는 바뀌었다. 1970년대 후반의 토론 및 캠페인 단체의 회원들이 서로 다른 길을 가기 시작했다. 일부는 대처 주의라는 거대한 바다에서 고립된 사회주의의 섬이 될 것 같던 런던 광역시 의회나 다른 급진적인 지방단체 조직으로 들어갔다. 일부는 학 계로 갔다. 어떤 이들은 집으로 돌아가 아이를 키우고 집안일을 했으 며, 또 다른 이들은 노조, 자선단체 또는 운동단체의 전임자로 갔다. 어 떤 이들은 교육훈련 기관이나 자문 기관 같은 사업을 벌였다. 심리치 료나 안마치료 일을 하기 위해 재교육을 받기도 했고 좀더 은밀한 대 안요법으로 빠지기도 했다. 직업 정치인이 된 사람도 있고 세상을 떠

---

13. Ursula Huws, *Your Job in the Eighties* (London : Pluto Press, 1982).

난 이들도 있다. 생존이 날로 어려워지고 정치적 패배를 맛보는 일이 많아지면서, 정열이 넘치는 극소수만이 남아 정기적인 모임을 유지하고 토론을 위한 토론에 계속 몰두했다. 그 전에는 사람들이 대가도 없이 짬을 내 하던 활동들이 자꾸 전문화한 '자원봉사 영역'의 일이 되어 갔다. 사람들이 자신의 정치적 신념에서 우러나서 말을 하는지, 아니면 자신들의 일을 규정하는 용어들을 쏟아내는 건지 말하기 어려운 일도 잦아졌다.

이런 변화는, 불가피하게 초점이 바뀌면서 그 영역이 종종 좁아지게 만들었다. 단기적으로 실현 가능한 목표 달성에 집착하게 한 것이다. 특정 훈련과정 개설, 여성 센터 개원, 정책 변경 같은 것들이다. 학교에서 급진적인 교사들한테 배웠기에 여성주의와 사회주의 사상에 익숙한 실용적인 신세대가 등장했지만, 이들은 비정하리만치 현실적으로 자신의 생존에 집착했다. 그들은 종종 60년대의 투사들이 스스로를 절망적일만큼 순진하고 비현실적이라고 느끼게 만들었다. 70년대 이론 논쟁 상당수는 갑자기 부적절한 것처럼 여겨져 더 이상 논의되지 않고 방치됐다. 여성주의 서점의 책꽂이는 알아볼 수 없게 바뀌었다. 1984년쯤에 (동네의 여성주의 서점인) 시스터라이트에서 '고용' 항목에 10년 전처럼 정치경제학 관련 심각한 책들, 운동 팸플릿, 자전적 책들, 사회조직학 관련 책들이 있을 것으로 기대하고 찾아봤으나, 찾은 것이라곤 직장 내 성희롱 관련 책 한권, 창업 관련 책 세권, 주장을 분명히 하는 법에 대한 안내책자 여러 권뿐이었다. 여성주의 출판물이 줄어드는 수준의 문제가 아니었다. 시와 소설이 많고 성, 인종, 건강, 집 꾸미기, 폭력, 심리에 관한 책들도 널려 있었다. 경제적 독립과 임금 및 무보수 노동 연구에 집중되던 관심이 이제는 다른 쪽으로 모두 흩어진 것이다. '기술' 항목을 보니 여성과 기술의 관계에 관한 몇 권의 수필이 있기는 했지만, 컴퓨터에 관한 '학습안내서'가 압도적으로 많았다. 그 사이에 벌어진 일은, 강조점이 집단에서 개인으로 바뀐 것이다.

이 변화는 물론 단번에 온 것이 아니다. 1980년대 초반에 고용, 기술, 성에 관한 경험적 작업들이 아주 많았고, 이 가운데 상당수는 70년대 말 우리가 벌였던 논의의 전제를 확인해보기 위한 것이었다. 오스트레일리아의 앤 게임과 로즈메리 프린글은 『노동에서의 성별』을 내놓고 영국의 신시어 콕번은 『형제들』을 출판했다.[14] 숙련기술은 브레이버먼이 추정했던 것보다 훨씬 복잡한 개념이며, 객관적으로 난이도를 잴 수 있는 습득된 능력이기보다는 훨씬 사회적으로 성립된 개념임이 분명해졌다. 또한 정보기술이 여성의 일자리에 끼치는 영향은 단순화한 맑스주의적 분석이 예상했던 것보다 훨씬 복잡다기하다는 것도 분명해졌다. 일부 산업과 일부 직종에서는 일을 최대한 단순화하고 일을 위해 습득해야 할 기술을 최소화하며 노동력을 동질적이고 서로 대체 가능한 집단으로 만들어 버리는 포드주의적 경향이 있는 것도 분명했다. 하지만 다른 분야에서는 신기술의 도입이 노동자들에게 더 많은 새로운 기술을 익히도록 강제하기도 했다. 보통은 그들이 아주 낮은 임금을 받는 여성이기 때문에, 고용주들은 기술을 변변한 직업훈련을 못 받기 일쑤인 타자수와 사무직 노동자를 확장하는 도구로 여겼다. '재숙련화'라는 단어가 '탈숙련화'와 함께 쓰이기 시작했고, 워드프로

---

14. A. Game and C. Pringle, *Gender at Work* (London : Pluto Press, 1984) ; and C. Cockburn, *Brothers* (London : Pluto press, 1983)를 보라.

세서 저녁 강좌에는 수많은 수강 대기자가 몰렸다.

우리 가운데 다수는 여전히 우리가 익힌 것이 암시하는 바를 세밀히 따져 다른 데 적용하려고 폭넓은 이론적 및 정치적 문제와 씨름했다. 예컨대, 나는 노동자와 생산수단의 관계가 주부와 재생산수단(가정 그 자체와 살림살이용 기술)의 관계와 유사한 점을 찾아냄으로써 맑스의 소외 이론을 가사노동에 적용하려 시도한 글을 쓰던 때를 기억한다. 노동자는 날로 재생산수단을 직접 소유할 것을 요구받기 때문에, 이런 수단의 구입비 마련을 위해 화폐경제의 노예가 되어가는 게 분명함에 도 불구하고, 재생산수단에 대한 분노를 표시하고 공장 노동자들이 하 듯이 반대 투쟁을 조직할 수 없다는 게 내 주장이었다. 나는 이런 관계 에서 비롯되는 자학증상과 노이로제가 어떤 것인지 따져보는 것으로 이 주장을 발전시키고 싶었지만 그럴 용기가 부족했다. 나는 그동안 학계의 맑스주의자들에 의해 '잘못된 추상화 단계'에서 주장을 펼친다 는 이유로 종종 저지당해왔는데, 또 다시 이런 위험을 감수할 용기가 없었다. 그래서 대신 가장 먼저 내가 청탁받았던 주제인 첨단기술을 이용한 재택근무 문제로 돌아갔다.[15]

그때 로즈메리 크롬프턴(Rosemary Crompton)은 맑스주의 정통 이론 에 도전하면서 노동계급 규정 문제를 둘러싼 논의에 경험적 증거를 제 시하기 위한 연구 작업(『화이트칼라 프롤레타리아』라는 제목으로 출판 됐다)을 벌이고 있었다.[16]

---

15. 3장을 보라.

16. R. Crompton and G. Jones, *White-Collar Proletariat* (Philadelphia : Temple University Press, 1984).

기술변화를 둘러싼 논의에서 이 시기에 상당한 관심을 불러일으킨 생각은 "사회적으로 유용한 생산"이라는 것이었다. 루커스 항공 노동자들의 '루커스를 위한 대안계획'을 주도적으로 기획했던 사람으로서 카리스마가 있는 인물인 마이크 쿨리[17]가 이런 생각을 주도했다.[18]

이 생각에 대한 여성주의적 비판을 제기하라는 요구를 받고 나는 다시 한번 가사노동과 화폐경제간의 관계 문제로 돌아가게 됐다. 내 생각에, 사회주의 사회의 전단계로 여겨지는 그 어떤 대안 노동의 전망에서든 미심쩍은 대목이 있다면 그것은 바로 상품생산에 대한 강조(와 오직 상품생산에 참여하는 이들만을 '진짜 노동자'로 보는 생각)였다. 사회주의자들이 서비스 분야 일자리를 싫어하는 건 단지 이 분야가 대체로 여성의 노동으로 인식되기 때문인가, 아니면 좀더 복잡한 문제가 있나? 나는 무보수 가사노동, 서비스 업종, 상품생산의 관계는 역동적인 것이어서 그 경계가 계속 바뀌며 이런 변화는 부분적으로 신기술의 도입과 연결되어 있다는 것을 깨달았다. 자본주의 역사는, 과거 집에서 보수 없이 이뤄지던 활동들을 점진적으로 화폐경제 속에 흡수하는 역사로 볼 수 있다. 이 과정에서 필수적인 부분이 상품화 과정이며, 새로운 기술의 물결은 꼭 새로운 상품을 만들어냈다. 이런 상품의 도입은 상품을 생산하는 노동자와 쓰는 노동자 모두의 노동과정(과 그와 관련

---

17. [역자주] 마이크 쿨리 : 영국 루커스 항공의 디자인 엔지니어 출신의 노동 활동가로, 1976년 실직 위기에 놓인 노조원들이 인공 신장, 열펌프, 비행선 등 사회적으로 유용한 제품 150가지의 생산 계획을 제안하는 걸 주도했다. 회사 쪽은 이 요구를 거부했으나 이 계획은 노동운동에 큰 영향을 끼쳤다.

18. Mike Cooley, *Architect or Bee? : The Human Technology Relationship* (Boston : South End Press, 1982) ; H. Wainwright and D. Elliot, *The Lucas Plan* (London : Alison and Busby, 1982)을 보라.

된 숙련기술)에 변화를 불러왔다. 특정 숙련기술과 노동과정을 고정시켜 놓고 거기에 '대안' 상품의 개발을 적용시키려는 건 실패할 운명인 것으로 보였다. 성공하더라도, 그것의 영향은 반여성적일 가능성이 아주 높다. 왜냐하면 고정된 그 시기의 특정 노동 분업 형태(와 그에 따른 사회적 관계)를 고정화할 것이기 때문이다.[19] 그런데 이런 글들은 점점 더 반향을 일으키기 어려워 보였다. 이런 것이 만들어내는 논쟁은 그냥 아무것도 아닌 것으로 보는 게 나았는지 모른다.

1982년에 나는 내 아이와 홀로 런던에 살면서 나중에 '원격 노동'(이 단어는 정보기술을 이용해 멀리 떨어진 곳에서 노동을 수행하는 것을 지칭하는 프랑스어 신조어인 'teletravail'를 내 나름대로 번역하려 한 서툰 시도다)이라고 알려지게 되는 것을 연구했다. 이런 상대적 고립상태는 그 이후 몇 년 동안의 내 경험에 영향을 끼쳤다. 이때는 내가 당시 진행되던 정치적 논의에서 떨어져 있다고 느끼던 때다. 내가 관심을 기울이던 그 영역의 연구는 자발적으로 수행하던 것이 아니라, 학술 기관, 지방정부의 자금을 받아 수행하거나 자원봉사 영역과 관련해서 하는 것이었다. 연구자들끼리 모여 토론을 할 때 신중함과 경쟁력에 대한 언급이 끼어들기 시작했다. 일부에게는 여전히 지식이란 가능하면 많은 사람들과 함께 나누어야 할 것이었지만, 어떤 이들에게는 돈, 승진, 또는 명예를 위해서만 나눠줄 수 있는 소중한 상품이었다. 70년대의 분위기를 유지하던 <여성과 컴퓨팅 네트워크>가 주최하는 회의 같은 행사도 가끔 있었지만, 좀더 학술적인 행사들은 좀더 조심스

---

19. 5장을 보라.

럽고 이기적인 분위기로 몰드는 듯했다. 여성주의 윤리를 공유하는 것과 생계를 위해 돈을 벌 필요성 사이에 끔찍한 충돌이 나타났다. 이제 나는 자영업자에 해당했기 때문에 생존은 힘겨웠고, 다른 이들이 내 작업을 비용 지불이나 답례 없이 이용하면 착취당하는 것처럼 느끼는 때도 있었다. 하지만 생각들을 자유롭게 주고받는 지식 공동체의 일원이 될 필요성도 느꼈고, 두 가지 길을 모두 가질 수 없다는 것도 깨달았다. 적어도 영국에서는 그런 공동체가 어디에도 존재하지 않는다는 느낌을 받았다. 물론 드물게 외국에서 열리는 학술회의에 참석할 때면 이런 공동체의 존재 가능성에 대한 내 믿음이 다시 커지긴 했다.

그런 첫 경험은 1983년 국제 여성운동단체 이시스(ISIS)가 스위스에서 개최한 여성과 신기술에 관한 회의였다. 여기서는 교류의 시급함과 열정이 느껴졌고, 이런 느낌은 대처 정부 아래서 영국의 여성주의자들이 얼마나 타락했는가를 깨닫게 했다. <컴퓨터세계에서 여성 보호를 위한 일본위원회>에서 온 이들이 멋진 논문을 발표했다.[20] 홍콩에서 온 트리니 륭(Leung)은 전자 업종 다국적 기업에서 일하는 여성들의 국제 연대 필요성에 대해 감동적이면서도 고무적으로 발언했고 많은 다른 나라에서 온 이들도 생각하게 만드는 발언들을 했다. 나는 영국의 좌파들이 많이 하고 있듯이 대처주의의 담벼락에 머리를 계속 부딪치는 것이 최고의 전략이 아니라는 확신을 갖고 돌아왔다. 대신 국제적 연계고리를 만들어 국제자본과 맞서야했다.

원격 노동에 관해 내가 해온 작업은, 신기술이 도입되면 노동의 특

---

20. Committee for the Protection of Women in the Computer World (CPWCW), *Women and Microelectronics in Japan* (Tokyo : CPWCW, 1983)을 보라.

성뿐 아니라 위치 변화까지 촉진한다는 점을 깨닫게 했다. 이는 단지 일이 사무실에서 집으로 또는 도시 중심가에서 교외로 옮겨 가는 것만이 아니라, 지역적 또는 국제적으로 이동하는 것이다. 1960년대와 70년대 제조업에서 확산된 노동의 국제 분업이 1980년대와 90년대에는 서비스업에서 반복되는 게 무리가 아닌 것 같았다. 미국의 사무 노동자 조직 <9 to 5>의 주디스 그레고리가 주도한 덕분으로 나는 북미와 유럽, 오스트레일리아 기업들의 정보처리 업무 해외 이전에 관한 정보를 수집하기 시작했다. 나는 이 작업을 체계적으로 하는 데 필요한 자금지원을 받을 수 없었으나, 이 일은 당시 내가 여성 조직과 함께하던 작업에 의심의 여지없이 큰 도움을 줬다. 특히 (세러 스튜어트(Sarah Stewart)가 중요한 구실을 한) 런던시의 사무 노동자를 위한 정보 센터인 시티 센터 건립 과정에서 그랬고, 제리 리어던(Jerry Reardon)과 헬런 오코넬이 설립 과정에서 열정적인 에너지를 투입했던 국제 여성 노동자 연대 기구 <전 세계 여성노동>에서 그랬다. 예외도 있었지만 일반적으로 당시 영국 좌파들은 국제주의에서 한발 빼는 듯한 분위기였다. 런던 광역시 의회가 몇몇 다국적 기업(특히 코닥과 포드)에 관한 작업을 후원했고 <런던 다국적 기업 정보 센터>에도 자금을 지원했다. 하지만 이런 활동은 진정한 정치 활동이라기보다 사회개량운동 같은 개발교육 측면에서 받아들여졌다.

1980년대가 깊어가면서 새 기술에 관한 여성주의적 사업이 드물어지거나 내가 그런 활동과 연결고리를 잃었다. 존재하는 사업들은 주로 실제적인 문제에 관심을 기울이는 듯했다. <여성과 컴퓨팅 네트워크>는 여성단체들에게 교육과 컴퓨터 관련 서비스를 제공하고 뉴스레터를 발행하기 위한 사업인 <마이크로시스터>를 출범시켰다. 하지만 내가 주로 이 문제를 접하는 경로는 박사과정 학생들과 연락하고 해외에서 방문한 연구자를 만나고 가끔씩 있는 회의에 참석하는 것이었다. 내가 돈을 위해 하는 일 상당수는 기술과 직접 관련이 없었다. 비록 원격 노동에 대한 관심들은 여전했지만 말이다. 원격 노동이라는 개념의 의미가 서로 얼마나 다른지에 대해서는 이미 다른 글에서 상세히 썼다.[21]

그런데 1970년대에는 거의 없었으나 이 시기에는 두드러진 두 가지 기술 관련 주요 관심사에 대해 지적하는 건 의미가 있을 것이다. 그 첫 번째는 이미 언급했듯이 기술변화의 공간적 차원에 관한 것이다. 이 점에 관한 한 여성주의 이론에서건 맑스주의에서건 유용한 걸 거의 발견하지 못했다. 이 분야에서 가장 창조적인 사고는 급진적 지리학자들에게서 발견되는 듯했다. 뉴캐슬의 <도시와 지역 개발학 센터> 연구자들, 그리고 인종주의와 제국주의에 관한 연구 특히 그 가운데서도 <인종 관계 연구소>의 시바난단(Sivanandan)의 작업이 그랬다.[22]

또 다른 관심사항은, 정보기술이 노동과정 그 자체를 바꾸는 것 뿐 아니라 고용주와 고용인의 관계에도 변화를 일으키는 것 특히 고용의 비정규직화를 초래하는 데 기여하는 몫에 관한 것이었다. 1982년 플루토 출판사와 고용의 비정규직화를 주제로 책을 내는 걸 상의할 때, 편집자는 비정규직화라는 말이 없고 우리끼리 새로 말을 만든다 해도 사

---

21. 7장과 U. Huws, J. Hurstfield, and R. Holmaat, *What Price Flexibility? : The Casualization of Women's Employment* (London : Low Pay Unit, 1989)를 보라.

22. M. Hepwort, *Geography of the Information Economy* (London : Bellhaven Press, 1989)를 보라.

람들에게는 아무 뜻이 없는 것이어서 걱정이 된다는 말을 했다. 그 뒤 10년이 지나면서, 이런 말이 알려지지 않았을지언정 이런 상황은 널리 사람들이 직접 겪고 있다는 것이 너무나 분명해졌다. '유연화'라는 규정 아래 그 전에는 안정적이고 영구적으로 보장되던 수많은 일자리가 임시적인 것이 됐거나 하청업자나 계약직 형태로 위탁됐다. 이런 현상은 노동인구 상당수에 대한 고용보장을 철폐하고 최저임금을 없애며 공기업의 많은 업무를 하청 업체에게 넘기도록 강요한 정부 정책에 힘입은 바 컸다. 하지만 비정규직화 논의에서 기술의 역할은 날로 덜 중요해졌다. 분명한 것은, 기술이 자주 비정규직화의 촉진제 구실을 했지만 그 자체가 사회적·법적 변화를 유발한 것은 아니라는 점이다.[23]

아마도 1980년대에 우리 대부분이 정보기술의 직접 사용자가 됐다는 점이 부분적으로 작용한 탓에 (나는 1983년에 개인용 컴퓨터를 구입했고 85년에는 모뎀을, 87년에는 팩시밀리를 구했다) 기술 그 자체만을 별도의 문제로 취급하기가 날로 어려워졌다. 또 기술이 '좋은 것'인지를 둘러싸고 70년대에 벌어졌던 논의는 잘 봐주면 더 이상 문제가 되지 않는 것이고, 나쁘게 보면 그저 바보스런 것이 되어 버린 듯했다. 40살 이하 영국인 대부분에게 정보기술은 이제 일상생활의 너무나 당연한 측면이 됐다. 정보기술에 익숙해지는 게 불가피해졌고 익숙해지지 않으면 경력에 심각한 불이익을 감수해야 했다. 「산재게시판」에 견경완장애에 관한 글을 처음 쓴 지 10년 만에 런던 산재 센터의 용역을 받아 똑같은 주제로 책을 쓰면서 나는 너무나도 얄궂게 반복 작업에

---

23. Huws, Hurstfield, and Holmaat, *What Price Flexibility? : The Casualization of Women's Employment* 를 보라.

따른 근육 질환을 겪었다.[24] 그때 이후 나는 글을 쓰는 여자 친구들 가운데 많은 이가 같은 질환을 겪고 있다는 걸 알게 됐다.

이런 경험은 나에게 수많은 여성주의자들의 삶에서 핵심적인 역설 곧 우리가 설교한 것을 우리가 실천하지 못한다는 것을 상기시킨다. 우리는 날로 스트레스가 더해지는 삶을 살면서 스트레스 관련 질환의 위험성에 대해 글을 쓴다. 우리는 스스로 비참하리만치 적은 사례를 받거나 거저 일해주면서 저임금 노동자의 권리를 위해 싸운다. 우리 가운데 몇몇은 집에서 프리랜서로 일하면서 고정수입이 없는 재택근무 노동자들의 소외와 그들에 대한 착취에 대해 쓴다. 우리는 공공의 선을 위해 자신을 가장 희생하는 처지가 되면서도 다른 여성들에게 이기심에서 탈피해 집단적으로 행동하라고 권하고 자기희생에 빠지지 말라고 한다. 우리의 목표는 단지 표현하지 못한 욕구의 반영일 뿐인가? 이런 질문을 놓고 고민하면서 나는 자꾸 내가 개인주의와 집단주의 사이의 갈등으로 돌아가는 걸 깨닫는다. 되돌아보면 지난 20년 동안 나타난 모든 변화 가운데 가장 중요한 것은 집단적 행동의 힘에 대한 믿음이 시든 것이라는 생각이 든다. 또 우리가 직접 나서서 하지 않으면 그 누구도 대신 해주지 않는다는 우울한 깨달음이 우리 안에서 서서히 고개를 들고 있다는 것도 중요한 변화다.

내가 보기에 이런 변화는, 일하는 여성들의 삶을 개선하기 위해 정치적으로 헌신한 사람들의 도덕적 타락만 유발한 것이 아니라 수많은 노동 대중 개인들로 하여금 (조금이라도 덜 공포스런 시절이었다면 선

---

24. Ursula Huws, *VDU Hazards Handbook* (London : London Hazards Centre, 1987)을 보라.

택하지 않았을 것을) 선택하게 만들었다. 그 선택은 고용의 성격과 노동자로서의 삶의 모습 여러 가지를 바꾸어 놓았다. 공공 탁아시설에서 아이들이 제대로 보살핌을 받을 수 있다는 믿음을 잃음으로써, 그들은 집에서 일하면서 직접 아이들을 돌보는 걸 선택했다. 노조가 자신의 미래를 보장해줄 가능성을 믿지 못해, 개인연금에 돈을 넣기로 선택했다. 이 모든 개인적인 선택이 합쳐지면서 새로운 공동체가 만들어질 기반인 공공 기반시설이 거의 붕괴됐다. 동유럽에서 들려오는 소식은 영국과 유사한 양상이 거기에도 나타나고 있음을 암시하지만, 영국이 그동안 겪은 것들이 세상 그 어디에 반영되고 있는지 난 알지 못한다.

나에게 분명해 보이는 것은, 우리가 제시하고 싶은 그 어떤 해법도, 우리가 제시하고픈 그 어떤 미래를 위한 요구도 이런 상황을 고려해야 한다는 점이다. 사람들이 다시 서로 신뢰할 수 있게 할 어떤 원대하고 집단적인 희망의 행동을 창출할 가능성은 여전히 있다. 이걸 하지 못한다면, 우리는 자아(그리고 개인적 안위)와 타인(그리고 손해의 가능성) 가운데 하나를 골라야 하는 험한 상황을 강요하지 않는 조건을 찾는 노력이라도 해야 한다. 이타주의를 요구할 수는 없다. 우리가 할 수 있는 최선은 사람들을 신뢰하고, 그들이 최선의 이익이 어디에 있는지 직접 보고 그것을 추구하게 하는 것이다. 그 과정에서 정보기술의 도움을 받을 수도, 그렇지 않을 수도 있을 것이다.

9장 물질세계

무게 없는 경제의 신화*

'거리의 사멸' '무게 없는 경제' '접속된 경제' '디지털 경제' '지식 기반 경제' '가상 조직'[1] 이 모든 구절은 1998년 봄 이 글을 쓰기 전

---

* 1999년 『소셜리스트 레지스터』에 발표한 글

1. Frances Cairncross, *The Death of Distance : How the Communications Revolution will Change Our Lives* (Boston : Harvard Business School Press, 1997) [프랜시스 케언크로시스, 『거리의 소멸 디지털 혁명』, 홍석기 역, 서울 : 세종서적, 1999] ; Diane Coyle, *Weightless World : Strategies for Managing the Digital Economy* (Oxford : Capstone Publishing, 1997) ; Christopher Meyer and Stan Davis, *Blur : The Speed of Change in the Connected Economy* (South Port, Mass. : Addison~Wesley, 1998) ; Don Tapscott, ed., *Blueprint for the Digital Economy : Wealth Creation in the Era of E-Business* (New York : McGraw Hill, 1998) [돈 탭스콧 외, 『(글로벌 파워 리더의)디지털 경제 전망』, 삼성전자글 로벌마케팅연구소 편역, 서울 : 박영사, 1999] ; Don Tapscott, *The Digital Economy : Promise and Peril in the Age of Networked Intelligence* (New York : McGraw Hill, 1995) [돈 탭스콧, 『디지털 경 제를 배우자 : 지식 정보화 시대의 12가지 핵심 테마』, 김종량 유영만 역, 안양 : 물푸레, 1999] ; Dale Neef, ed., *The Economic Impact of Knowledge : Resources for the Knowledge-Based Economy* (Boston : Butterworth-Heinemann, 1998) ; Bob Norton and Cathy Smith, *Understanding the Virtual*

6개월 동안 출판된 책 제목에서 추려낸 것들이다. 이 구절들은 앞에 수식어를 바꿈으로써 수없이 반복될 수 있다. '가상' '싸이버' '텔리' '네트워크' 심지어 그냥 '이'(e)를 무한히 많은 추상명사 앞에 서로 바꿔가며 붙일 수 있다. 경제학 영역에 꼭 얽매일 필요도 없이 웬만한 단어를 가져다 붙여도 그만이다. '기업' '노동' '뱅킹' '무역' '상거래' 또는 '비즈니스' 등등. (이 방식은 다른 영역에서도 마찬가지로 잘 적용된다. 예컨대 '문화' '정치' '섹스' '민주주의' '관계' '드라마' '예술' '사회' '쇼핑' '범죄'까지)

다른 영역과 마찬가지로 경제에서도 뭔가 완전히 새로운 일이 벌어지고 있다는 공감대가 형성되고 있는 듯하다. 우리가 아는 세상이 상당히 비물질화하고 (맑스의 말로 표현하면 "단단한 것들이 모두 공기로 녹아내린다") 이런 현상은 과거의 물질세계를 이해하기 위해 개발되었던 모든 개념적 모델에 어떻게든 의문을 제기한다. 우리에게 역설적인 우주가 제시된다. 거리가 없는 지리학, 시간이 없는 역사, 무게가 없는 가치, 현금이 없는 거래가 말이다. 이런 경제는, 모든 현실은 모사(模寫)이고 인간의 행위는 단지 추상적 관념을 조작하는 것에 불과하다는 프랑스 사회학자 장 보드리야르의 철학적 틀 속에 편안히 자리할 수 있는 경제인 것이다. 그러나 이런 책들이 포스트모더니즘 문화 이론에 기여하기 위해 쓰인 것은 절대로 아니다. 프랜시스 케언크로시스 (Frances Cairncrosses)의 『거리의 소멸』은 번쩍이는 푸른색 표지에 언론 재벌 루퍼트 머독의 열렬한 추천사를 실은 채 발간됐고, 뒤질세라 다

---

organization (Hauppage, N.Y. : Barrons Educational, 1998).

이앤 콜스(Diane Coyles)의 『무게 없는 세계』 뒤표지에는 영국은행 총재 머빈 킹(Mervyn King)의 추천사가 실려 있다. 이런 책들은 우주의 본성에 대한 학문적 탐구를 시도하는 게 아니다. 단지 경영자와 정책입안자의 실무 지침서일 뿐이다. 새로운 정설이 형성되고 있다. 이 정설은 '지식'이 가치의 유일한 원천이고 노동은 부수적이며 한 지역에 얽매이지 않게 됐고, 세계화는 바꿀 수 없으며 불가피한 과정이라고 여긴다. 또 저항은 쓸모 없으며 지금 여기에 있는 물리적 인간 육체를 주장하는 건 전혀 쓸모 없는 시대에 뒤떨어진 것이라고 암시한다. 이렇게 새로 떠오르는 '상식'이 함축하는 것은 매우 많다. 세금징수, 고용 관련 입법, 복지 지출 수준, 사생활 권리, 환경정책 같은 다양한 쟁점을 형성할 능력을 갖춘 채, 이런 개념들은 새로운 정치적 의제를 합리화하는 데 기여하며 자본 축적의 새로운 국면을 위한 자리를 제공한다.

이 글에서 내가 설정한 임무는 싸이버 공간을 다시 구체화하는 것, 곧 이 가상 세계를 구성하는 물질들이 드러나 보이게 하는 것이다. 이렇게 함에 있어서 나는 내가 묘한 위치에 처했음을 느낀다. 지난 20년 동안 화이트칼라 고용 문제와 정보 및 통신기술이 화이트칼라 일자리를 재배치하는 방식에 대한 경제적, 사회적 분석을 더 중시할 것을 주장해온 내가, 갑자기 이 문제에 대한 세간의 관심 집중에 대해 "이런, 잠깐만. 사물이 진짜 이렇게까지 많이 바뀌었나? 대부분의 선진국 경제가 그렇게 '탈물질화'했나? 서비스업 고용이 진짜 얼마나 늘어났나? 아무튼 대부분의 경제가 그렇게 세계화했나?"라고 대구를 하는 건 최소한 예상을 깨는 거랄 수 있으리라.

이런 질문에 답하려면 섬세한 길을 택해야 한다. 한편으로는 '신경제' 옹호론을 경험적 검증 대상으로 삼는 것이 필수적이다. 다른 말로 하자면 목욕물을 버리기 전에 목욕통에 아이가 있는지 먼저 확인하는 게 현명한 일이라는 것이다. 다른 한편, 바뀐 게 하나도 없다고 추정하는 위험 곧 기존의 도구로는 정확하게 측정할 수 없다는 이유로 아예 존재하지도 않는다고 생각하는 위험을 반드시 피해야 한다. 내가 이런 길을 거쳐서 결론에 도달했다고 주장할 수는 없다. 하지만 이 길가에 숨겨진 중요한 지뢰 몇 가지의 위치를 표시했기를 기대해본다. 내가 해결책을 못 찾았다면 적어도 문제가 무엇인지라도 분명히 했기를 기대한다.[2]

잘난척하는 듯 보일 위험을 무릅쓰고라도 문제를 인식론적 맥락에서 자리매김하는 것이 필요한 것 같다. 현재 포스트모더니즘이 (일부 '강한' 과학을 뺀) 거의 모든 대학 학과에서 주도권을 장악하고 있으면서 이런 문제를 지적하는 데 많은 걸림돌을 만들어내고 있다.[3]

첫째로 가장 두드러진 것은, 포스트모더니즘이 아주 과학적인 기획 자체에 대한 회의를 제기한다는 것이다. 무슨 일이 벌어지고 있는지 '진실'을 발견하려 시도하고 있음을 인정하는 것만으로도 천박한 긍정론이라는 비판을 감수해야 할 상황이다. 모든 사실이 불확실하고 사회

---

2. 이 작업을 하는 과정에서 나는 경제학자 헨리 누버거와 토론을 하면서 크나큰 도움을 얻었다. 그는 내가 알기로는 그 누구보다도 이런 질문에 대해 회의적인 엄격성을 적용한 이다. 물론 내 주장 가운데 부적절한 것이 있다면 그건 누버거의 책임이 전혀 아니고, 전적으로 내 잘못이다.

3. 이런 현상이 최절정기에 달해서 과거의 모더니즘이 다시 고개를 들고 있음을 보여주는 고무적인 증거들이 있다. 그럼에도 아직 세계를 포스트모더니즘의 시각으로 보라고 교육받은 학생들이 몇 세대는 남아 있다. 그들은 막 지적 노동시장에 진입할 상황이며 그 안에서 그들의 행동은 이런 포스트모더니즘 시각의 영향을 받게 될 것이다.

적으로 구성된 것일 뿐이라고 인정하면, 자신이 발견한 것이 특별히 확실하다고 주장하는 건 고사하고 이 주장을 검증할 자료를 선택할 논리적 기반조차 없어지게 된다. 거친 긍정론이라는 단단한 바위와 마주치는 걸 피하면서 상대주의의 필연적 귀결점인 늪지대도 피할 제3의 길을 찾을 수 있는지, 또는 그럴 수 있다면 어떻게 그게 가능한지를 상세히 논할 상황은 아니다.[4]

두 번째로, 모든 과학이 사회적 구성물이라고 주장함으로써 포스트모더니즘은 인체에 대한 흔들림 없는 개념을 만들기 어렵게 한다. 사람이 무슨 생각을 하는지와 상관없이, 피를 순환시키고 소화하고 분비하고 오래된 세포를 떨어내고 젖을 분비하고 정액을 생산하고 생리하는 등 (실증주의자라면 '아직 발견되지 않은' 것이라고 표현할 것들을 포함해) 수많은 작용에 관여하는 피와 살이 있는 인체 말이다. 이 문제는 시급하다. '생물학적인 것'이 '사회적인 것'과 맞설 때 (또는 '자연'이 '문화'와, '인체'가 '정신'과, '육체노동'이 '정신노동'과, '물질적인 것'이 '이데올로기적인 것'과 맞서면서 과학자들의 탐구 대상이 될 때) 나타나는 거친 이원론을 해결하는 게 시급하다. 그러나 포스트모더니즘은 아직 이런 어려움에 대해 분명한 해법을 내놓지 못하고 있다. 보드리야르의 해법은 인간의 몸 자체를 문화적으로 구성된 또 다른 모사

---

4. 로이 바스카의 비판적 사실주의가 현재 제시된 방안들 가운데는 가장 전망이 있는 길을 보여주는 것 같다. Roy Bhaskar, *A Realist Theory of Science* (London : Verso Books, 1997)를 보라. 또 Andrew Collier, *Critical Realism : An Introduction to Roy Bhaskar's Philosophy* (London : Verso Books, 1994) ; Bhaskar의 작업을 흥미 있게 논한 Meera Nanda, "Restoring the Real : Rethinking Social Constructivist Theories of Science," in *Socialist Register*, 1997, ed. Colin Leys and Leo Panitch (New York : Monthly Review Press, 1997)도 보라.

로 취급하는 것이다.5 사회주의 여성주의자 도나 해러웨이(Donna Haraway)가 제시하는 대안은, 몸을 문화적 주변 환경과 별개로 파악할 수 없으며 사실상 사이보그가 됐다고 제안함으로써 과학과 기술이 자연적인 것을 관통하는 걸 인정하는 것이다.6 이런 두 가지 접근 속에서 몸은 문화적 구성물이 되어 버리며, 이는 물질적인 것을 이해하고 분석하는 걸 어렵게 한다. 이는 현재 상황과 관계가 있다. 왜냐하면 몸을 자본(또는 다른 추상적 개념)과 분리되는 명료한 어떤 것으로 이해하는 개념이 서지 않는 한, 무게 없는 경제에 관한 어떤 이론도 순환 논리적이기 때문이다. 노동을 규정할 (그리고 측정할) 수 있는 여지를 이미 사실상 배제해버린 자본 축적과정에서 노동의 위치를 보려고 시도하는 꼴인 것이다.

포스트모더니즘의 이런 접근법은 세 번째 문제를 야기한다. 그건 현재 상황에 꼭 들어맞는 것인데, 일련의 논의 과정에서 '문화'의 개념이 논의 참여자들에 의해 끊임없이 재합의되고 재생산되는 문제다. 게다가 이 논의 자체를 기호적으로 분석하는 데 초점을 두는 사태까지 겹치면서, 책과 영화, '과학' 또는 광고 같은 문화상품과 이 상품들이 담고 있는 '생각' (적어도 이것들이 정신적 노력의 의식적인 결과라는 측면에서 말이다) 또한 인간의 지적 노동과 육체적 노동의 산물이라는

---

5. Jean Baudrillard, *Simulacra and Simulation*, trans. Sheila Faria Glaser (Ann Arbor : University of Michigan Press, 1994) [장 보드리야르, 『시뮬라시옹 : 포스트모던 사회문화론』, 하태환 역, 서울 : 민음사, 1992].

6. Donna J. Haraway, *Simians, Cyborgs, and Women : The Reinvention of Nature* (London and New York : Routledge, 1991) [다나 J. 해러웨이, 『유인원, 사이보그, 그리고 여자 : 자연의 재발명』, 민경숙 역, 서울 : 동문선, 2002].

사실이 은폐된다. (임금노동이든 아니든) 이 노동 행위를 측정하고 모형화하지 않는 한, '무게 없는 경제'를 분석적으로 이해하는 건 극도로 어렵다.

어려움 몇 가지를 간단히 살펴봤으니, 이제 '무게 없는 경제' 학파의 핵심 신조를 따져보도록 하자. 이런 주장을 펴는 문건들에 나타나는 분명한 주제는 세 가지, 곧 비물질화, '생산성 역설', 세계화다. 개념적으로는 이 세 가지를 분리할 수 있지만, 현실에서는 함께 논의되는 경향이 있다.

비물질화 명제를 앞장서 주창하는 인물 한 명이 미국 하버드대학에서 수학하고 영국 런던정경대 교수로 있는 계량경제학자 대니 쿼(Danny Quah)다.[7] 그의 핵심 주장은, 가치의 주요 원천이 날로 물질적인 재화에서 눈에 보이지 않는 서비스로 대체되면서 경제가 점점 비물질화하고 있다는 것이다. 그는 자신이 보기에 거시경제적 중요성이 있는 비물질화 현상을 두 가지 측면으로 구별한다. "첫째는 제조업 또는 산업 일반에 비해 서비스업이 더 성장함에 따라 단순히 무질량 상태가 증가하는 것이다. 두 번째는 정보기술의 중요성 증가에 따라 비물질화가 나타나는 것이다".[8]

먼저 서비스업의 성장을 따져보자. 1970년대 초 다니엘 벨이 처음으로 '탈산업화 사회'라는 말을 쓴 이후 이런 문건들 대부분의 신념은, 농업과 제조업이 줄고 서비스업이 성장하는 것이 20세기의 가장 두드

---

8. Danny T. Quah, "Increasingly Weightless Economies," *Bank of England Quarterly Bulletin*, February, 1997, p. 49.

러진 경향은 아닐지언정 주요한 경향인 것은 분명하다는 것이다.9 서비스업 성장을 판단하는 가장 흔한 척도는 서비스업 종사자 수다. 이는 시간이 흐름에 따라 서비스업 종사자 수는 치솟고 농업과 제조업 종사자는 급격히 줄어드는 (인구 총 조사 자료를 바탕으로 한) 그래프로 쉽게 표시된다. 서비스업 종사자 수 문제를 좀더 거론하기 전에 일단 지적할 것은, 이 수치를 표시하는 데 몇 가지 어려움이 있다는 점이다.

먼저, 노동자를 업종별로 분류하는 데 쓰이는 표준 산업분류체계는, 기술변화와 경제 활동구조 변동에 뒤이어 소유 관계 및 조직 측면에서 나타난 노동 분업의 주요 변화를 설명하지 못한다. 예컨대 그래서 농업 종사자 수의 '감소'는 실제로 땅에서 일하는 사람 숫자로는 나타나지만, 농업의 기계화와 식품 생산의 상품화까지 포괄해서는 표현할 길이 없다. 트랙터, 비료, 농약 제조 공장에서 일하는 이들, 음식을 조리하고 포장하는 데 관여하는 이들, 슈퍼마켓의 유통과정에서 일하는 이들까지 농업 인구로 포함시킨다면, 그래프의 감소 기울기는 훨씬 완만해질 것이다. 비슷하게, 제조업 고용인구 감소 또한 특정 국가 또는 특정 국가 집단(예컨대 경제협력개발기구 회원국, 북미자유무역지대 소속 국가 또는 유럽연합)을 범위로 해서 표시된다. 이렇게 해서는 제조업 일자리가 그저 지구의 다른 쪽으로 옮겨 가는 것은 (비록 그 일자리를 제공하는 기업은 그전 나라에 그대로 있고 서비스 일자리 또한 이동하지 않지만) 설명할 수가 없다. 마지막으로 세월이 흐르면서 서비스

9. Daniel Bell, *The Coming of Post-Industrial Society* (Basic Books, New York, 1973).

업 종사자 수가 날로 증가한 것 또한 하녀나 가정부를 빼놓고 계산할 때만 설득력 있게 제시될 수 있다. 다른 서비스 노동이 늘어나면서 하녀와 가정부는 꾸준히 줄었다.[10] 예를 들어 영국에서 1901년 전체 여성 노동자의 40%가 하녀나 가정부였는데, 1971년에는 5.2%로 떨어졌다.[11]

이런 적합성 문제를 제쳐 놓는다 해도 더 큰 어려움이 있다. 고용통계나 산업생산량 등의 통계를 이용한 '서비스 경제 활동'에 대한 어떤 분석도 사실은 서로 대조적이며 모순적인 경향을 보이는 몇 가지 유형의 경제 활동을 뭉뚱그리는 것이 될 수밖에 없다. 비물질화가 어떤 분야에서 일어나는 것을 보여줄 수는 있지만, 내 주장은 다른 분야에서는 정확히 정반대의 현상이 나타난다는 것이다. 또 결국 상품화 경향곧 서비스업을 물질적 상품으로 변화시키는 경향이 자본주의에서 지배적인 경향이라는 게 내 주장이다.

쿼와 기타 인물들이 수치 계산의 근거로 삼은 '서비스업'이라는 집합은 세 가지 서로 다른 활동으로 쪼갤 수 있다. 첫째는 본질적으로 가

---

10. 이 글을 쓸 때 이런 경향이 전국적인 현상임을 보여줄 만한 자료가 없었다. 하지만 1979~80년 쿠엔틴 오트람의 귀중한 도움과 안내 덕분에 10년 주기 고용 총 조사를 바탕으로 하고 웨스트 요크셔 지역의 직업 및 산업별 서비스 일자리 (곧 '제조업'이나 기타 비서비스 업종으로 분류되는 산업의 '서비스' 노동자까지 포함한 것)에 대한 최근의 통계자료를 추가해서 좀더 구체적인 연구를 수행했다. 특히 여성 고용에 초점을 맞춘 이 연구를 하는 동안 1901년부터 1971년 사이에 가정부의 감소와 다른 형태의 서비스 일자리의 증가가 거의 완벽하게 반비례한다는 사실에 우리는 큰 충격을 받았다. 1980년 「웨스트 요크셔에서 신기술이 여성 고용에 끼친 영향」이라는 제목으로 리즈 노조 및 지역사회 자료 정보 센터를 통해 발표한 이 보고서는 불행하게도 이 측면에서는 주목을 끌지 못했다.

11. C. H. Lee, *British Regional Employment Statistics*, 1841~1971 (Cambridge, England : Cambridge University Press, 1979).

정이나 이웃 사이에서 무보수로 하던 노동 활동을 사회화한 것이다. 여기에는 의료 서비스, 탁아, 사회사업, 세탁, 음식 제공과 미용 같은 기타 개인용 서비스가 포함된다. 여흥 제공, 거리 청소, 쓰레기 수거, 공원 관리 같은 '공공 살림살이'라고 부를 수 있는 일들도 이 범주에 들어간다. 심지어 '실황' 오락과 섹스 산업을 여기에 포함시키는 것도 그럴듯하다. (표준 산업분류체계상으로 보면 이런 것들은 대부분 '숙박, 요식, 도소매 중개업'이나 '기타 서비스업' 또는 공공 부문으로 분류되는데, 이런 범주와는 거리가 있다.)

이런 분야의 경제 활동이나 고용이 경제 통계에 표시되느냐 아니냐는 상황에 따라 다르다. 또 이를 결정하는 요소로는 인구구성, 공공 서비스 제공에 대한 정치적 관심 정도, 문화적 차이, 여성의 노동 활동 참여율, 괴스타 에스핑안데르센(Gøsta Esping-Andersen)이 '비상품화'라고 부른 것 곧 "개인이나 가정이 시장에 참여하지 않고도 사회적으로 용인되는 생활수준을 유지할 수 있는 정도"[12] 등 여러 가지가 있다. 이런 경제 활동들이 공공 계정에 나타나는 건, 이것이 처음 사회화해서 화폐경제에 진입할 때다. 예를 들자면, 집에서 피아노 옆에서 노래하는 대신 대중 연주회에 참석할 수 있게 되고 아픈 아이를 병원에 데려가고, 미용실에서 다리 마사지를 받게 될 때인 것이다. 반대로, 시장에서 확보할 수 없을 때는 공식통계에서 사라진다. 예를 들어 만약 공공 학교 급식을 폐지한다는 정치적 결정이 내려지면 급식 분야에 고용된 인원이 줄어들 텐데, 그렇다고 이것이 음식을 마련하는 노동이 사라지는

---

12. Gøsta Esping-Andersen, *The Three Worlds of Welfare Capitalism* (Cambridge, England : Polity Press, 1990).

걸 의미하지는 않는다. 단지 무보수 가사노동의 영역으로 다시 돌아가는 것뿐이다. 단지 임금노동과 무보수 노동의 경계가 수시로 바뀌고 그 경계를 넘나드는 게 가능할 뿐 아니라, 이런 종류의 '서비스' 활동은 적극적인 상품화 과정을 거치고 있다는 건 이미 주장한 바 있다.13 (5장을 보라.) 일반적인 경향은, 이런 활동을 비물질화하는 게 아니라 물질화하는 데 새로운 기술이 이용되는 것이다. (물론 어떤 경우는 새로 등장하는 상품에 '지식'이 점점 더 많이 투여된다.) 그래서 우리는 집에서 주부들이 무보수로 맡거나 하녀들이 임금을 받고 하던 세탁이, ('서비스' 노동자들이 개입하는) 공중 빨래방을 거쳐서 가정으로 되돌아와 다시 보수 없이 주부들이 맡되, 세탁기와 가루비누, 건조기, 섬유유연제, 증기다리미 등 날로 다양해지는 새로운 상품들을 이용해 처리하는, 역사적 진행이 이뤄진다. 이렇게 누구도 부정할 수 없이 물질적인 상품들은 공장에서 만들어진 뒤 다양한 수단을 통해서 전 세계 가정으로 물리적으로 전달된다. 이런 물건들을 사야 할 필요성은, 세계의 '미개발' 영역이 날로 화폐 관계 속에 강하게 묶이도록 하는 유인 요인의 하나로 작용한다.

물론 세탁만이 이런 식으로 상품화한 유일한 활동은 아니다. 가사노동이 상품화한 경우로 식품가공 산업과 약품 산업을 꼽는 것도 마찬가지로 정당하다. 내가 이 글을 쓰고 있는 방에 있는 광고전단을 무작위로 살펴보면 이런 문구들이 써있다. "도시락 가방에 딱 맞는 1인용 과

---

13. 2장과 5장을 보라. 이 주장은 Ursula Huws, "Consuming Fashions," *New Statesman & Society*, August 1988, 그리고 가장 최근 자료로는 Ursula Huws, "What Is a Green-Red Economics? : The Future of Work", *ZMagazine*, September 1991에 요약되어 있다.

일 향기 나는 프로마주 프레 치즈"(은박 튜브로 포장!) "유연성 있는 옆 날개를 갖춘 팬티 라이너" "눈 밑 보습제" "통합 원격 조정기" 등 등. 이런 상품들의 기원을 사회화하지 않은 활동으로 거슬러 올라가 찾는 건 아주 간단한 일이다. 게다가 보습제는 예외일 수 있겠으나 나머지는 한 세대 전에는 상상하기도 힘들던 것들이라고 하는 게 틀린 말이 아니다. 자본주의의 새로운 상품 창출 능력은 마치 허공에서 주술을 이용해 만들어내기라도 하는 듯 마술적으로 보이기까지 하며, 이는 '비물질화' 가설을 정면으로 반박하는 것이다. 하지만 꼭 상기할 것은, 이런 물건의 원재료는 땅에서 나온 것이고 마술이 개입됐다면 그건 인간의 창의성과 노동이라는 사실이다.

이런 원자재 소비에 관한 몇 가지 통계는 이 점을 강조해서 보여준다. 영국의 철강 소비는 1900년에 비해 20배가 늘었다. 전 세계 알루미늄 생산은 1950년 150만 톤에서 오늘날 2,000만 톤으로 늘어났다.[14] (이론가들이 믿는 바대로라면 '무게 없는' 효과가 가시화되어야 할 시기인) 1984년부터 95년까지, 영국의 알루미늄 소비는 49만 7,000톤에서 63만 6,000톤으로 늘어났고 철강 소비는 1,433만 톤에서 1,509만 톤으로, 나무와 종이 소비는 4,100만 톤에서 9,300만 톤으로 두 배 이상 늘어났다.[15]

새로운 상품 창출을 향한 이런 굽힐 줄 모르는 추진력은 아마 자본주의 역사의 핵심 추진력일 것이다. 물질적인 상품을 실제로 생산해내

14. Tim Jackson, *Material Concerns : Pollution, Profit and Quality of Life* (London : Routledge, 1996).
15. Department of the Environment, *Digest of Environmental Statistics*, information supplied by Friends of the Earth.

는 건 사람의 노동에서 가치를 뽑아내는 가장 간단한 방법이다. 물론 유일한 방법은 아니다. 예를 들면, 사설 놀이방을 운영하거나 청소대행 업을 하거나 컴퓨터 유지보수, 회의 준비, 또는 록 콘서트 개최 등을 통해서도 이윤을 낼 수 있다. 하지만 이런 영역에서 인간의 생산성을 자동화를 통해 높이는 데는 한계가 있고, 이에 따라 지리적으로 한 곳에 고정되어 있고 특정 숙련기술을 갖춘 노동력에 의존해야 한다는 한계가 있다. 그리고 부분적으로 이런 한계 때문에 제조업이나 끝없이 재생산될 수 있는 물질적 상품의 유통업에서 훨씬 손쉽게 장기적으로 이윤을 얻을 수 있다. 그래서 전 세계 대부분의 오페라하우스들이 문을 닫지 않으려면 정부 지원금에 의존해야 하는 것과 달리 파바로티의 히트곡 모음 시디를 파는 건 큰 이윤이 남는 장사다. 이와 비슷하게, 특허약품을 대량 생산해 판매하는 방식으로 상품화한 의약업이 의사와 간호사를 고용하는 것보다 훨씬 이윤이 클 것으로 보인다. 이런 상품은 지식을 '담고 있다.' (앞의 경우는 작곡자의 곡, 지휘자와 오케스트라, 가수의 연주 활동, 프로듀서와 스튜디오 기술자의 기술, 녹음 기술 일반과 시디 기술을 개발한 과학자와 기술자의 지적 노동 등등의 형태로 담겨 있다. 뒤의 경우는 의사와 과학 연구자, 연구소 기술 인력의 노동력 투입이라는 형태로 포함되어 있다.) 기술 사용료의 형태로 보수를 받는 영역을 빼면, 이런 지식에 대해서 생산 초기 단계에 비용이 이미 지불됐으며 그래서 지식은 생산의 규모가 커질수록 더 큰 이윤을 꾸준히 제공해주는 '죽은' 노동으로 취급된다.

그래서 적어도 어떤 서비스 영역의 추세는 비물질화가 아니라 바로 물질화라는 걸 알 수 있다. 나머지는 어떨까?

서비스 활동의 두 번째 범주는, 인적 자본의 개발로 분류될 수 있다. 지식노동력 그 자체의 재생산인 것이다. 이 범주에 들어가는 것이, 교육과 직업훈련, 몇몇 종류의 연구와 개발이다. 이 영역이라고 상품화로부터 벗어나 있는 게 아니다. 이는 교육과정의 표준화와 강의내용 전달을 위해 대화형 시디롬 같은 상품을 개발하는 데서 목격할 수 있다. 데이비드 노블은 (내부 통신망으로 많은 컴퓨터가 서로 연결되어 있는 것을 이르는) 인트라넷의 대학 내 도입이 고등교육의 상품화라는 새로운 시대를 재촉한다고 주장한다. 노블은, 대학의 연구 및 교육 기능이 모두 상품화하고 있다고 주장한다. 이는 과학적 지식이 판매할 수 있는 상품으로 변모하고 웹을 기반으로 한 싸이버 강좌와 교육용 소프트웨어가 넘쳐나는 데서 확인된다.[16]

이 새 상품의 내용은 추상적이다. 이 분야에 종사하는 강사와 연구자, 대학원생으로부터 뽑아내 추상화했다는 의미에서 그렇다. 교과서 같은 과거의 학문 상품화 형태와 달리, 이 새로운 추상화 수단은 사용료의 형태로 저자의 소유권을 인정하는 일이 드물다. 그럼에도, 이 과정은 양탄자의 디자인을 숙련 직조공으로부터 뽑아내 자동 직조기에 명령어의 형태로 포함시키는 과정과 근본적으로 다르지 않다. 여기서 중요하게 봐야 할 것은, 노동력이 사라지지 않는다는 점이다. 고용주가 훨씬 독창적이고 창조적인 (그래서 가장 골칫거리인) 노동자로부터 유용하다고 생각하는 지식을 모조리 뽑아내고 그를 내쫓을 수 있을지언정, 독창적이고 창조적인 이들을 포함한 특정 노동력은 여전히 필요하

---

16. David Noble, *Digital Diploma Mills* (New York : Monthly Review Press, 2002)를 보라.

다. 이제 남은 노동과정이 제 아무리 단순하고 노동집약적일지라도 다음 세대 학생들을 위해 지적 자본 축적량을 보충하고, 새로운 교육 상품을 만들어내고 규격화한 교육과정을 정해진 단위에 따라 담당할 사람이 필요한 것이다.

최근 몇 년 사이 나타나고 있는 교육의 체계화는 다른 비육체노동 형태의 체계화와 아주 유사한 모습을 띤다. 예를 들면, 학생의 학업 성적을 평가하는 방식이 신비하고 주관적인 개인의 전문적인 판단 방식에서 표준 채점 방식에 따라 객관식으로 표시되는 것으로 변화하는 것은, 은행 관리자의 고객 대출 심사가 규격화한 기준에 맞춰 짜여진 질문 항을 메워감으로써 소프트웨어 프로그램으로도 효율적으로 결정을 내릴 수 있게 되는 방식으로 날로 바뀌어 가는 것과 별로 다르지 않다.

그래서 이 영역은 새로운 정보기술의 도입과 연결되면서 노동과정이 (그리고 이와 함께 자본 축적과정이) 엄청난 변화를 겪는 영역이다. 그렇다고, '구시대' 경제학의 틀 안에서 해결하지 못하는 전혀 새로운 문제가 제기되는 것 같지는 않다.

서비스 활동의 세 번째 범주는, 퀴를 비롯한 '무게 없는' 경제학파가 가장 관심을 기울이는 영역이다. 이는 물리적인 상품을 생산하는 것과 직접적으로 연관되거나 무게가 전혀 없는 새로운 상품을 생산하는 것과 관련된 '지식노동'이다. 첫 번째 것 곧 물리적인 상품생산영역으로 자주 인용되는 예가 패션 신발이다. 신발의 가격 가운데 원재료비와 물리적인 제조 및 수송 비용은 아주 비중이 낮다. 주요한 가치는 디자인, 브랜드 이미지, 마케팅 방식 등에서 비롯되는 신발의 '무게가 없는' 특성에서 온다고들 주장한다. 다이앤 콜스의 표현을 빌면, "구매자는 자신의 발을 보호하는 것이라기보다는 자신의 이미지에 영향을 끼치는 어떤 것에 대가를 지불한다".[17] 돈을 추가로 지불하기는 하지만 구매자는 여전히 고급 제품을 위해 돈을 치를 준비를 하는 것이고, 그날 저녁에 가서 결국 물질적 대상물을 사는 것이다. 판매자의 수익도 바로 이 물질에서 나온다. 1990년대 나이키 신발의 속물적 가치는 19세기에 사람들이 그렇게 갖고 싶어 하던 파리 보네 모자의 속물적 가치와 같은 유형이다. 주요한 차이는, 앞의 것이 대량 생산물이지만 뒤의 것은 수제품이라는 것이다.[18] 앞의 경우 '지식'은 전문적인 지식 노동자로부터 재생산 가능한 형태로 추출됐고, 뒤의 경우는 지식이 모자상의 숙련기술 속에 간직되어 있어서 모자 하나하나를 만들려면 모자상이 물리적으로 존재해야 한다.

전문지식 노동자의 등장은 그래서 제조업에서 노동이 날로 특화되는 것의 산물이다.[19] 이 과정에서, 물리적인 생산과정은 자동화를 통해서 날로 자본집약적이 되고 조립 과정의 육체노동은 점차로 비숙련화한다. 그래서 이 작업은 점점 더 적은 임금을 주고도 처리할 수 있다. 스포츠 신발의 경우 이 작업은 개도국에서 극도의 저임 노동력을 써서 처리하는 게 보통이다. 예컨대 1995년 인도네시아에서 나이키 신발을 만드는 데 고용된 여성이 1만 2,000명이고 그들의 노동시간은 주당 60시간에 달하며 대부분의 임금은 정부의 최저임금 기준인 하루 1.8달러보다 훨

---

17. Dian Coyle, "Why Knowledge is the New Engine of Economic Growth," *Independent*, 23 April 1998.

18. 이 비교는 제임스 우드하이젠(James Woudhuysen) 덕분에 가능했다.

19. Harry Braverman's *Labor and Monopoly Capital : The Degradation of Work in the Twentieth Century* (New York : Monthly Review Press, 1974).

씬 적었다고 한다. 그들의 임금을 하루에 3.5달러로 두 배 가량 올려줘도 신발 한 켤레 당 노동 비용은 1달러에 미달하는 것으로 추산됐다. 이와 대조적으로 1993년 미국 농구선수 마이클 조든 한 사람이 자신의 이름과 사진(그리고 그의 스포츠 성과에 대한 암시)을 이용하는 대가로 나이키한테서 받은 돈은 2,000만 달러다. 이는 인도네시아에서 나이키 신발 1,900만 켤레를 만드는 데 드는 총 노동 비용보다도 많은 것이다.[20] 전통적인 경제학은, 신발 최종 생산물의 비용 가운데 아주 적은 부분만이 제조과정의 노동 대가로 돌아가는 것은 취약 노동자에 대한 극도의 착취로 보게 한다. 그런데 '신(新)'경제학은 이를 보이지 않는 것으로 만든다. 그렇다고 생산과정의 이런 분업을 근본적으로 새로운 것으로 보기는 힘들다. 이는 그저 지난 150년 동안 점차 진화해온 과정의 연속으로 볼 수 있을 뿐이다.[21] 마이클 조든은 20세기 초의 페어스 비누 광고에 등장한 어린 소녀나 마멀레이드병에 왕족의 문장을 사용하도록 허용한 왕족보다 훨씬 더 많이 벌 수는 있겠으나, 최종 상품의 가치를 높이는 데 기여하는 측면에서는 하등 차이가 없다.[22]

아마도 새로운 것은, 상품생산과정뿐 아니라 유통과정에도 새로운 기술이 대규모로 도입된 점이다. 대량 생산물을 소비할 세계시장의 창출은 유통에 관여하는 노동력의 효율성을 높일 필요성을 만들어낸다.

---

20. "There is No Finish Line — Running Shoes : The Follow-Up," *News from Irene*, no. 22 (March 1995), pp. 33~36.
21. 찰스 배비지가 1832년에 런던에서 출판한 『기계와 제조업 경제에 관하여』는 제조업 분야에서 노동 비용을 최소화하기 위해서 체계적인 동시에 의식적으로 도입한 과정을 골라내는 데 있어서 아주 편리한 출발점이다.
22. '미스 페어스' 미인 선발대회는 내가 어릴 적이던 1950년대까지는 확실히 계속됐는데, 그 이후에도 여러 해 동안 이어졌을 것이다.

또 잠재적 고객들에게 접근해서 물건을 사도록 설득하는 데 있어서 실로 새로운 방법을 개발할 필요성을 유발했다. 어떤 경우 이런 필요성은 대량 생산 시대 이전의 맞춤형 생산으로 돌아가는 듯한 착각을 유발하는 상당히 역설적인 결과를 만들어냈다. 그래서 예컨대 이제는 당신의 정확한 신체 치수를 입력함으로써 그 치수에 맞춘 청바지를 주문할 수 있는 인터넷 사이트들도 있다. (물론 이를 위해서는 당신이 제조업자가 제시한 규격화한 모양 가운데서 하나를 고를 용의가 있어야 한다.) 생산과정을 구성하는 부분들의 컴퓨터화는 생산자와 소비자를 직접 쌍방향으로 연결하기 위한 새로운 통신기술의 사용과 결합됐다. 이는 (도매상과 소매상 같은) 다양한 중간 매개체를 없애버리는 효과를 발휘한다. 또 생산자가 너무 많이 생산할 위험성 또는 잘못된 제품을 만들 위험성을 거의 없애주는 효과도 있다. 고객이 주문한 것만 생산하면 그만이기 때문이다. 하지만 이때도 여전히 생산해서 포장하고 물리적으로 떨어져 있는 고객에게 배달해야 하는 물리적인 상품은 그대로 존재한다.

유통되는 상품을 구체적인 물질적 형태로 꼭 집어내기가 조금 더 어려운 예도 있다. 비행기표 판매, 전화번호 정보 제공, 금융거래 제공, 소프트웨어 사용 문제 해결책 제공, 보험료 지급요구 처리 등을 위해 고객 센터를 운영하는 것을 들 수 있다. 다시 한 번, 새 기술을 정교하게 사용함으로써 이런 서비스를 고객과 아주 멀리 떨어져 있더라도 맞춤화할 수 있다. 예를 들어, 소프트웨어를 이용해 전화를 건 사람의 지역코드를 인식해서 그이가 쓰는 언어와 사는 지역의 억양까지 똑같은 상담원에게 자동으로 전화를 돌려주는 게 가능하다. 이를 통해 실제 위치와 시간대가 다른 지역에 있는 상담원이 응대할지라도 고객의 근처에서 전화를 받는 것 같은 느낌을 줄 수 있다. 바로 이 숫자 방아쇠(거는 쪽의 전화번호)는 상담원이 전화를 받아 "여보세요"라고 말하기도 전에 상담원 앞의 화면에 고객의 개인 정보가 표시되게 하는 데도 쓰일 수 있다. 이를 통해서 아주 개인적인 응대를 할 수 있게 됨으로써 친근감이라는 환상을 느끼게 해줄 수 있다. 물론 상담원이 불필요한 세부 정보를 받아 적느라고 시간을 낭비하는 걸 방지함으로써 생산성을 극대화할 수도 있다.

화면에 상담원이 그대로 따라 읽으면 그만인 문구를 컴퓨터가 띄워주는 기능을 이용하면 업무에 필요한 숙련도를 최소 수준으로 줄일 수도 있다. 이런 종류의 노동은 고도의 원격 감시와 통제를 당할 여지도 높다. 이런 상담 센터 상담원들은 이미 유럽에서 전체 노동자의 1.1%가 되며 매년 32%씩 늘어나는 것으로 추산되는데 영국 내 상담 센터 노동자들에 대한 조사 결과, 이런 일은 고도의 통제를 받고 있으며 임금이 상대적으로 박하고 24시간 교대근무가 흔하며 이직률도 아주 높은 것으로 드러났다. 보통 12~20개월을 일하면 흔히 '완전 소모' 상태에 빠진다고 한다.[23] 이런 사실은, 과거 경제에서는 알지 못하던 새로운 종류의 지식 노동자들이 형성되는 게 아니라 (은행 창구 직원, 보험 판

23. Sue Fernie and David Metcalf, "Hanging on the Telephone," *Centerpiece : The Magazine of Economic Performance* 3:1 (Spring, 1998), p. 7 ; Research by Datamonitor, Una McLoughlin, "Call Center Staff Development," T, October 1997, pp. 18~21에서 인용 ; *Incomes Data, Pay and Conditions in Call Center* ; IDS Report 739, June 1997 ; G. Reardon, "Externalizing Information-Processing Work : Breaking the Logic of Spatial and Work Organization," UN University Institute for New Technologies Conference on Globalized Information Society : Employment Implications, Maastricht, 17~19 October 1996.

매원, 경리, 전화교환원 같은) 과거의 사무직 노동자들에게 테일러주의적 노동방식을 적용해 비숙련 노동자군을 만들어내는 거라는 암시를 준다. 차이가 있다면 노동 현장이 달라지고 고용 조건이 바뀌었다는 것뿐이다. 판매되는 물건이나 서비스에 (이것이 만질 수 있는 물질적인 것이든 아니든 간에) 이들 노동자들이 더하는 가치를 전통적인 수단을 이용해 평가하지 못할 마땅한 이유가 없는 것 같다.

이런 분석은 '무게 없는 경제'를 주장하는 문헌들이 논하는 같은 범주 내 다른 지식노동 곧 물질적인 최종상품을 전혀 생산하지 않는 노동에 눈을 돌리게 한다. 물질적이지 않은 상품은 (소프트웨어처럼) 알고리즘의 형태를 띨 수도 있고, (생명보험 같은) 만질 수 없는 금융 상품일 수도 (영화 대본 같은) 창조적인 일일 수도 (선물에 대한 투자 같은) 투기일 수도 있다. 역시 이 상품들 또한 새로운 건 아니다. 악보, 자동 피아노용 연주 지시를 담고 있는 천공지, 화학식, 기계 설계도, 요리책 같은 것들도 본질적으로는 컴퓨터 소프트웨어와 같은 종류의 알고리즘을 표현한다. 다양한 형태의 도박, 고리대금, 보험도 화폐만큼이나 오랜 역사를 지니고 있다. 17세기에 처음 공식통계를 이용한 것은 연금을 계산하기 위해서였다. (영국 런던의 상인인 존 그란트(John Graunt)는 런던시청의 사망표 통계를 이용해 평균 수명표를 만들어냈다.)[24] 그리고 작가, 시인, 드라마작가, 시각예술가, 과학자, 발명가, 음악가는 오랜 세기동안 '접촉할 수 없는 상품'을 생산해왔다. 록 음악인이 미래의 인세를 담보로 주식시장에서 돈을 빌리는 이야기를 접하면 마치 허공

---

24. Martin Shaw and Ian Miles, "The Social Roots of Statistical Knowledge" in *Demystifying Social Statistics*, ed. John Irvine, Ian Miles, and Jeff Evans (London : Pluto Press, 1981), p. 30.

에서 수입을 창출하는 마술에 준하는 새로운 방식 같이 느껴진다. 하지만 이게 18세기에 젊은 건달 귀족들이 미래의 상속을 담보로 한 차용증을 써주고 도박 빚 문제를 해결하던 것과 아주 다른 것인가? 대니 쿼는 무게 없는 상품은 동시에 무한히 확장할 수 있고 분할할 수 없고 특정 용도로 전용할 수 없기 때문에 전통적인 경제법칙을 거부한다고 주장한다. 다른 말로 하면, 새로운 아이디어는 단 한 번 발견될 수 있을 뿐이고, 일단 발견되면 '소진'되지 않고 계속 이용될 수 있다는 것이다. 물론 이용 과정에서 특허나 저작권 같은 공식적인 제약이 있기는 해도, 실제적으로 자유롭게 재생산될 수 있다는 것이다.[25] 새로운 통신기술과 재생산 기술이 그 어느 때보다 아이디어가 빠르게 널리 보급되는 길을 열어준 것은 분명하지만, 이 또한 새로운 현상으로 보이지는 않는다. 이런 특징들은 새로운 무언가가 발견됐을 때 언제나 나타나는 것들이다. (감염 치료를 위해 페니실린을 처음 이용했을 때나 중력 이론이나 전기가 발견됐을 때도 그랬다.) 아이디어의 흉내 내기도 패션의 역사만큼이나 긴 역사를 지니고 있다.

이런 추상적인 생산물과 물질적 실제 간의 관계에 대한 논란을 벌이는 건 가능하다. 어떤 경우, 추상적 생산물은 물질적 상품을 대신하는 것으로 작용한다. (집과 교환할 수 있는 저당채권처럼, 또는 새 차와 맞바꿀 수 있는 보험증서처럼, 또는 정말 물건이나 현금을 얻을 수 있는 신용카드 거래처럼 말이다.) 어떤 경우는 (예를 들면 음악 한 곡이나 시한 편처럼) 이런 물건들을 그것이 충족시켜주는 인간의 욕망과 관계

---

25. Danny Quah, "Policies for the Weightless Economy," lecture to the Social Market Foundation, London, 21 April 1998.

지어 고찰하는 게 더 유용할 수도 있다.

우리가 온전히 지식으로만 이루어진 순수하게 추상적인 우주를 (이런 우주에서는 가상 공간에 머무는 해체된 존재들이 가상의 투입만으로 유지되고 가상의 산물을 생산하며, 탄생과 죽음이 없고 쓰레기를 만들어내지 않으면서도 무한히 소비할 수 있다) 만들어내지 않으려면, 그 밑에 깔려 있는 물질성에 대한 자각을 견지하는 게 유용하다. 경제적 관점에서는 노동자의 물질성과 그들의 노동과정의 물질성에 대한 자각을 견지하는 게 중요하다고 주장하고 싶다. 이런 과정을 어느 정도 상세히 검토함으로써만, 최종 상품의 '가치'에 각각의 단계가 어떻게 기여하는지를 드러낼 수 있다. 이런 분석은 또한 맑스가 밝혀낸 과정 곧 노동이 점차로 추상화되어 자본 속에 흡수되는 과정을 조명해줄 수 있다. 이 과정은 '지식' 노동이 정보통신기술 의존도가 날로 높아지는 경제에 관여하는 방식과 똑같이 진행된다.

요약하자면, 1990년대 노동의 분화는 전체 노동력의 상당 부분이 '비육체노동' 곧 '정보'의 생산과 처리에 관여하는 지점까지 진전했다고 말할 수 있다. (비육체노동이라곤 하지만 그럼에도 이는 자판을 치는 것 같은 일련의 물리적 행동을 통해서 육체와 관계되는 노동이며, 그래서 이는 생리적 행복과 관련된다.) 컴퓨터 기술의 개발은 정보를 디지털화할 수 있게 했으며 정보처리의 어떤 단계를 자동화할 수 있게 했다. 또 통신기술의 개발로 이런 디지털 정보가 아주 적은 비용만으로 빠르게 위치를 옮겨 갈 수 있게 됐다. 이런 기술들이 서로 결합하면서, 이 과정의 상당 부분을 규격화할 수 있게 됐고 그에 따라 업무 결과를 기준으로 노동자들을 감시하는 게 가능해졌다. 또 제대로 된 사회간접시설이 갖춰져 있고 적합한 숙련기술을 지닌 노동력이 있는 곳이라면 전 세계 어디로든 일거리를 옮겨 가는 것도 가능해졌다.

이제 우리는 이 노동력과 자본의 관계가 정확히 무엇인지 자문해야 한다. 또 최종 상품의 가치는 어떻게 구성되는지도 물어야 한다. 물질적 내용과 관련된 답은 이미 맑스가 제시했다. 답은 두 가지 노동 곧 과거 노동자의 죽은 노동과 현재 노동자의 살아 있는 노동이 있다는 것이다. 죽은 노동은 기계를 만드는 데 이용됨으로써 그 기계 속에 구체화되었고, 사업을 벌이는 데 이용됨으로써 천연자원 채취와 자본 형성 행위 속에 포함되었다. 살아 있는 노동은 이 과거 노동의 흡수과정을 위해 전적으로 이용되고 있다. 만질 수 없는 비물질적 측면에서 봐도 죽은 노동과 살아 있는 노동이 있다. 죽은 노동은 아이디어 창출을 가능하게 했다. 살아 있는 노동은 서로 명확히 구별되는 두 가지 형태로 존재한다.[26] 첫 번째 형태는 반드시 지시를 따라야 하는 비숙련 노동자의 일상적인 노동이다. 이들을 '과정' 지식 노동자들이라고 부를 수 있다. 이들은 생산과정에 참여하거나 (예컨대 소프트웨어 개발을 위해 일하는 프로그래머들, 인터넷 웹 페이지를 만드는 디자이너들, 데이터 입력을 하는 타자수들, 원자재 구매를 감독하거나 생산 조직을 감독하는 관리자들, 최종 생산물을 점검하는 품질 관리자들이 여기에 속

---

26. 뤼크 수테(Luc Soete)는 지식이 상품 속에 포함되는 형태(그의 표현대로라면 "성장에 대한 기여")를 세 가지로 구별한다. 이 세 가지는 "쉽게 전달될 수 있는 정리 가능한 지식", "정리할 수 없는 지식, 또는 암묵적인 지식(숙련기술)", "정리된 지식"이다. Luc Soete, "The Challenges of Innovation" in *IPTS Report* 7, Institute for Prospective Technological Studies, Seville, September 1996, pp. 7~13을 보라. 이런 유형화는 가치의 구성요소를 분석할 때는 극도로 유용하지만 노동과정에 초점을 맞출 때는 별로 그렇지 않다.

한다) 유통과정에 참여한다. (전화상담원이나 송장 처리 담당자들이 이런 일을 한다.) 이런 노동이 비정규직일 때는 실적급제가 적용되기도 하지만, 일반적으로는 육체노동과 마찬가지로 노동시간에 따라 임금이 지급된다. 이런 일을 외부에 하청을 주더라도 임금을 따질 수 있기 때문에, 이런 일들은 부가가치를 계산하기 위해 노동 비용과 산출량을 비교할 수 있는 비교적 직접적인 업무들이다.

그리고 또 다른 종류의 지식노동이 있다. 이는 '창조적인' 또는 '발명하는' 노동이라고 부를 수 있다. (이런 노동 가운데 일부는 인정해주든지 그렇지 않든지 간에 '과정' 노동자들의 덕분이다.) 이런 노동은 아이디어, 디자인, 프로그램 또는 말이나 음악, 이미지처럼 (구체적이지는 않을지라도) 훨씬 정의하기 쉬운 지적 산물의 형태로 새로운 지식 자본을 창출한다. 이런 노동의 기여도는 계산하기가 더 어렵다. 아이디어는 임금 노동자들로부터 빼앗을 수 있다. (많은 나라에서는 피고용자가 만들어낸 지적 재산의 소유권은 자동적으로 고용주에게 돌아간다.) 하지만 권리의 소유권 전체 또는 일부를 그걸 만들어낸 이가 갖는다는 합의 아래 자유 계약직이나 별개의 개인 또는 조직이 아이디어를 창출해낼 수도 있다. 이런 경우 지식 생산물의 사용 권한은 사용료나 저작권료를 지불하거나 복잡한 특허사용 계약을 통해 확보된다. 이와 달리 단지 아이디어만을 훔칠 수도 있다. 작가나 예술가, 발명가처럼 자신이 값어치 있는 아이디어를 창출한다는 걸 의식하는 노동자들이 생산해낸 것에 대해서만 법적인 지적재산권이 적용되는 건 아니다. 자신이 지닌 것이 남에게 양도할 수 있는 성질의 것이란 점을 의식하지 못하는 사람들의 암묵적인 지식에 대해서도 지적재산권이 적용될 수 있다. 예를 들어 한 부족민의 음악을 가져다가 시디에 사용하거나 영화음악에 쓸 수 있다. 시각예술 행위를 사진으로 찍어서 티셔츠나 포장지에 인쇄할 수 있고 인터넷 웹 페이지에 '이국적인' 느낌을 주기 위해 사용할 수도 있다. 그들의 성스러운 가공물을 새로운 전문 디자이너 상품에 '영감'을 주는 것으로 이용할 수도 있다. 여기서 그치지 않는다. '이국적인' 편의 식품을 개발하는 슈퍼마켓은 보통 납품용으로 식품을 가공하는 하청 계약자에게 그 요리법의 독점적 사용권한을 요구한다. 가족이나 공동체가 대를 물려주던 지식이 사적인 지식 자본으로 독점된다.[27] 더 극단적인 예는, 연구를 위해 인간의 유전자 코드에 특허를 신청하거나 새로운 약이나 유전자조작 생산물에 쓰기 위해 다양한 동식물의 유전자를 (독창성을 주장하기 위해 약간의 조작을 가한 뒤에) 특허를 내는 관행이다.[28]

지적재산권의 소유 문제가 국제 무역 협상 차원과 일터의 협상 차원에서 똑같이 가장 뜨거운 쟁점이 되고 있는 건 결코 우연이 아니다. 예컨대 영국에서 전국언론인 노조는 최근 몇 년 동안 자유기고 언론인이 자신의 글과 사진에 대한 저작권을 갖는 문제를 놓고 거대 언론기업들과 잇따라 논란을 벌이는 상황에 처했다. 중도좌파로 여겨지는 신문 「가디언」을 포함한 많은 언론기업들은 전자적이든 아니든 모든 권리

---

27. 이런 현상은 인도 사람들이 많이 몰려 살고 슈퍼마켓 체인점에 카레 등 인도 음식을 공급하는 식품업이 주요 산업인 런던시 서부 지역인 사우스홀에서 분명히 나타난다. Ursula Huws, *Changes in the West London Economy* (London : West London Training and Enterprise Council, 1992)를 보라.

28. 훌륭한 격월간 매체인 *GenEthics News : Genetic Engineering, Ethics and the Environment*는 매 호마다 새로운 사례를 싣고 있다.

는 신문의 소유로 한다는 것을 고용조건으로 내세우고 있다.[29] 어떤 한 차원에서 이는 노동의 산물 가운데 좀더 많은 지분을 확보하기 위해 투쟁하는 노동과 자본의 단순한 분쟁으로 취급될 수 있다. 하지만 소유권이라는 개념은 전형적인 공장에 어울리는 개념과는 상당히 다른 것이다. 노동자들이 임금을 받는 대가로 자신들의 노동으로 만들어낸 생산물에 대한 일정한 지분 소유권을 사실상 포기한 지 200년이 넘었다. 자신이 생산한 것의 사용료나 재사용 권리를 요구하는 지식 노동자들은 프롤레타리아 계층들과는 다른 행동을 하고 있는 것이다. 그들은 소외를 거부한다.

그럼에도 ('아이디어'를 처리하는 과정에 들인 시간의 대가를 요구할 권리와 대조적인) 노동자의 아이디어 소유권은 심히 모호한 것이다. 지식 노동자는 보통 지식 먹이사슬이랄 수 있는 관계에서 중간자적 위치를 차지한다. 아이디어는 허공에서 나오는 게 아니다. 의식적으로든 무의식적으로든 남의 것을 베껴서 만들기도 하고, 선생이나 책에서 배운 것에서 끌어내거나 스스로를 창조적이지 않다고 여기는 사람들을 관찰함으로써 도출해내기도 한다. 또 여러 명이 팀을 이뤄 함께 일하는 과정에서 상호작용을 통해 만들어내기도 한다. 언론인이나 텔레비전 기획 조사 담당자는 보통 '전문가'(자신의 책을 선전하고 싶어 하는 학자나 작가)들을 인터뷰하는 것에서 아이디어를 얻는다. 그래서 최종 산물이 누구에게 '귀속되는지'를 판단할 논리적 근거라곤 없다. 그게 언론인의 고용주인지, 해당 언론인인지, 아니면 '전문가'인지, 그것도

---

29. 이 내용은 전국언론인 노조가 내는 월간지 *The Journalist*에 기록되어 있다.

아니면 한참 거슬러 올라가면 존재하는 그 어떤 이들 곧 예컨대 '전문가'의 연구 보조원 또는 이 보조원이 조사를 수행하는 과정에서 인터뷰한 어떤 한 사람 또는 인터뷰에서 나름의 시각을 제시한 이의 부모들인지 알 수 없는 것이다. 이와 유사한 중간자적 위치를 차지하는 게 과학자들이라고 할 수 있다. 쌀의 질병 내성을 연구하는 과학자는 자신이 수행하는 연구가 결국 새로운 쌀 품종 개발로 이어졌을 때 그것의 소유권을 주장하게 될 자신의 고용주와 이 연구 과정에서 자신이 인터뷰를 통해 정보를 얻은 동남아시아의 농부 사이에 위치한다. 아프리카 토속 음악을 '자신의' 작품 속에 결합시킨 미국 대중음악인 폴 사이먼과, 캔 음료 광고에 쓰기 위해서 나이든 자메이카 어부 얼굴 사진을 기록한 사진작가도 이런 위치를 차지한다.

최종적으로 분석해보면 누가 케이크의 몫을 얼마나 요구할 수 있는지를 결정하는 건 시장의 힘이다. 그런데 이를 고려하면 '가치'가 어떻게 형성되는지를 분석하는 게 복잡해진다. 모델을 만드는 게 복잡한 일이라고 해서 이 작업 자체가 불가능해지는 건 아니다. 이를 위해서 꼭 필요한 건, 진짜 몸을 지닌 진짜 사람이 이런 '무게 없는' 상품을 개발하는 데 진짜 시간을 투여한다는 사실을 고려하는 것이다.

이런 생각은 나에게 두 번째 쟁점을 떠올린다. 그 쟁점은 무게 없는 경제론을 주장하는 많은 글들에서 큰 비중을 차지하는 이른바 생산성 역설이다. 이 논의의 출발점은 국내총생산과 총 요소 생산성으로 따진 성장률이 대부분의 선진국에서 1973년 이후 지금까지 2차 대전 이후 최저 수준에서 좀처럼 변치 않고 있다는 신념이다. 1973년이 분수령으로 꼽히는 건, 부분적으로는 이 해에 석유위기가 많은 경제통계에 급

격한 하락세를 유발했다는 것에서 비롯되고 부분적으로는 '지식경제'
니 '정보경제'니 '2차 산업혁명'이니 '컴퓨터혁명'이니 하고 다양하게
불리는 현상이 공교롭게도 이때 시작됐다는 것에서 비롯됐다. 좌파와
우파의 다양한 정치적 성향을 보이는 집단에서 폭넓게 주장하듯이 이
런 새로운 기술의 도입이 인간의 잠재력을 폭발시킬 수 있고 노동자들
의 생산성을 높이며 일련의 새로운 상품과 서비스를 창출할 수 있다면,
급격한 경제성장이 나타났어야 했다. 하지만 그렇지 못했다는 걸 보여
주는 표면적인 증거는, 새로운 경제학이 필요하다는 신념을 유발한 주
요 요인의 하나다. 하지만 역설은 처음 제기됐을 때 생각했던 것만큼
놀라운 건 아닐 수 있다.

첫째 그 증거 자체가 그렇다. 생산성은 보통 산출 가치와 투여된 노
동과 자본의 상관관계로 측정된다. 대니 쿼가 지적했듯이, 통계만으로
판단한다면 세계에서 가장 생산성이 높은 노동자집단은 프랑스 농부
들이다.[30] 이것이 암시하는 바는, 표면적인 높은 생산성은 단순히 최종
산출물의 가격을 인위적으로 높인 결과일 가능성이 있다는 것이다. 이
는 '생산성 역설'에 대한 부분적인 설명이 작업과정의 컴퓨터화에 따
른 가격의 급격한 하락에 바탕을 두고 있음을 암시한다.

그러나 경험적 자료가 이 문제의 정의를 뒷받침할까? 이와 관련해서
누버거는 산출량이 급격하게 줄어도 노동생산성이 여기에 상응하는
만큼 따라서 줄지 않았으며, 몇몇 경제협력개발기구 회원국에서는 아
예 급격한 하락 자체가 나타나지 않았다는 것을 설득력 있게 제시했

---

30. Danny Quah, "As Productive as a French Farmer," *Asian Wall Street Journal*, 29 September
    1997.

다.[31] 게다가 그는 영국의 경우 현재의 공공 계정 체계로는 전체 경제에서 비중이 10% 정도밖에 안되는 산업 분야에서 정보기술이 가져온 생산성 증가분만을 확인할 수 있다는 걸 보여줬다.[32] 그럼에도, 흔히 상정하듯 극단적이진 않더라도 역설이 존재하기는 하는 듯하다. 이에 대한 설명은 무엇일까? 정치경제학이 진정 설명을 제시할 수 없는가?

이 자리에서는 이 수수께끼에 대한 해법으로 제시된 많은 것 가운데 주요한 해법이 될 것 같은 몇 가지만 제시할 수밖에 없다. 그 가운데 하나는 세계화의 효과와 관련된 것이다. 일개 국가 차원의 회계로는 세계화한 경제에서 벌어지고 있는 무역거래를 정확하게 다루기 어렵다. 높은 산출을 기록한 나라의 투입량에 다른 나라의 저임금노동이 포함될 수 있다. 또 환율 변동과 거대 다국적 기업의 이전 비용 처리 관행 같은 변수들을 고려하고 국내총생산 수치에 변동을 유발하는 어떤 변화까지 고려하는 복잡한 판단이 이뤄져야 한다.

게다가 정보기술이 창출한 추가적인 생산성이 산출량 수치에 아예 드러나지 않을 수 있는 경우도 많다. 예를 들자면 정보기술이 도서관 이용자들의 도서 검색을 훨씬 쉽고 빠르게 만들어주거나 은행고객의 현금 인출을 훨씬 쉽게 해주는 것과 같이 임금노동보다는 무보수 노동의 효율을 높여줄 수 있다. 정보기술이 셀프서비스의 개발을 촉진하는 한, 그 효과는 수치상에 반영되지 않을 것이다. 고객에 대한 서비스 질

---

31. Henry Neuburger, "Thoughts on the Productivity Paradox," 미발간 논문, n.d., p. 1. 그는 총 요소 생산성 측정은 순환적이라고 주장하면서, 더 확실한 지표로 노동 생산성을 제시했다.

32. 같은 글, p. 9.

을 높인 기업이 그 덕분에 시장점유율을 높이고 이것이 결국 산출량 수치를 높일 수 있다고 주장할 수 있다. 그러나 이는 전 산업이 새로운 기술을 도입했을 때 곧 고객의 기대는 높아졌으나 어떤 한 기업이 상대적인 이익을 얻지 못하는 상황에서 나타나는 일반적인 효과를 설명하지는 않는다. 게다가 제프 매드릭(Jeff Madrick)은 서비스의 과잉공급 가능성을 포함한 몇 가지 다른 기술적 문제들을 제기했는데 이는 미국의 통계에 영향을 끼칠 수 있는 것들이다.[33]

공공 부문에만 특별히 관련되는 문제들도 있다. 행정이나 공공 서비스 제공에 정보기술을 도입함에 따라 얻는 효율성 증가와 서비스 질 개선은 삶의 질을 높이겠지만 그렇다고 산출량 수치에 반영되는 건 아니다. 왜냐하면 현재의 국가계정은 공기가 맑아지고 아이들이 더 건강해지고 자전거 타는 이들이 더 행복해지고 공문서 작성이 덜 복잡해지는 것 같은 일들을 직접적으로 반영하지 않기 때문이다. 영국의 의료 제도가 공적 자금 지원으로 운영된다는 점 때문에, 영국 국내총생산이 과소평가되는 편향이 생긴다는 주장이 종종 제기된다.

공공 부문에 대한 한 연구는 (서비스 고용 측면에서 이미 논의했던) 가사노동의 사회화와 관련된 더 근본적인 질문 몇 가지를 제기한다. 1970년대 이후 지금까지 생산성이 명백히 떨어진 데는, 이 시기 여성의 노동 참여가 늘어났고 그에 따라 전에는 집에서 해결하던 보육 및 기타 관련 서비스를 시장에서 공급할 필요가 커졌다는 사실이 부분적으로 직접 영향을 끼쳤다.[34] 한 노르웨이 연구자 집단은 국내총생산 증

---

33. Jeff Madrick, "Computers : Waiting for the Revolution," *The New York Review of Books*, 26 March 1998.

가분을 두 가지 곧 무보수 가정 내 생산이 노동시장으로 이전됨에 따라 나타난 '이전' 증가분과 생산성 증가분으로 나눠 보는 사회적 회계 틀을 사용했다. 그들의 결론은 "1971년부터 90년까지 노르웨이에서 발생한 국내총생산 증가 가운데 25% 정도는 가정에서 무보수로 처리하던 서비스가 임금노동 영역으로 이전한 데 따른 것일 수 있다."[35]는 것이다.

'생산성 역설'에 대한 누버거 자신의 설명이 흥미롭다. 그는, 1970년대에 대부분의 경제협력개발기구 회원국에서 노동 조건이 질적으로 개선됐으며 (낮은 생산성 증가율에 반영된) 투입 비용 증가는 작업장 내 안전과 건강 개선, 작업 환경 개선, 휴일 확대와 기타 개선사항을 통해서 노동자들이 실질적으로 이익을 얻었음을 보여주는 거라는 가설을 제시했다. 대부분의 선진국에서 1970년부터 76년까지는 노조가 전투적인 모습을 보인 시기이며 동등한 임금, 차별 철폐, 모성 권리, 부

---

34. Sue Himmelweit, discussion of ONS Households satellite accounts, Royal Statistical Society, November 1997, Neuburger, "Thoughts on the Productivity Paradox"에서 재인용.

35. Julie Askalen, Olav Bjerkholt, Charlotte Koren, and Stig-Olof Olsson, "Care Work in Household and Market : Productivity, Economic Growth and Welfare," paper submitted to the IAFFE-sponsored session at the ASSA meeting, Chicago, 3~5 January 1998. 내가 이 중요한 연구에 관심을 갖게 된 것은 수 힘멜바이트(Sue Himmelweit) 덕분이다. 헨리 누버거는 자신의 가설을 영국 가정의 아이 보육과 음식준비라는 두 가지 활동을 가정의 위성(부속)계정의 형태로 모형화한 뒤 투입과 산출을 계산함으로써 부분적으로 검증했다. 그는 "아이 보육을 포함시키지 않고 계산하는 통상적인 국내총생산 방식 때문에 1960년대의 경우엔 성장이 과소평가됐고 1970년대에는 과대평가됐다."고 결론지었다. Henry Neuburger, "Modifying GDP," 미발간 논문, n.d., p. 2를 보라. 위성(부속)계정의 개발과 사회계정 매트릭스에 관한 흥미로운 논의를 보려면 Neuburger, "Measuring Economic Activity," 미발간 논문, 연도 미확인, 을 보라. 나타난 증거는 아주 복잡하며 모순적이지만, 이런 연구들은 통상적인 회계 절차로 도출된 결과가 불완전하다는 것을 드러낸다.

당해고 금지, 안전한 작업 환경 확보 권리 등등이 노동보호법안 또는 차별금지법안에 표현되던 시기이기도 하다. 이런 법안 상당수는 실제로 시행하기 어려웠고 많은 노동자들은 법망 밖에 놓여 있었지만, 이런 법안은 상당한 부를 자본으로부터 노동으로 이전하는 효과를 가져왔고 생산성 수치가 이것의 증거라고 누버거는 주장한다.

생산성과 성장 문제는 명백히 복잡한 문제이다. 하지만 적어도 오직 기술과 관련지어서 이해할 수 없으며 전체 사회, 역사적 맥락 속에서 분석해야 한다고 결론지을 수 있다.

무게 없는 경제 논의의 세 번째 가닥은 세계화와 관련된다. 이 맥락에서 가장 위험한 환상은 아마도 새로운 정보기술은 어디에 있는 누구든지 일을 처리할 수 있는 걸 뜻한다고 생각하는 것이다. 지구 전역의 모든 사람이 잠재적인 가상 노동력이라고 생각하는 것이다. 세계화 문제가 중요한 것은, 가상 경제가 존재한다고 할 때 그건 우리가 살고 있는 지구의 물리적인 표면에 어떤 지형을 형성하느냐 하는 문제를 세계화가 직접 제기하기 때문이다.

이 문제를 논하는 문헌들엔 '거리의 사멸' 또는 '지리학의 종말' 등과 같은 완곡 표현들이 가득한데, 정작 경험적인 증거는 놀라울 정도로 결여되어 있다.[36] 한쪽의 극단에는 세계경제라는 건 진정한 의미에서

---

36. 이런 문헌들에 대해서는 Ursula Huws, *Teleworking : An Overview of the Research*, joint publication of the Department of Transport, Department of Trade and Industry, Department of Environment, Department for Education and Employment, and Employment Service, London, July 1996과 Ursula Huws, "Beyond anecdotes : On Quantifying the Globalization of Information-Processing Work," United Nations University Institute for New Technologies Conference on *Globalized Information Society : Employment Implications*, Maastricht, 17~19 October 1996에서 상세히 논의했다.

존재한다고 말할 수 없다거나 현재 세계의 경제 상황은 1차 세계대전 이전에 비하면 덜 세계화한 상태라고 주장하는[37] 폴 허스트와 그레이엄 톰슨(Grahame Thompson) 같은 이들이 있다. 다른 극단에는, 세계화가 이제 막 출발선에 있다고 보고 이것이 지니는 사회적, 문화적, 경제적 의미를 이해하는 작업을 진척시키는 데 관심을 기울이는 수많은 문헌들이 있다. 이런 문헌의 상당수는 포스트모더니즘을 주장하는 지리학자들이 쓴 것이다. 하지만 이런 문헌들이 근거로 삼는 경험적 증거라는 건 보잘 것 없고 기껏 일화나 사례 연구를 대대적으로 쓰는 수준을 넘어서는 경우가 드물다.[38] 정보처리 업무가 일개 국가의 경계를 넘어 이동하는 규모를 입증하려는 체계적 시도도 거의 없었다.

국제 노동 분업의 변화상을 통계적으로 잡아내는 건 극도로 힘든 일이다. 최종 산출물과 중간 단계의 생산물을 구별하는 어려움과 별개로, 일자리의 이동이 무역통계 속에 쉽게 파악할 수 있는 형태로 나타난다는 보장도 없다. 왜냐하면 거기에는 다양한 형태의 계약 관계가 적용될 수 있고 이런 각각의 관계는 국민계정에는 서로 다른 방식으로 나타나기 때문이다. 물질적인 상품은 구체적인 형태로 국경을 넘어가게 마련이고 그래서 수출입 통계에 일반적으로 기록된다. 그러나 인터넷을 통해 전달된 정보는 이런 흔적을 남기지 않으며, 이런 유통의 가치를 평가할 간편한 방법은 없다. 물론 이런 유통의 양을 측정하는 것은

37. Paul Hirst and Grahame Thompson, *Globalization in Question* (Oxford, England : Polity Press, 1996), p. 27.
38. 이 문제는 "Beyond Anecdotes : On Quantifying the Globalization of Information Processing Work"에서 논의했다.

가능하다. 네덜란드 경제학자 뤼크 수테(Luc Soete) 같은 이들이 '비트 세금'[39] 도입을 주장하고 있지만, 유통 양은 가치를 표시하는 데 좋은 잣대가 아니다. 숙련 노동자가 1,000시간을 들여야 만들어낼 수 있는 컴퓨터 프로그램은 단 몇 분의 시간을 들여 만들 수 있는 짧은 영상이나 스캔한 사진보다 보통 (비트로 측정할 때는) 크기가 훨씬 작을 것이다.[40]

어떤 것을 측정하기 어렵다는 사실이 그것이 존재하지 않는다는 걸 뜻하는 건 아니며, 정보처리에 컴퓨터를 이용하고 정보의 전송을 위해 통신기술을 이용하는 게 흔해짐으로써 이 업무를 처리할 지역 선정에 선택의 여지가 아주 커진 건 분명하다.

하지만 이런 선택이 물질로부터 완전히 자유로운 것이라는 추론을 하는 건 옳지 않을 수 있다. 첫째로 가장 명백한 것은, 이 선택이 물질적인 사회 기반시설에 의존한다는 사실이다. 1997년 2월15일 68개국이 세계무역기구 협정을 비준한 이후 통신시장 자유화는 주요 통신 다국적 기업에게 전 세계 대부분의 시장을 활짝 열어줬으며, 기반시설의 급격한 확충과 통신비용의 급격한 하락을 촉발했다. 그러나 이 과정은 극히 선택적인 것이었다. 전 세계 인구 모두가 '정보사회'에 접근할 수 있게 됐다고는 절대로 말할 수 없다. 많은 개도국에서 지역사회 전체

---

39. [역자주] 비트 세금 : 1996년 네덜란드 마스트리히트 경제 연구소 소장인 뤼크 수테가 유럽연합 산하 고위 전문가 그룹을 이끌면서 유럽연합 집행위원회에 제출한 「정보사회의 사회적 측면에 관한 중간보고서」에서 제안했다. 인터넷을 통한 상거래가 늘어나면서 정부의 세원 감소를 해결하는 방안으로 인터넷으로 오가는 데이터에 과세하자는 이 제안은 많은 반발을 불렀다.

40. Luc Soete and Karin Kamp, The *"BIT TAX" : The Case for Further Research*, MERIT, University of Maastricht, 12 August 1996.

에 전화가 한 대도 없는 경우가 적지 않고, 설치된 전화선마저 상태가 아주 나쁘다. 많은 양의 정보를 빠르게 전송하는 데 필요하며 많은 '무게 없는' 활동의 중요한 토대를 제공하는 광케이블은 아직까지 선택된 일부 지역에만 깔려 있다. 광케이블이 깔린 지역 대부분은 통신 사용량이 많아서 수지가 맞을 것으로 예상되는 싱가포르 같은 도시지역이다.

심지어 '무선' 통신조차 계속 작동하려면 위성과 같은 물질적인 것에 의존해야 한다. 1998년 5월20일 팬암새트가 소유한 갤럭시 4호 위성에 있는 통제 장치와 예비 장치가 모두 망가졌을 때 미국인들은 이런 사실을 뼈저리게 느꼈다. 이 위성은 미국 전체 무선호출기 이용자의 80%와 공영 라디오 방송, 몇몇 텔레비전 네트워크와 로이터통신에 서비스를 제공하는 것으로 전해졌다. 시비에스 방송(CBS)은 재빨리 위성을 갤럭시 7호로 옮겼지만 많은 병원을 포함한 무선호출 이용자들은 서비스가 끊겼다.[41]

통신 하부구조가 전 세계 규모의 무게 없는 경제에 참여하는 데 필요한 유일한 물질적 조건은 아니다. 금방 쓸모 없어지기 때문에 계속적으로 교체해야 하는 하드웨어도 필요하다. 개인용 컴퓨터, 이동전화기, 모뎀, 스캐너, 프린터, 교환기, 그리고 이런 제품의 제조와 이용에 필요한 많은 부품과 액세서리가 이런 것들이다. 이런 제품들의 절대 가격뿐 아니라 기초소득·생계비와 비교한 상대적 가격 또한 나라마

---

41. Richard I. Cook, M.D., Cognitive Technologies Lab., Dept. of Anesthesia and Critical Care, University of Chicago, Red Rock Eater News Service (pagre@weber.ucsd.edu)가 전송해준 *Risks-Forum Digest* 19.75, May 1998에서 인용.

다 다르다. 마이크 홀더니스(Mike Holderness)는 "웬만한 컴퓨터의 가격은 영국 실업수당 1년 치에 맞먹고 인도 캘커타의 학교 교사 3명의 연봉과 엇비슷하다."면서 가나에 단 하나뿐인 인터넷 호스트의 1년 사용료는 이 나라 기자의 연봉과 거의 같은 수준이라고 지적했다.[42]

어디에 있는 누구나 할 수 있다는 생각은 그래서 현실적으로는 몇 가지 공간적 요소의 제약을 받게 된다. 물론 인간의 모든 활동을 특정 위치와 상관없이 아무 곳으로나 옮길 수 없다는 점 또한 제약으로 작용한다. 전체 일거리 가운데 다수는 특정한 장소나 몇몇 장소에 굳게 뿌리를 내리고 있으며 앞으로도 이럴 것이다. 왜냐하면 이런 일들은 지구의 천연자원을 채취하고 처리하거나 물질적 상품을 제조하거나 (이 경우 일정한 범위에서는 장소를 옮길 수 있다) 수송 또는 건설과 관련된 일이거나 물리적인 서비스를 제공하는 일(여기에는 건강관련 서비스부터 쓰레기 수거까지 다양한 일이 포함된다)이기 때문이다.

의심의 여지없이 점점 더 많은 일거리가 특정한 장소에 얽매이지 않는 성격을 띠게 된다고들 말한다. 이런 현상이 나타나는 이유는 여러 가지가 있다. 먼저 단순 정보처리와 관련되는 일자리의 비중이 늘어나는 쪽으로 분업이 바뀌고 있다. 두 번째로 정보의 디지털화가 정보에 접근할 수 있는 지리적 범위를 날로 넓혀, 정보원에 물리적으로 근접할 필요성이 없어지고 수송비용도 줄고 있다. 세 번째로 컴퓨터화와 관련된 업무 표준화가 점점 더 많은 일들을 원격으로 감독할 수 있게

---

42. Mike Holderness, "The Internet : Enabling Whom?, When? and Where?," *The Information Revolution and Economic and Social Exclusion in the Developing Countries*, UNU/INTECH Workshop, Maastricht, 23~25 October 1996.

해준다. (이는 관리의 성격을 작업과정에 대한 관리에서 결과에 대한 관리로 대체한다.) 이는 또 업무를 관리자로부터 멀리 떨어진 곳으로 옮기거나 외부에 하청을 줄 수 있게 해준다. 네 번째로, 직종이나 산업과 상관없이 업무에 필요한 기술이 (마이크로소프트의 워드나 엑셀에 대한 지식 같은) 일반적인 몇 가지 기술로 통일되는데 이는 아이비엠이나 마이크로소프트 같은 기업들의 헤게모니 때문인 측면이 있다. 이런 일반적인 기술들은 특정 기계, 특정 기업, 특정 위치와 관련되어 있던 많은 숙련기술을 대체하는데, 이런 과거의 숙련기술들은 노동자가 이리 저리 옮겨 다니는 것을 제약하는 요소였다. 또 관리자들에 대해서도 노동자의 특정 숙련기술에 의존할 수밖에 없어 기술을 갖춘 이들을 찾아 나서게 만드는 요소로 작용했다. 다섯 번째로, 이미 앞에서 지적했듯이 사회 기반시설과 기술의 보급이 아주 빨라지고 관련 비용이 급격히 떨어졌다.[43]

원칙적으로 이런 현상은 기반시설과 숙련기술이 제대로 결합하기만 하면 어떤 지역이건 지역 경제를 다변화할 수 있고, 정보처리 업무에 관한 한 다른 어떤 지역과도 대등한 상태로 세계시장에 진입할 수 있게 해줄 것이다. (규모의 경제나 시장 근접성 같은 것 때문에 생겨난) 특정한 지역의 전략적 이점을 제거함으로써 대등한 위치에서 경쟁할 수 있게 된다. 새로운 정보통신기술이 외딴 지역에 활기를 불어넣을

---

43. 이를 포함한 관련 요소들은 Ursula Huws, *Follow-Up to the White Paper — Teleworking*, European Commission Directorate General V, September 1994, also published in *Social Europe, Supplement 3*, European Commission DGV, 1995 ; Huws, Teleworking : *An Overview of the Research*와 이 책 7장 등을 포함한 많은 글에서 요약해 제시했다.

수 있다는 낙관적인 수사학이 논리적 바탕으로 삼는 게 바로 이런 점이다. 하지만 경험적 연구 조사 결과는 문제가 이렇게 단순하지 않다는 걸 보여준다. 기업주가 선택할 지역이 많아졌다는 사실은 역설적으로 전 세계적 분업의 지역적 차별을 줄이는 게 아니라 도리어 확대한다. 특정한 요소는 바뀔 수 있겠지만, 각 지역이 각각의 개별 사업영역을 유치하기 위해 서로 경쟁하는 상황에서 상대적 경쟁력 우위는 더 중요해졌다. 정보처리 업무가 굳이 특정한 지역에서 이뤄져야 하는 제약이 사라지면서 기업들은 이제 전 세계 차원에서 개별 업무별로 최적의 장소를 선택할 수 있게 됐다. 그래서 한 기업이 제조는 멕시코에서 하고 연구와 개발은 미국 캘리포니아에서 하며, 관련 자료 입력은 필리핀에서 담당하고, 소프트웨어 개발은 인도에서 할 수 있다. 또 전화상담 센터는 캐나다의 뉴브룬스위크와 네덜란드에 각각 세울 수 있다. 이 경우 각각의 위치는 숙련기술 확보 가능성과 다른 노동시장 조건상 이점, 세금 등을 고려해 선택될 것이다. 시장의 경쟁이 더 치열해지거나 현지 노동자들이 임금 인상과 노동 조건 향상을 요구하기 시작하면, 또는 세금 규정이 바뀌면 기업은 다른 곳으로 옮겨 갈 것이다. 예컨대 제조는 인도네시아로, 자료 입력은 도미니카공화국으로, 프로그램 작업은 러시아로 옮겨 가거나 단순한 전화상담 기능 일부는 재택근무자에게 시키는 식이다. 한 국가 안에서조차 (일반적으로 수입과 생활수준의 양극화를 동반하는) 지리적 특화 현상이 날로 늘어나고 있음을 볼수 있다. 내가 영국을 대상으로 벌인 최근 연구 조사는, 숙련도 높은 '창조적' 지식노동을 성공적으로 유치한 지역 (대부분은 런던 서쪽의 풍요로운 '녹색' 회랑 지역)과 후처리 업무와 전화상담 센터 업무만 유치하는 데 그친 지역(거의 대부분 쇠락하는 공업지대)간 격차가 점차로 확대되고 있음을 보여줬다.[44] 기반시설이 허약한 외딴 농촌지역은 어떤 일거리도 유치하지 못했다.

이런 사실은 '거리의 소멸'론을 주장하는 경제학자들의 주장 대부분에 대해 심각한 의문을 제기한다. 이는 위치의 중요성이 작아지는 게 아니라 커지고 있음을 암시하는 것이다. 일부 지역들은 세계의 다른 지역과의 격차를 벌일 경쟁력 우위를 갖출 수 있을 것 같다. 또 다른 지역들은 언어 능력, 유리한 시간대, 값싼 노동력, 전문 숙련기술, 훌륭한 기반시설 덕분에 새로운 세계적 분업 체계에서 틈새를 찾을 수 있을 것 같다. 나머지 지역들은 완전히 냉대를 받는 처지로 남아 있다. 어느 지역이든 완벽하게 다양한 지역 경제를 갖추는 꿈은 특권을 지닌 극소수를 빼고는 실현 가능성이 거의 없는 것 같다.

그럼 지식노동의 미래는 뭘까? 기존의 두 가지 경향이 더 강화될 것 같다. 한편으로는 안정적인 상하 관계와 엄격한 규칙, 은연중에 차별적이며 규칙적인 승진 체계, '평생 직장', 노동과정에 대한 관리, 시간과 공간의 일치를 특징으로 하는 전통적인 관료체제 등이 꾸준히 약화되고 대신 날로 분자화하며 결합력이 떨어지는 노동력, 실적을 기준으로 한 관리, 불안정, 아무 곳에서나 일해야 하는 상황 등이 늘어날 것으로 보인다. '창조적인' 지식노동력 상당수를 포함한 이들 일군의 노동자들이 공식적으로 자영업을 영위하는 게 아니더라도 마치 그런 것처럼 행동하기를 요구받을 것이다. 또 다른 한편, 상대적으로 단순한 '과정'지

---

44. Ursula Huws, Sheila Honey, and Stephen Morris, *Teleworking and Rural Development* (Swindon, England : Rural Development Commission, 1996).

식노동을 맡으며 테일러주의식 작업과정과 긴장되는 작업조건 속에서 면밀히 감시당하는 사실상의 새로운 사무직 프롤레타리아 계층이 탄생하고 있는 듯하다. 지리적 차별은 두 번째 집단에 속하는 이들이 첫 번째 집단으로 옮겨 가는 걸 어렵게 할 것이다.

지적 노동의 지리적 배분(일거리가 사람에게로 이동함)은 물론 세계화의 한 단면일 뿐이다. 20세기가 끝나가는 이 시점에 지배적으로 나타나고 있는 자본 축적 형태를 분석하는 데 있어 또한 중요한 것은, 전 세계적 노동 분업을 이주 노동자의 물리적인 움직임(사람이 일거리가 있는 곳으로 이동함)이라는 관점과 거대 세계시장 개척이라는 관점에서 바라보는 것이다.

하지만 이렇게 하기 위해서 신종 무게 없는 경제를 꼭 창출해내야 하는 건 아니다. 이와 반대로, 두루뭉술하며 혼란스럽고 상처받기 쉬운 물질성을 띤 인간이라는 존재와 그들의 적대적인 사회 관계의 복잡성을 다시 우리의 분석 정 가운데에 위치시켜야 한다.

10장 싸이버타리아트의 형성

진짜 세상의 가상 노동[*]

1989년 소련의 붕괴 여파로 단일한 세계경제가 형성되고 있다고 주장할 수 있다. 세계무역기구가 자본과 상품, 서비스, 지적재산권의 국가 간 자유로운 이동을 제약하는 걸림돌들을 제거하고 있어, 다국적 기업들은 열린 공간을 확보하고 있다. 전 세계인 가운데 점점 더 많은 사람의 고용이 이들 다국적 기업들에 의해 직, 간접적으로 결정되면서, 적어도 맑스가 『공산당선언』의 마지막 구절에서 쓴 "전 세계 노동자여 단결하라!"는 명령이 실현 가능해질 조건이 형성됐다. 그런데 전 세계의 프롤레타리아가 인식을 공유하고 있다는 표시가 정말 나타나고 있는가?

---

* 2001년 『소셜리스트 레지스터』에 발표한 글.

이 글은, 자본주의가 상품화와 축적의 상호 관계에 의해 움직이는 역동적인 힘이라는 점을 출발점으로 삼는다. 한편으로 자본주의는 잉여가치를 빼낼 새로운 상품을 탐욕스럽게 계속 찾고 있으며, 다른 한편으로는 왕성한 확장의 연료가 될 새로운 시장을 찾는다. 새 상품은 그전에는 교환을 위해서나 선의로 돈 받지 않고 하던 활동들을 화폐경제 속으로 끌어들이거나 기존 상품들을 정교화함으로써 만들어진다. 인간의 활동과 필요 곧 생산과 소비는 이 과정의 양 끝에 있다. 자본주의의 피할 수 없는 동력은, 전 세계를 완전히 산업화하는 것이다. 곧 한편으로 모든 사람이 상품의 생산이나 유통 그리고 자본 축적과정에 일정하게 기여하도록 만들고 다른 한편으로는 이들이 생존을 위해서 이런 상품의 구매에 날로 더 의존하게 만드는 것이다.

상품화 과정은 사회적 분업에 지속적으로 지진과 같은 변화를 일으킨다. 여기서는 생계용 농업이 어떻게 생산품 판매와 씨앗과 농기구, 비료의 구입이라는 과정을 통해서 시장에 묶이는 새로운 농업 형태에 자리를 내어주게 되는지, 또는 이 과정에서 땅 없는 농촌의 임금 노동자와 농장 관리자 같은 새로운 사회계층이 형성되는지에 대해 자세히 언급하기는 어렵다. 이에 따른 농촌 경제의 변화가 농부의 자식들을 도시로 가 공장 노동자로 일하게 내모는 과정, 공장의 자동화가 노동 분업 과정을 훨씬 복잡하게 만들어 전형적인 프롤레타리아와 부르주아 사이에 십장, 숙련된 제도공, 구매 관리자 같은 중간 계층을 형성하는 과정, 이런 중간 계층이 다음번 기술발전 단계에서 존재를 위협받거나 새롭게 개편되는 과정 등도 자세히 설명할 자리는 아니다. 여기서는 단지 이런 생성 또는 사멸이 노동력 구성 곧 생산조직뿐 아니

라 시장의 구조 곧 소비구조까지 바꾼다는 걸, 그리고 이렇게 되는 건
이들이 노동을 파는 동시에 상품을 사기 때문이라는 걸 지적하는 것으
로 충분하다.

이런 사실은 특히 현재의 기술변화 곧 정보통신기술의 광범한 이용
문제를 논할 때 관련되는데, 이는 자동화의 역사에서 보면 특이하게도
이런 기술들이 생산과 소비 두 쪽 모두를 위한 것이라는 점 때문이다.
그래서 이런 기술을 지녔느냐 아니냐에 따라서 사람이 구별되는 상황
이 된 듯하다. '디지털 격차'는 요즘 이런 경계선을 부르는 유행어이다.

그러나 이 새로운 인구통계학을 자세히 따지기 전에, 한 발짝 물러
나서 결코 쉬운 일은 아니지만 우리가 말하고 있는 게 과연 무엇인지
정의를 내리는 게 필요하다.

이 글을 구상하는 동안 나는 내가 운영하는 연구소 <아나티카>의
2000년 3월 뉴스레터에 이렇게 썼다.

최근에 작업을 하면서 텔리매틱스(telematics, 통신＋정보과학)와 관련된
일들을 어떻게 이름 지을지 하는 아주 까다로운 문제에 직면했다. 전통
적인 이름들은 만족스럽지 않다. '화이트칼라'는 이미 1950년대에 전형
적인 모습을 상실한 남성 사무직 노동자를 특별히 지칭하는 것이다. '비
육체노동'이라는 말은 하루 종일 자판을 두드리는 물리적 현실을 무시한
다. '사무(실) 노동'은 특정한 위치와 연결되어 있지만, 최근의 발전 양상
은 이런 일들을 (굳이 사무실이 아니더라도) 그 어디에서도 할 수 있는
것으로 만들었다. 신조어 대부분은 상황이 이보다 더 못하다. '원격 통근
자'(Telecommuter)라는 말은 단지 어떤 장소(도심의 사무실)를 다른 장소
(가정)로 대체한 사람을 지칭할 뿐이다. '원격 노동자'(Teleworker)는 일자

리를 이미 옮긴 이들에만 한정되는 경향이 있고, 자신의 일이 특정 장소에 구애받지 않게 될 잠재성을 지닌 노동계급 전체에 적용될 수 없는 말이다. 몇몇 평론가들은 '디지털 분석가'나 '지식 노동자' 같은 범주를 제안하는데, 이런 말들이 아주 광범한 영역을 지칭하는 듯 들리지만 사실은 숙련도가 가장 높은 극히 일부분의 일만을 지칭하는 경향이 있다. 다른 한편 '정보처리사'는 데이터 입력과 같은 훨씬 단순한 노동에만 적용되는 정반대의 함정에 빠져드는 말이다. 최근 유럽연합 집행위원회의 '노동의 새로운 길' 부서가 '전자 노동'(e-work)과 '전자 노동자'(e-worker)에 대해 말하기 시작했음을 알게 됐다. 이는 영국 신(新)노동당의 최근 유행과 어울리는 것이다. 영국 정부의 '정보시대' 정책에 대한 최근 성명은 '이-비즈니스'를 담당할 '전자 장관'(e-minister)의 임명을 거론하고 있다. 또 각종 정책이 '전자적 내용물'(e-inclusion)을 지향하도록 책임질 '전자-특사'(e-envoy)도 거론하고 있다. 아마도 '전자 노동'(e-work)이 가장 덜 나쁜 선택일 것이다.[1]

나는 캐나다 토론토에 있는 연구자 앨리스 드 울프(Alice de Wolff)로부터 이런 흥미로운 답변을 받았다.

'그것'을 어떻게 부를지에 대한 당신의 언급이 흥미 있었습니다. 우리도 '바로 그' 용어에 대해 유사한 논의를 꾸준히 벌이고 있습니다. 우리 경험으로 보면 두 가지 쟁점이 있습니다. 하나는 적절한 표현법을 찾는 것이고 다른 하나는 이 용어와 관련된 노동자들을 찾는 겁니다. 아직까지는 이 두 가지 작업 모두 만족스럽지 못했습니다. 우리가 '사무 노동자'나 '행정 전문인' (내가 좋아하는 말이 아닙니다) 또는 '행정 보조원' 같

---

1. Analytica, 전자우편 뉴스레터, 2000년 3월.

은 말 이외의 말들을 쓰면, 그 일을 하는 사람들은 자신들에 관한 거라고 생각하지 않습니다. 저는 '정보 노동자'(information workers)라는 말이 가장 편합니다. 왜냐하면 이 말은 대부분의 노동을 아주 잘 표현하고 있으며 '정보경제'의 중심 위치에 대해 암시하는 바가 있다고 생각하기 때문입니다. 사무 노동자 집단을 지칭할 때 저는 이 말과 '일선 정보 노동자'라는 말을 씁니다. 그리고 이 말은 상황과 관련지어 쓸 때는 아주 적합하다고 봅니다. 그러나 이 말을 문서나 행사 등의 제목에 쓰면 관련되는 사람이 아주 소수에 불과하게 됩니다.[2]

이 글은 계급 관련 논의 밑에 깔려 있는 긴장, 곧 계급이 분석적 용어(객관적 계급적 위치)로 쓰일 때와 개인의 위치에 관한 용어(주관적 계급적 위치)로 쓰일 때 발생하는 긴장을 아주 잘 표현하고 있다. 또 사회, 경제적 변화의 동력을 이해하기 위한 개념적 틀로서의 구조와 작용 간 일반적인 광범한 긴장을 반영한다. '노동계급'이나 '농민'과 같은 다른 계급 범주와 관련된 긴장 해소의 어려움을 간과할 생각은 없다. 그래도 역시, 이런 상황(더 좋은 말이 없어서 '사무 노동'이라고 당분간 부르겠다)과 관련될 때는 어려움이 특히 심하게 나타난다는 사실은 사회주의 사상사에 어떤 특정한 결함을 보여주는 것이다.

몇몇 분명한 예외가 있지만, 이 문제에 관한 문헌들은 전체 사회주의자들이 이 문제를 아예 생각하지 않는다는 인상을 준다. 또 어쩔 수 없이 이들을 고려해야 할 때는 사무 노동자를 어떻게 범주화하고 어디에 위치지어야 할지 몰라 당황한다는 인상을 준다. 크롬프턴과 갤리는

---

2. 어슐러 휴즈에게 보낸 앨리스 드 울프의 전자우편, 2000년 4월.

각각 그들을 '화이트칼라 프롤레타리아' 또는 '새로운 노동계급'이라고 했다. 이는 레닌과 풀란차스(Poulantzas)를 따라서 계급적 이해 관계가 중소기업가와 동일하며 육체 노동자와는 적대 관계에 있는 소부르주아로 자리매기거나 E.O. 라이트(Wright)쪽에 운을 걸고 그들을 "계급 관계에서 모순적인 위치"에 있는 이들로 취급하는 것이다.[3] 맑스는 이런 두 가지 태도를 모두 조금씩 지지한다. 그의 설명을 보면, 소부르주아(수공 노동자와 자영업자, 중소기업주)가 어쩔 수 없이 프롤레타리아로 변화하는 건 피고용 사무직 노동자(그의 표현대로는 '상업 임금 노동자')의 숫자가 불가피하게 급격히 늘어나는 것과 나란히 나타난다. 하지만 맑스는 사무직 노동자들을 프롤레타리아로 보지 않는다. 그는 "상업 노동자들은 직접적으로 잉여가치를 창출하지 않는다."며 "왜냐하면 이런 노동의 증가는 언제나 추가적인 잉여가치의 결과이지 원인이 아니기 때문이다."라고 했다. 한 걸음 더 나아가, "사무실은 산업계 작업장에 비해서 언제나 규모가 아주 작다."는 견해를 보였다.[4]

이 자리가 계급에 관한 논쟁을 더 자세히 개관할 자리는 아니다. 하지만 한 가지 지적하고 넘어갈 것은, 사무직 노동자를 어디에 위치 지

---

3. R. Crompton and G. Jones, *White-Collar Proletariat : De-Skilling and Gender in Clerical Work* (London and Basingstoke : Macmillan, 1984) ; E. O. Wright, "The Class structure of Advanced Capitalist Societies" in *Class, Crisis and the State* (London : Verso, 1979), N. Poulantzas, *Classes in Contemporary Capitalism* (London : New Left Books, 1975) ; E. O. Wright, "The Class Structure of Advanced Capitalist Societies" in his *Class, Crisis and the State* (London : Verso, 1979).

4. K. Marx, *Capital*, vol. 3 (London : Lawrence and Wishart, 1974), pp. 299~300, [칼 맑스 『자본론』, 김수행 역, 서울 : 비봉출판사, 1990], Crompton and Jones, *White-Collar Proletariat*, p. 8에서 재인용.

을지에 관한 혼란 정도는 계급을 어떻게 정의할 것인지 논할 때도 마찬가지라는 것이다. 과연 계급을 직업에 따라 규정할지 (마셜 등이 지적했듯이 이는 생산의 기술적 관계에 따른 범주와 상응하는 것이다) 아니면 생산의 사회 관계를 따를지 (생산수단의 소유 여부), 또는 사회적 분업 또는 상대적 소득 또는 신분제나 문화적으로 구성된 위계질서 (베버가 말하는 '신분 집단')에 따를지, 그것도 아니면 대부분의 공식통계에서 분류하는 것처럼 일관된 개념적 기반이 결여된 경험적으로 형성된 계층에 따를지에 대한 논의도 혼란스럽기만 하다.[5]

19세기에는 '사무원'을 남성으로 여길만한 합당한 경험적 근거가 있었다. 1851년 영국의 인구 총 조사를 보면 사무원의 99% 이상이 남성이었다. 1870년대 이후 여성이 사무원 집단에 진입하는 게 급속히 늘어났지만, 사무직 노동자의 계급적 지위에 관한 대부분의 이론화 작업이 그들을 남성으로 전제하는 데서 출발하는 건 1960년대까지 변치 않았다. 2차 세계대전 이후 사무 노동자에 대한 고전적인 연구 두 가지 곧 C. 라이트 밀스의 『화이트칼라』와 로크우드의 『까만 코드 입은 노동자』는 이런 전제가 제목에서부터 너무나 분명하다. 그런데 이는 사무 노동에 대해 개념적으로 일관성 있는 정의를 확립하는 걸 포기하고 말았음을 서로 다른 방식으로 분명히 보여주는 것이다.[6] 사무 노동자들을 다른 노동자들로부터 분명히 구별해서 표현할 다른 특징이 없다

5. G. Marshall, H. Newby, D. Rose, and C. Vogler, *Social Class in Modern Britain* (London : Hutchinson, 1988), p. 23.

6. C. Wright Mills, *White Collar : The American Middle Classes* (New York : Oxford University Press, 1951) ; D. Lockwood, *The Black-Coated Worker* (London : George Allen and Unwin, 1958).

면, 이 두 명의 저자는 사무 노동자들이 적어도 똑같은 옷을 입는다고 생각하는 걸 느낄 수 있다.

명칭의 어려움에 대해서는 이해하는 마음을 가질 수 있을지라도, 맹목성은 그렇지 못하다. 이 책들이 출판되는 동안에 (의심의 여지없이 환한 색의 셔츠웨이스트 브라우스나 파스텔조의 이중 스웨터 정장을 입은) 여성들이 전례가 없이 대거 사무 노동에 진입하고 있었다. 그래서 1961년 인구조사를 보면 영국과 미국에서 모든 사무 노동자의 3분의 2가 여성이며, 이 수치는 1971년에 4분의 3으로 늘어난다. 라이트 밀스는 자신의 378쪽짜리 책 가운데 딱 6쪽에서 '화이트칼라 여성'을 언급하지만 그것조차 대부분은 여성들의 애정 문제에 관한 것이다.[7] 그가 (본질적으로 레닌에서 연유하는) 암울한 결론을 내리는 데 남녀성 문제는 아무런 영향을 끼치지 못한다. 그는 사무직 노동자들이 뚜렷한 정치적 힘을 형성하지 못할 것이라면서 만약 힘을 형성하더라도 "그들이 미국 사회에서 성장을 이룬다고 하더라도 그것이 자유와 합리성의 신장을 가져오지 못할 것이다. 왜냐하면 화이트칼라 신분의 사람들은 합리성보다 환상이 더 많고 자유의 욕구보다 근대의 불안이라는 고통이 더 크기 때문이다."[8]라고 주장한다.

두 사람의 작품에는 사무직 노동자를 단일한 성향의 무리로 볼 수 없다는 어렴풋한 인식이 나타난다. 그러나 이 인식은 좀더 넓은 범주를 검토해서 차이점을 해부하는 걸 이상하게 꺼리는 심리와 결합되어

---

7. H. Braverman, *Labor and Monopoly Capital : The Degradation of Work in the Twentieth Century* (New York : Monthly Review Press, 1974), 296쪽에서 인용.

8. Mills, *White Collar*, pp. 352~353.

있어서, 마치 너무나 명백한 것을 고의로 보지 않으려고 하는 것 같은 느낌을 줄 수도 있다. 이런 망각은 사회경제적 분석, 좀더 구체적으로 말하면 사회주의자들의 논의에서 사무직 노동이 더 흔히 무시되는 이유의 단서를 제공한다. 이 문제는 맑스주의 이론 초기부터 제기되던 '여성문제'라는 해명되지 않은 심각한 문제에 특히 직면하게 되는 것이다.

적어도 1960년대까지 대부분의 계급 이론은 별 고민도 없이 여성의 계급을 그의 아버지나 남편의 것과 같은 것으로 취급했다. 여성들이 경제적으로 아버지나 남편에 의존하지 않고 독자적인 구실을 하더라도 (이것 자체에 대해 일부 이론가들은 이미 불편해 한다) 이것이 심각한 문제를 일으키지는 않는다. 그들은 보통 아버지나 남편과 같은 계급을 차지하기 때문이다. 공장 노동자의 부인이나 딸도 보통 공장에서 일하고 연금생활자의 부인과 딸은 연금으로 살기 마련이다. (하인은 프롤레타리아에 속하지 않는다는 맑스의 주장이 이 부분에서 약간 문제를 일으킨다. 그러나 별로 심각하지는 않은데, 그건 하인들은 쇠퇴하는 계급에 속하는 걸로 여겨지고 룸펜 프롤레타리아의 예비군에 통합된다고 보기 때문이다. 이런 집단들이 프롤레타리아에 편입되고 거기서 탈락하고 하는 변동이 있지만 이런 움직임은 이론에 심각한 문제를 유발하는 요소가 아니다.) 다른 말로 하면, 사람은 한편으로는 시민(여기서 기본 단위는 가정)이라는 계급적 위치에 있고 다른 한편으로는 노동자(여기서 기본 단위는 개인)라는 계급적 위치에 있으며 전자는 후자에서 비롯된 것이라는 전제에서 주장을 펼칠 수 있다는 것이다. 여성은 단순히 가정의 일원으로 취급되지만, 서로 다른 정체성에 따른 긴장이 야기될 필요는 없다. 또 계급 간 이동(예를 들면 좋은 집에 시집가거나 못한 집에 시집가는 것)은 '사회적 유동성'이라는 제목 아래 처리될 수 있다.

미미한 여성 사무직 노동자들은 단지 노동자로 취급되지만 이런 단순한 분석 형태는 깨지게 마련이다. 사무직 노동자가 자신의 남편이나 아버지와 다른 계급적 위치에 있게 되는 어색한 상황에 직면할 수밖에 없는 것이다. 내가 알기로 영국의 계급 문제에 대한 가장 철저하게 경험적인 연구인 마셜 등의 『근대 영국의 사회 계급』은 "조사 대상 부부의 절반은 골드서프(Goldthorpe)의 3단계 계급 도표를 적용할 때 부부의 계급이 서로 다른 가족이었다."[9]고 결론짓고 있다. 영국 공식 통계에 쓰이는 등기소 분류법이나 라이트의 신맑스주의 도표 같은 다른 분류법을 적용해도 불일치 현상은 마찬가지로 나타난다.

이는 단지 노동력 분석뿐 아니라 좀더 일반적인 사회 분석에도 적지 않은 함의를 담고 있다. 이 현상을 심각하게 보면, 가정은 더 이상 논리적인 정치적 단위로 볼 수 없게 된다. 균열적이고 복잡한 집단으로 봐야하며 그래서 원자 단위로 분류해야 하는 것이다.

1960년대와 70년대에 성인이 된 새로운 정치분석가 세대에게는, 일반적인 노동의 측면에서 사무 노동을 진지하게 분석하면 엄청난 이론적 도전에 직면하게 된다. 이는 당시 계급정치 이론을 재구성하려 시도한 이들이 이 문제를 왜 그렇게 무시했는지, 그 이유를 가장 관대하게 설명하는 게 될 것이다. 좀더 개인적인 이유인데, 이들 새로운 좌파

---

9. Marshall et al., p. 68.

지식인들의 계급적 뿌리도 한 가지 이유가 된다. 적어도 영국에서는 전후 복지국가가 노동계급 출신의 남녀가 신분 상승을 이룰 수 있게 해줬다. 11살 때 학업성적이 아주 좋은 소수의 아이들이 뽑혀 대학 진학을 위한 중등학교에 진학하고 이어 문호가 넓어진 대학에 들어갈 수 있었다. 당시 소설과 연극들은 계급적 죄책감으로 가득했고 이는 그 후에도 이어졌다. 자신의 아버지와 다른 계급으로 상승하는 것은 배신 행위로 뼈아프게 여겨졌지만, 여기에 새로운 지적 작업의 정신적 자유감도 섞여 들었다. 아버지의 권위로부터 탈출하는 오이디프스적 즐거움은, 안전한 동시에 폐쇄 공포증적이고 정치적으로 혁명적인 동시에 도덕적으로 억압적인 노동계급 사회의 따뜻함과 연대를 상실하는 낭만적인 감정과 결합됐다. 이는 세니트(Sennett)와 콥의 『계급의 감춰진 상처』에 나오는 신분 상승을 고대하는 영웅적 육체 노동자의 아들과 같은 것이다. 15살에 학업을 중단한 냉소적인 친구들은 새로 산 가죽 재킷과 오토바이를 뽐내고 금요일 밤에는 머리에 고대한 여자친구와 록 음악에 맞춰 신나게 춤추며 번 돈을 쓰고 다니는 동안, 자신은 대학 진학 시험을 위해서 집안에서 공부하고 있는 '영리한' (그리고 암시적으로 허약한) 학생인 것이다.[10] 이들은 새롭게 나타난 소비주의적 노동계급 문화에 대한 우월감과 박탈감을 동시에 느꼈다. 그리고 이는 아마 '이제는 이상화된' 노동계급 남성의 존경을 얻고 싶은 영원한 욕구를 그들 속에 불어넣었으리라. 그들이 여성 사무직 노동자에 대해 생각할 때는, 가장 일반적으로는 부르주아의 액세서리 계급으로 여겼다.

---

10. R. Sennett and J. Cobb, *The Hidden Injuries of Class* (New York : W. W. Norton, 1972).

당시의 한 가지 전형은 상사의 수위 구실을 하는 비서다. 경쾌한 어조로 "죄송하지만 지금 회의 중이십니다."라는 그녀의 말과 근접할 수 없는 그녀의 성적인 매력은, 속물적인 우두머리 웨이터와 똑같이 상사의 사무실에 쉽게 접근하려 시도하는 노동계급 시종에게 굴욕감을 줄 수 있다. 이런 여성에게 어떤 정치적 힘을 부여한다면 그건 순전히 노동계급에 대한 배신자였을 것이다. (여기엔 아마 무의식적인 투사도 개입됐을 것이다.)

나로서는 이 시대 좌파 남성 지식인들이 이후 보여준 정치적 태도를 이해할 수 있게 해주는 유일한 것이 이런 식의 설명이다. 이미 역사 속으로 사라져버린 지 오래된 노동계급의 특징을 낭만화하고 하나의 특정한 전형으로 만들어 버리는 그런 태도, 몇몇 남성 육체 노동자(광부, 자동차 제조 노동자, 트럭 운전자, 부두 노동자)에 대한 거의 물신숭배적 집착, 자신들의 노동계급 출신 선조를 경쟁적이면서도 집착적으로 내세우는 것, 여성주의는 중산계급적인 것이며 '진짜' 노동계급 남성을 소외시킨다는 주장 등 그들의 태도를 다른 것으로는 설명하기 어렵다.

대부분의 경우 1980년대가 되어서야, 프롤레타리아 남성들이 식탁에 음식이 놓여 있기를 기대하면서 탄광이나 공장에서 검댕 묻은 얼굴로 돌아오는 것뿐 아니라 학교에 가서 아이를 집에 데려오고 부인이 사무실에서 돌아오기를 집에서 기다리는 것을 정치적 상상력 속에서 받아들일 수 있게 됐다.

아마 육체노동을 직접 충분히 경험했기 때문에 굳이 자신의 정치적 남성성을 증명할 필요가 없다는 점이 작용했겠지만, 해리 브레이버먼은 이런 태도에서 유일하게 예외적인 훌륭한 모습을 보였다. 그는 기넘비적인 작품인 『노동과 독점자본』에서 화이트칼라 노동에 대한 사상 첫 번째의 진지한 이론적 분석을 시도했고 사무실을 노동과 자본 간 투쟁의 차별화된 공간으로 인식했다.[11] 그는 또한 기술적인 변화와 노동 분업의 변화가 서로 연결되어 있음을 보여줬다. 그의 (본질적으로 맑스주의적인) '지위 하락' 이론은 나중에 베버적 관점을 지닌 골드서프에 의해 도전받았다. 골드서프는 (인구조사 자료로부터 도출한) 경험적 증거들이 그의 프롤레타리아화 가설을 뒷받침하지 않으며 이와 반대로 실제 나타난 현상은 새로운 '서비스 계급'의 등장이라고 주장했다.[12] 브레이버먼의 분석이 구체적으로 '옳은' 것이었느냐 여부보다 더 중요한 것은, 계급과 성별의 관계, 임금노동과 가사노동의 관계, '숙련'의 본성 문제, 노동시장 내 성별 간 영역 분리에 대한 분석 등 수많은 여성주의적 고찰이 활짝 펼쳐지는 시기와 맞물린 이 논의가 많은 탐구 영역을 개척했다는 것이다.[13]

이 논의에서 비롯된 문헌들은 아주 다양한 영역에 걸친 것들이었다. 미국의 테퍼먼(Tepperman)과 그레고리(Gregory) 같은 이들과 영국의 크레이그(Craig) 같은 이들이 주도한 사무직 노동자의 행동 촉구를 위한 선전용 책자들, 영국의 크롬프턴(Crompton)과 존스(Jones) 또는 오스트레일리아의 게임(Game)과 프링글(Pringle) 같은 이들의 진지한 학문 연

---

11. Bravermann, *Labor and Monopoly Capital*.
12. J. H. Goldthorpe, *Social Mobility and Class Structure in Modern Britain* (Oxford, England : clarendon Press, 1980) and "On the Service Class : Its Formation and Future," in *Social Class and the Division of Labor* , ed. Giddens and Mackenzie (Cambridge : Cambridge University Press, 1982).
13. 이에 대해서는 8장에서 이미 자세하게 논했다.

구, 프롤레타리아화 주장을 뒷받침하는 일화들을 보여주는 미국의 하우(Howe), 하워드(Howard), 시걸(Siegel), 마커프(Markoff) 같은 이들의 좀더 언론적인 분석들이 등장했다.[14]

이는 흥미로운 많은 질문들을 제기하는 데 그치지 않고, 사무실 노동자들의 노동 조건에 대한 많은 경험적 지식을 축적하는 데 기여했다. 또 사무 노동 조건이 시장구조개편, 신자유주의의 이데올로기적 승리, 기술적 변화의 영향을 받아 어떻게 바뀌어 왔는지에 대한 지식 축적에도 기여했다. 하지만 이런 연구 대부분은 특정한 지역 안에서 벌어지는 변화에 대한 것이다. 이들이 분석한 노동시장은 보통 한 국가 또는 한 지역에 국한하는 것이고, 사무직 노동자의 지위는 한 국가의 노동시장 내 다른 노동자들과 비교해서 자리매김 됐다. 육체노동의 세계화에 관한 연구는 많았지만, 비육체노동 일자리가 국경을 넘어갈 것이라는 암시를 던지는 설명은 거의 없다. 부분적인 예외가 개도국의 데이터 입력 담당 노동자들에 대한 소규모의 경험적 연구들이다. 이 연구들은 여성 노동자의 조건을 생산직 노동과 직접 비교함으로써 브레이버먼의 지위 하락 이론을 암묵적으로 따르고 있다.[15] 빠진 것은 이들

---

14. J. Tepperman, *Not Servants, Not Machines : Office Workers Speak Out* (Boston : Beacon Press, 1876) ; J. Gregory, *Race Against Time* (Cleveland : 9 to 5, 1981) ; Marianne Craig, *The Office Worker's Survival Handbook* (London : BSSRS, 1981) ; Crompton and Jones, *White-Collar Proletariat* ; A. Game and R. Pringle, *Gender at Work* (London : Pluto Press, 1984) ; L. K. Howe, *Pink Collar : Inside the World of Women's Work* (New York : Avon, 1977) ; R. Howard, *Brave New Workplace* (New York : Viking/Penguin, 1985) ; L. Siegel and J. Markoff, *The High Cost of High Tech,* (New York : Harper and Row, 1985).

15. 이런 문제는 U. Huws, N. Jagger, and S. O'Regan, *Teleworking and Globalization* (Brighton : Institute for Employment Studies, 1999)에서 논의됐는데, 여기에 속하는 연구들은 다음과 같은 것들이다. A. Posthuma, *The Internationalization of Clerical Work : A Study of Offshore Office*

사무 노동자들의 지위를 그 지역 노동시장 내 위치와 다른 나라의 비교대상자들과 관련해서 점검하는 것이다.[16] 이 작업은 여기서 시도하기에는 너무 방대한 것이다. 대신 이어지는 부분에서 시도할 것은, 명석한 사고를 방해하는 걸림돌 몇 가지를 해소하는 것이다. 이는 미래의 분석을 가능하게 해줄 증거들을 확보하기 위해 꼭 필요한 몇 가지 질문을 명쾌하게 구체화하려는 시도이다.

문제의 몇몇 차원을 요약하는 걸로 시작하자. (만족스럽지 못한 용어이기는 하지만 당분간 그냥 쓰자면) 사무 노동자들은 적어도 여섯 가지 방법으로 정의 내릴 수 있다. 업무의 자본에 대한 기능적 관계 측면, 그들의 직업 측면(기술적 노동 분업에서의 위치), 생산에 대한 사회적 관계(생산수단의 소유 여부), 사회적 노동 분업에서의 위치(가정 내

Services in the Caribbean, SPRU Occasional Paper no. 24 (University of Sussex, Brighton : 1987) ; Antonio Soares, "The Hard Life of the Unskilled Workers in New Technologies : Data Entry Clerks in Brazil" in *Human Aspects in Computing*, ed. H. J. Bullinger (Amsterdam : Elsevier Science Publishers, 1991) and "Telework and Communication in Data Processing Centers in Brazil" in *Technology-Mediated Communication*, ed. U. E. Gattiker (Berlin and New York : Walter de Gruyter, 1992) ; D. Pantin, *Export-Based Information Processing in the Caribbean, with Particular Respect to Offshore Data Processing*, (Geneva : FIET, 1995) ; R. Pearson, "Gender and New Technology in the Caribbean : New Work for Women?," in *Gender Analysis in Development*, ed. J. Momsen, Discussion Paper no. 5 (University of East Anglia, Norwich : 1991) ; and R. Pearson and S. Mitter, "Employment and Working Conditions of Low-Skilled Information-Processing Workers in Less Developed countries," *International Labor Review*, April 1993.
16. 다음의 연구는 예외에 해당한다. C. May's analysis in *The Rise of Web-Back Labor : Global Information Society and the International Division of Labor* (Plymouth : Plymouth International Studies Center, University of Plymouth, 1999), Jan Sinclair Jones의 선구적인 미발표 현장 연구 및 "First You See It, Now You Don't : Home-Based Telework in the Global Context," Working Paper presented to the Australian Sociology Association Conference, Monash University, Melbourne, 5~7 December 1999.

노동의 성별 분업을 포함해), 상대적 수입(그리고 소비자로서의 시장 내 위치), 그리고 사회적 '지위', 이렇게 여섯 가지 측면에서 정의하는 것이다. 이렇게 서로 다른 방식으로 내린 정의는 꼭 같은 경계 안에 들어 있을 필요는 없고, 내적인 모순에 따라 나뉘는 서로 중첩되면서 변화하는 집단을 표현하게 된다. 물론 이렇게 만들어진 구조적 범주는 사무 노동자 자신들이 보기에는 적합하지 않은 것으로 인식될 수도 있다. 사무 노동자들은 이들 간의 경계를 위로, 아래로, 수평적으로 넘나들면서 상당히 다른 기준 곧 직업에 필요한 자격이나 소비 습관, 또는 사는 장소나 자신들이 입는 옷 같은 것들로 스스로를 구별하고 싶어 할 수 있다.

공식적 통계에 나타나는 경험적 자료들은 이런 분석적 범주에 제대로 들어맞지 않는 분류체계를 이용해 구성된 것들이어서, 분석 작업을 더욱 복잡하게 만든다. 그럼에도 이런 각각의 접근법과 관련지어 증거들을 요약해보도록 하자.

먼저, 자본과의 관계 측면에서 사무 노동은 다음의 몇 가지 기능적 범주를 포함하는 것으로 인식될 수 있다. 그 범주는 (a) 소프트웨어 개발, 제목 및 문안 편집, 웹 사이트 디자인, 생산물 디자인 등을 포함한 생산물과 서비스의 내용에 대한 디자인 또는 정밀화 작업 (b)물건과 서비스 생산에 필요한 것들의 구매 및 판매(여기에는 많은 사무직원이 필요한데 브레이버먼의 분석을 보면 이 숫자는 거래량에 따라 지수적으로 급격히 늘어난다. 왜냐하면 "고용한 사람들 전체의 부정과 불복종 또는 방종의 가능성을 전제하는" 시스템에서는 각각의 거래 액수를 '거울'을 이용해 이중으로 기록해야 하기 때문이다.) (c)생산과 유통과정, 그리고 노동자 자체에 대한 관리(18세기 '계시원'의 후예인 이런 일 담당자들은 이제 단지 유통 업무뿐 아니라 인적자원 관리와 감독 기능까지 담당하고 있다.) (d)유통(은행과 금융서비스 부문은 회계 및 소매 기능도 하지만 대부분 이 범주에 들어간다.) (e)노동력 재생산(교육, 육아, 건강관리, 사회사업 등과 관련된 활동들이 여기에 들어간다.) (f)기반시설 제공, 시장관리, 치안유지와 관련된 지역·중앙·국제 정부 기능.[17]

이들 범주 가운데 (c)와 (d)만이 맑스가 말하는 '상업 노동자'에 해당한다. 이들에 대해 맑스는 "상업 노동자들은 직접 잉여가치를 창출하지 않는다… 이런 노동의 증가는 언제나 더 많은 잉여가치의 결과물이지, 결코 원인이 아니다."고 주장했다.[18] (a)는 과거 수공예 노동자들이 숙련기술을 생산물속에 투여했던 것과 똑같은 방식으로 생산물속에 지식을 투여한다. 이런 노동이 독립적인 비육체노동으로 존재하는 건, 노동 분업의 증가를 반영하는 것일 뿐이다. 이 범주에 속하는 노동자들은, 그들의 노동의 산물을 고용주가 독차지하는 한 직접적으로 잉여가치를 창출하는 데 기여한다.

이런 유형화 작업은 지난 200년 가운데 그 어느 때에 대해서도 적용될 수 있다. 하지만 이를 특정한 사례에 적용시키는 것은, 세월이 흐르면서 노동 분업이 날로 복잡해짐에 따라 측정할 수 없을 만큼 복잡한 과제가 되어 왔다.

---

17. Bravermann, *Labor and Monopoly Capital*, p. 303.

18. K. Marx, *Capital*, vol. 3 (London : Lawrence and Wishart, 1974), pp. 299~300, Crompton and Jones, *White-Collar Proletariat*, p. 9에서 재인용.

지금까지 나타난 가장 중요한 변화는 아마도 '서비스' 활동을 점점 더 상품화하는 추세일 것이다. 맑스와 엥겔스가 관찰한 상대적으로 단순한 구조의 시장에서는, 물리적인 물건 생산용으로 다른 자본가들에게 파는 물리적 상품(예를 들어 베틀, 물탱크, 인쇄기)과 소비자들의 최종 소비용으로 소매상이나 도매상에게 파는 상품(셔츠, 비누 또는 신문)을 자본주의 상품의 원형으로 여기는 것이 적합했을 것이다. 하지만 그때 이후 거대한 정교화 작업이 나타났다. 위에서 언급한 각각의 활동은 그 자체로 또 다른 새로운 상품군의 기초가 된다. 그런 새로운 상품군은, 소프트웨어에서부터 정신조절용 약품까지, 전자 감시 시스템에서 신용카드까지, 교육용 시디롬부터 아기 울음 알림장치까지 다양하다. 경제 분석의 원칙은 변함없이 같을지라도, 생산물을 각각의 구성요소로 나누고 그들 간의 상호작용과 위에서 묘사한 주요 기능의 실현 관계를 그려내는 것은 복잡하고 시간이 많이 드는 일이다.[19] 자본의 무궁무진해 보이는 창의성 때문에 인간의 개별 활동 영역이 그 자체로 새로운 상품의 기반이 되는 반복구조를 보이듯, 어떤 경우는 마치 차원분열 도형을 확대해서 보는 것처럼, 바퀴 속의 더 작은 바퀴를 따라 계속 내려가는 듯 복잡하다.[20] 각 상품의 생산과정 안에서는, 그것이 비록 다른 상품생산과정의 하위 고리 차원에서 수행된다고 할지라도 전체 공정(디자인, 관리, 시행, 소비자에게 배달하는 것)이 소규모로 그대로 반복된다. 노동자를 자본과의 기능적 관계에 따라 배치하는 일은, 각 기능 안에서의 노동 분화가 날로 복잡해짐에 따라 그만큼 힘든 일

---

19. 9장을 보라.
20. 5장을 보라.

이 된다.

분석을 더욱 어렵게 하는 건, 기업의 소유구조에 나타나는 변화다. 사유화, 거대 조직의 부문별 분화, 부문간 통합, 상호 소유 관계, 그리고 '수직적 통합'의 복합적인 효과는, 정부 통계 담당자들이 만들어낸 산업별 소분류는 물론이고 전통적인 '1차' '2차' '3차' 산업 구별, 경제의 '공공' 부문과 '민간' 부문의 구별까지도 무의미한 것으로 만든다. 예를 들어 새로운 '멀티미디어' 부문은 전통적으로는 서로 다르게 분류되던 조직들을 통합한 것이다. 공공 부문(국영방송), 금속 관련 제조업(컴퓨터 하드웨어 업체와 그 회사의 소프트웨어 부문, 전자 제조업), 인쇄 및 제지 제조업(출판사), 레코드와 테이프 제조업, (컴퓨터 게임 업체의 원조격인) 장난감 제조업, 상업 및 금융 서비스업(컴퓨터 제조 업체와 무관한 독립 소프트웨어 업체), 영화 배급업, 통신 기업이 여기에 하나로 묶인다. 통합은 경제의 다른 많은 영역에서도 나타나고 있다. 예를 들면, 은행과 유통업 간, (생명공학에 힘입은) 제약과 농업 간 통합 같은 것이 그렇다.

낡은 산업 분야가 사라지고 새로운 것이 등장하기만 하는 게 아니라, 관련 기업간 복잡한 상호 관계가 나타나고 있다. 몇몇 기업은 특정 시장을 개척하거나 새로운 상품 개발을 위해 유동적인 연합전선을 구축하고, 또 다른 기업들은 (표면상 경쟁 관계에 있는 것으로 보이는) 기업과 서로 지분을 교환하고, 기업통합과 분할, 인수도 계속 발표된다.[21] 문제를 더 복잡하게 하는 건, 이런 외부적인 개편 외에 많은 기업이 지

---

21. 전략적 연합 문제는 특히 J. H. Dunning in *The Globalization of Business* (London : Routledge, 1993)에서 잘 논의되고 있다.

속적인 내부 조직 개편 작업을 벌인다는 사실이다. 이를 통해서 개별 기능이 사내의 독립채산제 사업 부문으로 넘어가거나 별도의 기업으로 분사된다. 여기에 외부 기업에 대한 하청의 여파가 더해지면서 우리는 더 이상 기업이라는 것이 안정적이고 균질한 조직이 아닌 상황에 이르게 된다. 이제는 기업을, 지속적인 재협상으로 꾸준히 변동하는 계약 관계의 정교한 거미줄로 묶인 채 지속적인 흐름 속에서 서로 침투하는 존재로 봐야 한다. 어떤 '고용주'를 부문에 따라 나누는 것은 이런 온갖 협잡의 우연한 부산물이 된 지경이다. 또 지금 방식의 공식 통계를 진지한 분석의 기초로 삼는 게 불가능한 상황이 됐다.

사무직 노동자를 분류하는 두 번째 방법은 그들의 직업 곧 그들이 수행하는 일 또는 그들의 노동과정에 따라 나누는 것이다. 과거에 노동자들이 효과적으로 조직화하고 직업별 조직이나 노조를 구성하던 공간, 특히 협상을 통해서 특정한 자격조건을 새로운 인물의 진입을 제한하는 요소로 관철시키던 공간에서, 직업은 주로 사회적으로 정의된다고 할 수 있다. 또 각 직업의 경계는 협상을 통해 분명해졌다. 또 실제 작업 관행은 관습과 관계자들의 감시에 의해 규정된다. 그런데 이 관계자들은 파킨의 베버적인 용어로 표현하자면 이런 폐쇄 양식을 유지함으로써 이익을 얻는다.[22] 하지만 대부분의 경우 어떤 특정 노동자 집단이 하는 작업은 상당 부분 노동의 기술적 분업에 의해 결정되며, 그들의 노동과정은 지배적인 기술의 디자인에 좌우된다. (그런데 한 가지 덧붙일 것은 기술 그 자체는 기술을 의뢰한 이들이 가정하는

---

22. F. Parkin, *Marxism and Class Theory* (London : Tavistock, 1979).

것에 따라 모양을 갖추며 이 안에 생산의 기본 사회 관계가 스며들게 된다는 것이다.)

자신들이 물려받은 노동 관행을 지난 25년 동안 가장 강력하게 지켜온 직능 단체 안에서조차, 정보통신기술의 영향에 완벽히 저항하는 건 불가능했다. 요즘은 전화 기술자는 말할 것도 없고 의사와 변호사조차 자신의 전자우편을 직접 확인하며, 개인 비서를 두겠다는 생각은 45살 이하의 경영진에게조차 사라졌다. 최고위급 경영진만이 유일한 예외이다. 그 사이 나머지 모든 노동력 사이에서는 놀랍고 전례를 찾을 수 없는 통합이 나타났다. 통신 판매원부터 식자공까지, 색인 담당자부터 보험업자까지, 사서부터 회계장부 담당자까지, 계획 감독관부터 옷본 제작자까지, 이들이 매일 일터에서 하는 일의 상당 부분이 점점 닮아가고 있다. 한 손을 자판 위에 올려놓고 나머지는 자판과 마우스 사이를 왔다 갔다 하는 일 말이다. 화면에서 이들 노동자들을 대면하는 건 약간 도드라진 듯한 모양의 회색 사각형에 '파일' '편집' '보기' '도구' '포맷' '창' '도움말'이라고 쓰인 것들이다. 이 메뉴는 1980년대 말 미국 마이크로소프트의 직원들이 감당해야 했던 심미적 과제의 끔찍한 발자취를 담고 있다. 자동 주조 식자기, 회전형 명함첩(롤러덱스), 카드 인덱스기, 종이 다발, 등사판, 제도판, 절단용 탁자, 텔렉스 기계와 기타 20세기 중반의 수많은 장비들이 사라져 버렸다. 한 때는 이 가운데 한 가지만 완벽하게 익히면 특별한 숙련기술을 갖췄다는 자랑스러운 호칭을 얻을 수 있었다. 같은 기술을 지닌 이들과 공유하던 정체성도 사라졌다. 물론 특정한 숙련기술을 소유함으로써 얻는 안전은 종종 구속복이 주는 안전이 될 수도 있다는 걸 기억해야 한다. 이동성이 제한적인 건 기술 혁신의 여파에 더 큰 타격을 입을 수 있다는 걸 뜻한다. 그러나 이것이 조직화의 기반을 제공하고 새 기술 도입 조건을 놓고 협상하는 데 일정하게 개입할 여지를 제공한다.

물론 컴퓨터와 관련 통신 장비 작동에 필요한 숙련기술이 어떤 특정 일자리에 필요한 모든 것이라고 오해하면 안 된다. 이런 기술은 '일 자체'를 하는 데 필요한 다른 '핵심' 기술의 보조 기술인 경우가 흔하다. 하지만 이런 것들도 그 특질이 바뀌는 변형의 과정(단순 작업화 또는 완전한 상품화)을 거칠 수 있다. 예를 들어 사회사업 노동자는 더 귀찮은 작업인 손으로 직접 쓰거나 직접 전달하는 것보다 화면을 보면서 표준 양식에 기입하고 자신이 담당하는 이에 관한 질 높은 전문 보고서를 작성하는 상황에 처할 것이다. 교사는 규격화한 시험을 시행하는 상황이 되고, 보험 손해액 사정인은 고객이 얼마의 보상액을 받아야 하는지를 판단할 재량권을 잃어버리고, 인터넷 언론인은 엄격하게 정해진 표준 양식에 따라 글을 쓰라고 요구받을 것이다. 또 건축가는 표준 부품들을 조립하는 처지로 떨어질 수 있다. 이런 변형은 노동 분업의 변화 때문에 감춰진다. 어떤 전문직의 업무 범위는 핵심적인 것만 남고 나머지는 없어지는 상황이 되고 이에 필요한 인원도 감소된다. 이런 변화는 과거에는 이 업무에 포함됐으나 이제는 단순 업무화할 수 있는 일들이 숙련도가 낮은 노동자들에게 넘어가는 과정에서 나타난다. 그래서 컴퓨터 도움 센터에 묻는 일상적인 질문은 자동 발송 전자 우편을 통해 답변되거나 직급이 낮은 직원이 처리해주고, 아주 어려운 문제만 더 많은 임금을 받는 '전문가'가 처리해주게 된다. 또는 아픈 사람은 영국 의료보험 직접 서비스처럼 의사의 진찰을 예약하기 전에 전화문의 센터에 먼저 전화하라는 권고를 받는다.

일반적으로, 표준적인 일반 컴퓨터 관련 기술이 관여되는 업무 건수가 급격히 늘어나고 있다고 말할 수 있다. 이 점은 컴퓨터 기술만 있으면 할 수 있는 업무의 담당자 숫자 측면에서 보든지, 아니면 다른 기술이 있어야 하는 (또는 컴퓨터 기술과 다른 기술을 동시에 갖춰야 하는) 업무의 담당자들이 컴퓨터 관련 업무까지 맡는 시간으로 보든지 마찬가지다. 이는 묘하고 모순적인 결과를 가져온다. 이런 기술이 이제 흔한 것이 되면서, 한 자리에서 다른 자리로, 한 기업에서 다른 기업으로, 한 산업에서 다른 산업으로 수평적으로 이동하는 것이 더 쉬워졌다. 그러나 마찬가지로 각 개인 노동자가 더 쉽게 쓸모 없어지고, 다른 이로 대체되는 것도 쉬워지며, 그래서 새로운 기회는 새로운 위협을 만든다. 이런 새로운 직업 이동 가능성과 활용할 수 있는 잠재적인 인력의 급격한 증가가 결합하면서, 공통의 숙련기술을 바탕으로 집단적 정체성을 확보하는 것도 더 어려워졌다. 숙련기술 집단 외부에 장벽을 치려는 시도는 변화 속도 때문에 저지당한다. 새로운 소프트웨어를 배우기 위해서 들인 시간과 노력은 대체품이 등장하면 단 몇 달 만에 물거품이 된다. 새로운 경계선이 형성되는 바로 그 순간에 기존 위계질서는 위협을 받는다. 본사에서는 이메일 덕분에 고위직과 하위 직원이 직접적으로 의사소통할 수 있게 됨으로써 중간 관리층을 줄일 수 있다. 또 바이러스 제거 방법을 가르쳐주거나 골치 아픈 첨부파일을 푸는 방법을 가르쳐주는 일들이 생기면서 서로 등급이 다른 이들 간에 이상한 신종 동지의식이 형성된다. 그러나 동시에 본사 직원과 멀리 떨어진 곳에 있는 전화상담 센터나 데이터 처리 센터에 있는 동료 직원 사이에는 넘을 수 없는 깊은 골이 생길 수도 있다.

확실히 예측할 수 있는 단 하나는 앞으로도 변화가 더 있을 것이라는 사실뿐인 이때에, 직업 추세를 광범하게 일반화하기는 어렵다. 몇몇 업무 과정은 노동강도가 높아지고 탈숙련화하는 반면 다른 업무는 날로 복잡해지고 여러 기술이 필요해진다. 몇몇 집단은 배제되는 가운데 다른 집단에게는 새로운 기회가 열린다. 최근 캐나다에서 라부아(Lavoie)와 피에르 테리앙(Pierre Terrien)이 마무리지은 흥미로운 경험적 연구는 컴퓨터화와 고용구조의 관계를 탐구한 것이다. 울프(Wolff)와 바우몰(Baumol)의 분류를 따라서, 이들은 직업을 '지식 노동자' '관리 노동자' '데이터 노동자' '서비스 노동자' '상품 노동자' 등 다섯 가지 범주로 나누었다. 이들의 결론은, 컴퓨터화와 관련해서 가장 많이 성장한 범주는 대중적인 신화의 예상과 달리 '지식 노동자'가 아니라 '데이터 노동자' 곧 "지식 노동자가 개발한 정보를 조작하거나 이용하는"[23] 노동자들이라는 것이다. 이 결론은, 수적인 면으로 볼 때 단순 노동화 경향이 창조적이고 말로 표현되지 않으며 다기술적인 노동화 추세를 압도한다는 주장을 뒷받침한다.

구인광고에는 '웹 사이트 디자이너' '전화상담 센터 요원' 등이 흔히 나타나고 노동시장에서도 이런 일자리들이 명백히 존재하지만, 공식 통계에는 이렇게 새로 떠오르는 직업 범주가 포함되지 않는다. 의문은,

23. E. Wolff and W. Baumol, in *The Information Economy : The Implications of Unbalanced Growth*, ed. L. Osberg et al. (Quebec : Institute for Research on Public Policy, 1989) ; M. Lavoie and P. Therrien, *Employment Effects of Computerization* (Ottawa : Human Resources Development Canada Applied Research Branch, 1999).

이런 일들이 얼마나 오래 갈 것인가?, 또 이를 바탕으로 새로운 집단적 정체성이 생겨날까?, 또 노동자들은 자신의 고용주나 일터 등 다른 변수를 기준삼아 새로운 집단을 형성하려고 할까? 하는 것들이다. 이에 대한 답은, 새로운 계급 정체성이 지리적 위치와 독립적으로 형성될 범위를 결정하는 중요 변수가 될 것이다. 또 초국가적인 수준에서 조직화를 이룰 잠재성을 결정하는 변수도 될 것이다.

사무 노동자의 성격을 규정하는 세 번째 접근법은 생산수단과의 관계를 분석하는 것이다. 고전적인 맑스주의 형식으로 거칠게 말하면 노동자가 생산수단을 소유한다면 부르주아에 속하는 것이고, 생산수단을 소유한 고용주를 위해 임금 노동자로 일하면 (그리고 그래서 잉여가치를 창출하면) 프롤레타리아라고 할 수 있다. 자영업 노동자와 소규모 기업 소유자는 소부르주아에 속한다. 소부르주아는 자본과 노동의 근본적인 투쟁 속에서 결국 압박을 받아 궁핍해지거나 프롤레타리아 신분으로 떨어진다. 운이 좋은 극히 일부만이 자본가가 된다.

그러나 이런 모델은 사무직 노동자들에게 적용하기가 날로 어려워지고 있다. 첫째 자영업이 사라지는 현상은 쉽사리 나타나지 않고 있다. 자영업이 1980년대에 신자유주의자들이 기대했던 것만큼 급격하게 늘어나지는 않았지만, 자영업은 적어도 선진국에서는 꾸준히 유지되고 있다. 유럽연합 전역에 걸쳐 자영업은 1975년부터 1996년까지 20년 동안 거의 변화 없이 전체 노동력의 15%를 구성하고 있다.[24] 이렇게 마구 모아 놓은 통계적 범주 속에는 서로 다른 위치의 집단들이 포함되

---

24. 유럽 노동력 조사 데이터, Eurostat.

어 있다. 한쪽 극단에는 고전적인 개념에서 소부르주아로 볼 수 있는 직원 몇 명을 거느린 중소기업인이 있고, 다양한 기업주를 위해 일하는 진정한 프리랜서가 있다. 반대편의 극단에는 자영업이라는 처지가 단지 노동시장 약화를 보여주는 것에 불과한 비정규직 노동자가 있다. 이들은 한 명의 고용주를 위해 일하지만 제대로 된 고용 계약을 요구할 협상 능력이 없다. 전체 숫자는 별다른 변화가 없지만, 영국의 상황을 보면 여기에 속하는 이들의 구성은 변화하고 있으며 그 변화는 비정규직이라는 한쪽 끝을 향하고 있다. 캠벌(Campbell)과 데일리(Daley)의 연구는, 직원을 거느린 자영업자의 비율은 1981년 39%에서 1991년 31%로 줄었다는 걸 보여준다. 미거(Meager)와 모랄리(Moralee)는 새로 자영업자가 되는 이들은 과거에 비해 더 젊고, 이 가운데 여성의 비중도 높으며, 업종도 부가가치가 낮은 서비스 관련 업종일 가능성이 높다는 걸 밝혀냈다.[25] 두 사람은 영국 가정 패널 조사 데이터를 분석한 뒤, 자영업자가 최저 소득 계층(소득이 가장 적은 10%)이 될 가능성은 일반 노동자에 비해 3배나 높다는 결론을 냈다. 자영업자들이 밝히지 않은 소득을 고려해서 분석을 수정해도 이 비율은 2배로 나타났다.[26]

하지만 자영업자라는 처지가 꼭 영구적인 것은 아니다. 미거와 모랄리가 유럽 노동력 조사의 근속연수 분석을 바탕으로 벌인 다른 연구는, 자영업자는 유입과 퇴출도 잦다는 걸 밝혀냈다.[27] 이런 결과는 자영업

---

25. M. Campbell and M. Daley, "Self-Employment : Into the 1990s," *Employment Gazette*, June 1992.

26. N. Meager and I. Moralee, "Self-Employment and the Distribution of Income," in *New Inequalities*, ed. J. Hill (Cambridge : Cambridge University press, 1996).

27. 같은 책.

자를 계급 정체성의 안정적인 표지로 보기 어렵게 만든다. 어떤 이들에게 자영업은 그저 다른 일자리를 위해 거쳐 가는 자리일 뿐이기 때문이다.

자영업자를 독립적인 범주로 보기 어렵게 하는 다른 요인은, 피고용인을 '마치' 자영업자처럼 관리하는 경향, 라잔(Rajan)의 표현으로 하면 '사고방식의 유연성'[28]을 강요하는 경향이 커지고 있는 점이다. 노동시간을 정하지 않고 결과에 따라 관리하거나 실적대로 임금을 지급하는 관행이 업무 강도 강화와 잉여인력이 될지도 모른다는 두려움과 결합하면서 관리자의 억압적 힘이 내부화하는 상황을 유발한다. 그래서 작업 속도는 상사라는 외적인 권위에 의해서가 아니라 스스로 만들어내는 강박적인 힘에 의해 빨라진다. (기계의 속도에 따라 일을 하기는 하지만) 시간에 따라 임금을 받는 제도가 아니라 작업한 양에 따라 임금을 받는 방식에 가까운 이런 관리 방식은 노동자와 고용주의 관계를 혼란시킨다. 이 혼란은, 둘이 물리적으로 떨어져 있을 때 더 강하게 나타난다. 영국 노동력 가운데 20명에 한명 꼴로, 그리고 미국과 스칸디나비아 지역, 네덜란드는 이보다 조금 높은 비율로 (나머지 지역은 이보다 낮다) 적어도 일주일에 하루는 집에서 일을 처리하고 통신망에 연결된 컴퓨터로 처리 내용을 전달한다. 물론 이 가운데 절반은 공식적인 자영업자다. 이들 노동자 대부분은 자기 컴퓨터를 갖고 있기에 이들을 21세기형 베틀 짜는 사람으로 보고 싶은 유혹을 느낄지 모르지만, 개인용 컴퓨터 딱 한대가 정말 생산수단으로 여겨질 수 있는 것인

---

28. A. Rajan and P. van Eupen, *Tomorrow's People* (Kent, England : CREATE, 1998).

가? 베틀은 다른 베틀과 독립적으로 옷감을 만들어낼 수 있지만, 대부분의 경우 고용주가 볼 때 컴퓨터의 가치는 개별 노동자의 소유물이 아닌 다른 컴퓨터들과 연결되어 있을 때 나타난다.

이 부분은 논란의 여지가 있지만 추가로 더 조사할 공간이 없는 상태다. 하지만 이 문제는 어떤 적합성이 있는 다른 문제와 흥미롭게 연결되어 있다. 적어도 상품화가 고도로 이뤄진 경제에 한해서는, 개인이 자본과 맺는 일반적인 관계(그리고 그들의 계급적 위치)를 이해하려면 생산수단과의 관계뿐 아니라 '소비수단' 또는 '재생산수단'[29]과의 관계도 고려해야 한다고 주장할 수 있다.

변치 않고 계속되는 상품화 과정은 소비자 대상 서비스 활동의 부진과 자본재에 의한 대체 현상을 유발했다. 자신과 가족의 필요를 충족시키기 위해 그리고 일을 할 수 있기 위해, 노동자들은 자동차에서 세탁기에 이르는 다양한 자본재에 투자할 필요성이 커지고 있다. 여기에 더해, 적정한 주거 수준을 유지하는 유일한 길은 자기 집을 구하는 것이다. 이 모든 자본재 구입비를 마련하기 위해서 노동자는 날로 더 시장에 매이게 된다. 1세기 전에 앤드루 카네기가 약삭빠르게 알아챘듯이, 자기 집을 지닌 노동계급은 파업과 반란을 막는 최선의 도구이다.[30] 그래서 노동자들이 이런 물건들을 얼마나 성공적으로 구입했느냐 하는 문제는 그들의 계급적 위치에 대한 자신의 주관적 판단에 영향을 끼칠 수 있을 것이라고 주장할만하다. 객관적으로 차이가 나는지

---

29. 3장을 보라.

30. Barbara Ehrenreich and Deirdre English, *For Her Own Good* (London : Pluto Press, 1979)에서 인용.

여부는 더 따져볼 문제이다. '재생산수단'과 노동자의 관계와 '생산수단'과 노동자의 관계에는 유사성이 있을 수 있으며, 이에 따르면 자기집 소유자의 지위는 독립 수공예 노동자나 자영업 소유자의 지위와 유사하다. 이런 유사성은 더 나아갈 수 있다. '재생산 노동'에서 노동 분업은 꼭 집 소유자에만 한정하지 않는다. 집 소유자는 청소부, 보모, 하인을 고용함으로써 재생산 노동의 분업 관계에서도 생산에서 소규모기업주가 차지하고 있는 것에 해당하는 위치를 차지할 수 있다.[31] 이문제는 하인이나 식모가 더 흔한 개도국이나 신흥 선진국의 '새로운'정보 노동자의 계급 문제를 생각할 때 특히 중요해진다. 예를 들어 그린필드는 홍콩에서는 값싼 임대주택에 사는 기사 같은 숙련 육체 노동자, 고객 상담 센터 노동자 같은 저임금 사무직 노동자, 외판원, 이동통신 업체 직원 등이, 입주해 살면서 가사 일을 하는 '도우미'를 고용하는 게 흔하다고 전한다. "가사를 도와주는 식모를 고용할 여력이 없는맞벌이 가족들도 이들을 고용하고는 그들에 대해 극도의 압력을 가해비용을 최소화함으로써 그들이 '돈 값어치를 할' 수 있게 한다". 요즘은 35만 명에 달하는 필리핀 식모들 대신 '값이 싼' 인도네시아 식모를고용하는 추세가 확산되고 있다. 흥미로운 것은, 아시아 금융위기 이후홍콩 정부가 개입해서 식모의 임금을 동결함으로써 평균적인 홍콩 가정의 어려움을 완화시켜주었다는 점이다.[32]

노동자의 계급적 위치를 평가하는 데 직업과 무관한 변수를 사용하

---

31. B. Young, "The 'Mistress' and the 'Maid' in the Globalized Economy," *Socialist Register*, 2001 을 보라.

32. G. Greenfield, Globalization Monitor, Hong Kong의 전자우편, June 2000.

는 건 내가 아는 한 검증되지 않은 것이고 더 깊은 분석이 필요한 것이다. 그런데 이는 재택근무가 증가하는 상황과 관련해 특히 흥미롭다. 왜냐하면 재택근무자는 건강과 안전을 위협할 수 있는 위험을 감수하는 것은 물론이고 작업 공간, 보관 공간, 온방, 조명, 보험, 설치하고 치우는 시간, (보고서와 시간표를 작성하는 자기 관리 형태로 이뤄지는) 관리 및 감독 등 보통은 고용주가 제공하거나 맡는 것들을 직접 해결하기 때문이다. 여기서 가정의 컴퓨터는 흥미롭지만 모호한 구실을 한다. 일 자체를 위해서 뿐 아니라 식료품을 주문하거나 아이의 숙제를 하는 데 이용되는 식으로 생산과 재생산 모두를 위한 도구로 쓰이기 때문이다.

정보통신기술은, 서버와 여기에 연결되는 것 사이의 접속을 계속 바꿔가는 상황을 형성하면서, 노동과 소비의 경계를 모호하게 하는 데 중추적인 구실을 한다. 예를 들어 비행기표 주문은 전화로 전달되어서 콜 센터 노동자가 컴퓨터에 입력하거나 아니면 고객이 항공사의 인터넷 사이트에 접속해 직접 입력하게 된다. 데이터 입력이라는 노동이 유급 노동이 되거나 무보수 노동이 되는 것이다. 그래서 유급 '생산' 노동 내 노동 분업에 대한 논의를, 극도로 남녀 차별적인 영역인 무보수 '소비' 노동 내 노동 분업이라는 좀더 일반적인 논의와 구별하는 것이 힘들게 된다. 그런데 이로부터 좀더 일반적인 논의인 노동의 사회적 분업 논의가 촉발되는데, 이 문제는 우리의 네 번째 범주에 해당하는 것이지만 이 부분을 자세히 논하는 것은 이 글의 범위를 넘어선다.

다섯 번째 범주는 단순한 경험적 문제인 상대적 수입에 관한 것이다. 사회를 정돈된 위계질서의 피라미드로 모형화하려는 이들에게, 이는 지난 한 세기 동안 골칫거리가 되어 왔다. 상스러운 인부보다 벌이가 적고 가난하지만 점잖은 사무원은 디킨스부터 기싱에 이르는 19세기의 수많은 소설에 등장하고, 20세기에도 여전히 살아남아 있다. 예를 들면 포스터의 『하워드 엔즈』, 그로스미스의 『하찮은 존재의 일기』 그리고 오웰의 암울한 '지저분한 그물 커튼이 드리운' 소설 몇 편에 등장한다. 이 사무원은 돈 대신 (불안하긴 해도) 중산층의 입지를 선택한 것으로 묘사된다. 또 하인들의 숙소와 응접실 사이의 사회적으로 모호한 공간을 불안하게 오가는, 가난하지만 제대로 교육을 받은 여자 가정교사의 남성판을 구성한다. (하지만 이 남성의 출신은 가정교사보다 처지는 것으로 보이고 말투는 좀더 시골티가 나고, 여성의 타고난 내적 드라마를 구성하는 요소인 신분 상승 또는 하락의 잠재적 가능성은 이 남성에게는 성별 차이 때문에 존재하지 않는다.)

사회적 지위가 소득과 분리되는 현상은 대부분의 계급 분류 시스템에 깔려 있는 것이며, 이 현상의 기반은 아주 경험적이며 거의 이론적이지 않다. 이 점은 영국의 공식 통계에서 계급 분석에 쓰이는 등기소식 범주화의 논리에 분명히 나타난다. 1928년 종합 등기소의 고위 간부가 쓴 논문은 소득에 따른 분류에 반대하면서 이렇게 주장했다. "사회분류 방식은 문화를 고려해야 한다 … 직업에 근거한 등급법은 강조되어야 할 건전한 경향을 갖고 있다". 그가 보기에 기준은 "직업과 관련한 공동체 내의 일반적 지위"[33]여야 한다.

크롬프턴과 존스는 1918년부터 1936년 사이에 남성 사무원과 숙련

---

33. Theo Nichols, "Social Class : Official, Sociological and Marxist," in *Demystifying Social Statistics*, ed. J. Irvine, I. Miles, and J. Evans (London : Pluto Press, 1979), p. 159에서 인용.

육체 노동자간 임금 격차가 있었음을 지적한다. 그 뒤 40년 동안, 사무 노동자의 임금은 상대적으로 줄어들어서 1978년에 이르면 모든 육체 노동자 평균 임금에 미달하며, 심지어 준숙련 남성 육체 노동자의 평균 임금이 남성 사무 노동자의 임금보다 많았다. 물론 여성 사무 노동자의 임금은 훨씬 더 적었다. 1913년에는 남성 사무 노동자의 42%였는데 1950년대 중반에는 57%로 높아졌고 1970년대에는 다시 74%에 이르렀다.[34] 1990년대 말에 여성 사무 노동자의 시간당 임금은 유럽연합 전역에서 남성의 80% 수준이다.[35] 사무 노동자는 분명히 구매력에서 대부분의 육체 노동자보다 떨어진다.

대부분의 정보처리 업무는 전자적 통신망 덕분에 한 지역에서 다른 지역으로, 한 나라에서 다른 나라로 옮겨 갈 수 있기 때문에, 노동자들간 임금 뿐 아니라 국가 간 임금 비교도 필요해졌다. 이런 비교는 세금 구조와 복지 제도의 차이 같은 변수들 때문에 엄밀하게 하기가 어렵지만, 기업주들이 업무를 어느 나라로 옮길 것인가를 결정할 때에 실시하는 계산을 통해서 '총 노동 비용'이라는 형태로 뚜렷하게 나타난다. 유엔무역개발회의의 자료를 보면, 1994년 인도의 소프트웨어 프로그래머 평균 연 소득은 3,975달러인 반면 말레이시아에서는 1만 4,000달러, 홍콩에서는 3만 4,615달러, 영국에서는 3만 1,247달러, 프랑스에서는 4만 5,552달러, 미국에서는 4만 6,600달러, 독일에서는 5만 4,075달러였다.[36] 하지만 이런 차이는 영구적이지 않다는 걸 인식하는 게 중요하

34. Crompton and Jones, *White-Collar Proletariat*, p. 27.

35. Eurostat data, 1999.

36. UNCTAD and PIKOM data, S. Mitter and U. Efendioglu, "Relocation of Information-Processing

다. 예컨대 인도 방갈로르 소프트웨어 산업의 대단한 성공은 이 지역 임금의 급격한 상승을 촉발했고, 이제는 기술자의 공급이 수요를 많이 앞지르는 캘커타 같은 다른 지역에 비해 상당히 높다. 요즘 인도로부터 단순한 프로그램 작업의 재하청을 받고 있는 러시아 같은 다른 나라에 비해서도 역시 높다. 킬나니(Khilnani)는 방갈로르에 외국 다국적 기업이 대거 몰려오면서 이 지역 노동에 불어닥친 여파를 이렇게 기술한다. "이런 기업들은 인도의 전문 영역 임금구조를 바꿔 놓았다. 그들은 인도의 20대들에게 인도 공기업의 퇴직 시점 임금보다도 많은 임금을 제시할 수 있다".37

이런 변화 양상은 지역과 무관하게 수행할 수 있는 특정한 정보통신 기술을 소유한 노동자의 임금은 세계적으로 같아지기 시작했다는 표시일 수도 있다. 이런 수렴 현상이 만약 나타난다면 (아직까지 이를 구체화할 경험적 연구는 거의 수행되지 않고 있다) 이는 선진국의 실질 임금을 (하락시키지 않는다면) 억제하면서 개도국의 노동자들에게 실질적인 이익이 돌아가는 걸 뜻하게 될 것이다. 하지만 이런 임금 상승이 개도국의 다른 지역 경제에도 영향을 끼칠 것이라고 당연시할 수는 없다. 특정지역에 얽매이지 않는 성질의 일자리를 갖고 있는 이들과 일거리가 지리적으로 고정된 이들 사이의 새로운 양극화 현상이 나타날 수도 있다. 지역에 매이지 않는 일거리가 어떤 특정한 지역에 자리를 잡게 되는 데는 몇 가지 변수가 작용하게 된다. 노동력에 한정하는

Work : Implications for Trade Between Asia and the European Union," unpublished paper (Maastricht : UN University Institute of Technology, 1997)에서 인용.

37. S. Khilnani, *The Idea of India* (Delhi : Penguin, 1998), p. 148.

하청 계약을 맺게 된다면 그 일자리가 언젠가 다른 곳으로 옮겨 갈 가능성이 아주 높다. 사람을 찾아 일자리를 옮겨 갈지, 아니면 소프트웨어 업계에서 '사람 구매'라고 부르는 것 곧 일자리를 위해 사람을 옮겨올지 여부는 고용주의 선택에 달린 문제이다. 적어도 지난 20년 동안은 인도에서 소프트웨어 기술자들을 비행기에 태워서 런던, 프랑크푸르트, 로스앤젤레스와 기타 그들의 기술이 필요한 지역으로 실어 나르던 일이 일반적인 관행이었다. 1980년대와 90년대 초기에는 이런 기술자들을 전형적으로 하청 업체가 고용했다. 1992년의 무역자유화가 사상 처음으로 소프트웨어를 인도 같은 지역에서 수출할 수 있게 만들었으며, 대규모 소프트웨어 수출 산업이 방갈로르 같은 지역에서 성장해 히더라바드, 푸나, 첸나이 같은 다른 지역으로 확산됐다. 하지만 여전히 고용주는 선택의 여지가 있다. 미국과 유럽의 많은 나라들은 흔하지 않은 기술을 지닌 소프트웨어 기술자들이 취업허가를 받기 쉽도록 최근 이민 절차를 완화했다. 전 세계 어디서든 숙련기술자를 확보할 수 있는 분야에서는, 일자리를 다른 곳으로 옮길지 말지에 대한 고용주의 선택이 일자리를 찾아 이주할지 여부에 대한 노동자의 결정에 영향을 끼친다.

특정 위치에 얽매이지 않는 일자리라는 게 모두 소프트웨어 기술과 관련된 것은 아니다. 많은 개도국에서는 자료 입력이나 타자와 같은 저숙련 사무직 업무와 콜 센터 업무도 상당히 증가하고 있다. 이런 이들의 수입은 잘 조직된 생산 노동자들에 비해 상대적으로 나쁠 수 있다. 고토스카(Gothoskhar)는 어떻게 "인도의 상황에서 젊은 콜 센터 노동자의 임금 수준이 중년 육체 노동자들에 비해 훨씬 낮을 수 있는지"

를 묘사한다. 하지만 그는 단순히 임금만으로 비교하는 건 그들의 계급적 위치를 결정하는 측면에서는 잘못될 수 있음도 지적한다. "요즘 이런 분야에서 사람을 모집하는 기준은, 부모가 맞벌이를 하되 부모 대부분이 '화이트칼라'이고 영어 교육을 받았을 것 등등이다. 이는 카스트 등급이 낮은 사람들과 농촌지역 출신과 '전통적인 노동 계급' 가정이라고 부를만한 부모를 둔 이들을 배제하는 것이다".38

이런 사실은 우리에게 여섯 번째 범주 곧 사회적 지위라는 개념에 기초한 계급 정의 문제를 상기시킨다. 베버적인 의미에서 이 용어는 인종, 언어, 종교, 피부색이나 신분, 심지어 노예 여부 등에 이르는 여러 가지 변수를 포괄하는 것으로 확장될 수 있다. 대부분의 노동시장 구조는 (그리고 대부분의 노동운동 역사는) 포함과 배제, 특권과 박탈의 유형을 창출하는 이런 차이의 힘을 강하게 증언한다. 노동시장은 많은 개도국에서만큼이나 확실하게 (그리고 가끔은 좀더 은밀하게) 북미, 유럽, 오스트레일리아, 일본에서도 인종에 따라 나뉘어 있다. 하지만 경계선이 조금 다를 수도 있다. 중요한 요소 하나는 언어이다. 정보 일거리라는 새로운 세계에 들어가려면 결정적으로 중요한 요소가 영어를 이해하고 말하고 영어로 쓸 수 있는 능력이다. 또 어떤 지역에서는 이 언어가 프랑스어, 스페인어, 독일어, 일본어, 아랍어가 된다. 이런 언어가 모국어가 아닌 나라에서는 이런 언어 능력은 아마도 고등교육을 받은 이들의 특권일 것이다. 즉각적으로 제국주의 경제 시대에 요구되던 것과 같은 문턱이 만들어진다. 물론 노동의 수요와 공급의

---

38. 고토스카(S. Gothoskhar)가 어슐러 휴즈에게 보낸 전자우편, June 2000.

격차와 상대적 임금 수준도 일정한 구실을 한다. 그래서 미국에서는 학업을 중단한 사람이나 초급대학 졸업자들이 하는 일을 개도국에서는 대졸자나 대학원 졸업자가 하게 되는 일들을 찾는 건 이상하지 않다. 싱클레어 존스(Sinclair Jones)는 미국의 의사들을 위해 일을 하는 인도 방갈로르의 처방기록 관리 센터를 연구했다. 미국에서는 이런 일을 보통 전문대학을 나온 재택근무자들이 업무 처리 실적에 따라 임금을 받으며 하는데, 인도에서 이런 일에 원서를 내는 사람은 보통 석학 학위자들이라고 존스는 전하고 있다. 그럼에도 "미국과 인도 노동자에게 요구되는 자격에 상당히 역설적인 차이가 있지만, 이런 일을 인도에서 하는 게 비용면에서는 훨씬 이득이다. 예컨대 인도의 문학 석사에게는 일자리가 아주 제한적이다. 방갈로르에서 영어 교사를 하면 보통 한달에 3,000루피(약 75달러)를 받는다". 하지만 처방기록 관리 센터에서는 "2년 경력의 노동자가 7,500에서 9,500루피(190~240달러)를 벌며, 일부는 한달에 1만 2,000루피(300달러) 이상 벌기도 한다. 이와 비교해 미국에서는 한 달에 1,800달러에서 2,400달러를 번다. 경력이 있는 인도의 처방전 관리 담당자를 미국의 같은 직종 노동자에 비해 8배나 싼값에 고용할 수 있는 것이다".[39] 지역 경제에서 이런 이들의 사회적 지위는 물론 전혀 다르다.

이런 사실은 사무직 노동자들이 자신들의 이익을 무엇으로 볼지에 관해 그리고 외국에서 같은 일을 하는 동료들과 공통의 명분을 공유할 잠재성에 관해 암시하는 바가 있다. 이 문제는 다른 쟁점 때문에 더 복

---

39. S. Jones, "First You See It, Now You Don't : Home-Based Telework in the Global Context".

잡해진다. 노동자들이 외국 기업에 고용되어 있는 나라에서, 자본의 노동착취는 일반적 착취라기보다는 제국주의자들이 식민지 주민을 착취하는 것과 유사한 것으로 여겨진다.[40] 이들 노동자들은 같은 다국적 기업에 고용된 다른 나라 노동자들과 자신의 이해 관계가 일치하는 것으로 인식하는 대신 자신들의 이해가 민족적인 것이라고 인식할 수 있다. 그래서 제국주의적인 외부 기업이 아니라 자국 내 자본가의 이해와 자신의 이해가 일치될 때 가장 이롭다고 인식할 수 있다. 이런 태도는 선진국 노동자들의 인종주의적인 태도를 접하게 되면 더욱 강화될 것으로 보인다.

같은 노동과정과 같은 고용주, 같은 자본과의 관계를 공유하는 정보 처리 노동자들 사이에 공통적인 계급 인식이 나타날 잠재력이 상당하기는 하지만, 이런 사태 진전을 가로막는 강력한 대항세력이 있으며 그 가운데 가장 강한 것이 인종주의라고 결론지을 수밖에 없다.

영국 브리티시텔레콤 콜 센터 노동자들의 1999년 파업과 카리브해 지역과 브라질의 정보 입력 담당 노동자들의 노조 결성 같은 사례가 보여주듯이[41], 한 국가 내의 새로운 '전자 노동자'(e-worker)가 조직화에 성공하는 걸 보여주는 증거들이 꽤 있다. 노동자들이 조직화를 시도할 듯한 지역을 기업주들이 의식적으로 피하는 걸 보여주는 증거도 있다. 싱클레어 존스는 방갈로르의 처방기록 관리 센터에 대한 연구에서 "소

---

40. 이 점은 P. Lloyd가 *A Third World Proletariat* (London : George Allen and Unwin, 1982)에서 지적했다.

41. R. Pearson, "Gender and New Technology in the Caribbean : New Work for Women?" in *Gender Analysis in Development*, ed. Momsen ; Soares, "The Hard Life of the Unskilled Workers in New Technologies : Data Entry Clerks in Brazil".

식통은 초기 단계에서는 문자 해독률이 아주 높은 케랄라(Kerala) 지역에 관리 센터를 지을 것을 고려했다고 알려줬다. 하지만 케랄라 지역엔 노조 조직화 비율도 높아서 회사가 위험을 감수하지 않기로 결정했다. 이런 종류의 서비스 업무는 빠르게 돌아가는 것이 중요하기 때문에 업무 중단은 아주 치명적이다. 그리고 회사 경영진은 노동 조직화 시도와 맞부딪치는 걸 적극적으로 피하려고 한다".[42]

하지만 국경을 넘는 조직화의 예는 거의 없다. 두드러진 예외 한 가지가 캐나다 자동차 노조와 이 노조의 미국 및 영국 자매 노조가 캐나다항공과 체결한 콜 센터 노동자 관련 합의문이다. 일반적으로 이런 노동자들의 저항은 산발적으로 나타나며 그 형태도 바이러스 유포처럼 무정부적인 모습을 보인다.

노동자들이 노조를 결성하고 전투적인 행동을 벌이는 데 분명히 영향을 끼치는 요소는 그들의 경제적 이익에 가장 부합할 것 같은 내용일 것이다. 사용자 쪽에 설 경우 저급 사무 노동은 승진의 계단을 성공적으로 상승할 수 있는 일자리라고 그들이 인식한다면, 열심히 일하고 젊잖게 굴고 아부를 하는 게 승진하는 최선의 방법이라고 느낄 것이다. 반면 예컨대 경영진들이 지구 반대편에 있거나, 남성만 또는 백인만 또는 특정 국가 시민만 또는 특정 신분의 사람만 승진할 수 있기 때문에 자신은 승진의 가능성이 전혀 없다고 느낀다면, 임금을 높일 최선의 방법은 동료 노동자들과 공통의 명분을 만드는 게 될 수 있을 것이다. 다시 한번, 남녀 성별과 인종이 계급의 정체성을 결정하는 데 핵심

---

42. S. Jones, "First You See It, Now You Don't".

적인 구실을 한다는 것을 확인한다.

　새로운 싸이버타리아가 형성되고 있는 것은 분명하다. 이들이 스스로를 그런 계층으로 인식하느냐는 별개의 문제이지만 말이다.

11장 누가 기다리고 있는가?

시간 논쟁[*]

시간 지배권이라는 개념은 삶의 질을 구성하는 대부분의 개념에서 중요한 몫을 한다. 노동생활에 대한 연구들은, 자율성과 노동과정에 대한 통제권한이 복지와 직업 만족감을 느끼는 데 기여하는 반면 이 둘의 결여는 스트레스와 관련된 질환의 주요한 요인이 된다는 것을 보여줬다.

지난 100년 동안 기업주와 노동자의 협상은 시간 문제에 집중되어 왔다. 산업시대 이전의 더 느슨하고 다양한 리듬에 '시계의 시간'을 부과하는 문제, 일당 또는 주당 노동시간 또는 휴일 부여를 둘러싼 치밀한 전투, 그리고 기술의 성공적인 개발에 따라 노동자의 저항 수단이

---

[*] 2001년 10월29~30일 유럽연합 의장국인 벨기에가 주최한 <연대와 다양성> 회의에 발표한 글.

날로 교묘해지는 반면 고용주의 작업 속도 통제 또한 더욱 정교해지는 가운데 작업 속도를 둘러싼 끊임없는 분쟁 등 많은 것의 초점이 시간에 맞춰졌다.

시간 지배를 둘러싼 분쟁의 형태는 공장문만 나오면 그치는 게 아니다.

여성주의 등 다양한 해석을 통해서 이 분쟁은 가정이나 더 넓은 범위의 공동체에서 다른 형태로 계속됐다. 여러 가지 가사 일과 보살핌 노동에 각각 얼마의 시간이 투여되는지를 분석한 비교 연구는, 가정에서 누가 무슨 일을 할 것인가를 놓고 남성과 끝없는 투쟁을 벌이는 것으로 때때로 묘사되는, 여성에 대한 지속적 사회적 억압을 확고하게 보여주는 증거로 받아들여진다. '자유시간'이나 '나만을 위한 시간'이라는 문구는 여가와 즐거움을 대신하는 말이 됐다.

이 논쟁에서 쟁점이 되는 시간은 이중적인 측면을 갖고 있다. 하나는 양적인 것 곧 남에게 허용하는 시간의 양이고 다른 하나는 질적인 것 곧 주체의 시간 통제권한이다.

애정 관계에서 자유롭게 허용하든, 애정이 없는 관계에서 억압적으로 빼앗든, 아니면 돈을 주고 교환하든, 이런 이중적인 의미에서 시간은 인간의 가장 기본적인 자산일 것이다. 예외적인 경우(예컨대 많은 자산을 물려받거나 축적한 경우)를 빼고 궁극적으로 우리의 시간은 우리가 지닌 어떤 기술과 결합되거나 기술을 적용할 부지런함과 결합된 형태로 '사회'라고 불리는 다차원적인 시장에서 거래해야 하는 것 전부이다. 생계에 필요한 기본적 수단을 확보했다고 전제할 때, 질적인 측면과 양적인 측면에서의 성공적인 시간 협상은 그 어떤 개별 요소보다도 우리 삶의 질 개선에 크게 기여한다고 할 수 있다.

이 장의 논지는, 고용주와 노동자 간의 시간을 둘러싼 다툼은 시간을 둘러싼 다른 사회적 분쟁과 깊이 연결되어 있으며 그 관계는 역동적이라는 것이다. 또 그래서 이 문제는 단지 노동생활의 질만이 아니라 피고용인이냐 여부를 떠나 모든 시민의 일반적 삶의 질에도 영향을 끼친다는 것이다.

이 책 전반에 걸쳐 주장한 것을 다시 한번 반복하겠다. 경제사는 점차적인 상품화의 역사로 볼 수 있다. 무슨 말이냐 하면, 화폐경제 밖에서 단순한 사용이나 교환을 위해 하던 활동들이 돈벌이를 위해 하는 활동으로 천천히 변화됐다는 것이다. 전형적으로, 무보수 가내 활동(예컨대 빨래)으로 시작한 어떤 활동은 서비스 활동(세탁업)의 기반이 되고 이는 다시 기술 진보의 도움을 받아 새로운 제조업(세탁기와 건조기, 가루비누 또는 섬유유연제 제조업)의 기반이 된다.

이런 세 가지 영역(무보수 노동, 서비스 제공, 제조업)은 역동적으로 상호작용한다. 예를 들어, 보수 없이 빨래에 들인 시간은 단지 '여가'를 위해 한 것으로 소멸되지 않는다. 이는 새로운 형태의 무보수 노동으로 변화한다. 곧 첫 번째 단계에서는 빨래할 것들을 표시하고 모으고 점검하고 분류하고 세탁실로 옮긴다. 중간 단계에서는 공공 세탁소나 자동 빨래방으로 가져가고, 그 뒤 단계에서는 새로운 화학약품과 세탁기를 비롯한 기계를 구입해서 사용법을 익히고 따라 하며, 아직은 완전히 자동화하지 않은 일들 곧 분류하고 다림질하고 개고 옷장에 넣는다. 단추를 꿰매거나 바꾸기도 한다. 제조업은 또 새로운 서비스 활동과 새로운 상품 개발, 디자인, 마케팅, 유통, 유지보수 업무가 생겨나게 하며, 기계가 점점 복잡해지면서 작동법을 고객에게 알려주는 업무도 만들어낸다.

점점 더 많은 '상품'을 창출하려는 불굴의 추진력은 그래서 한편으로는 새로운 형태의 '소비 노동' 창출과 밀접하게 관련되어 있고 다른 한편으로는 '서비스 노동'의 성장과 밀접하게 연결되어 있다.

말할 것도 없이 이런 일들을 하려면 시간이 든다. 어떤 상황에서 이 '시간'은 무보수 시간에서 보상을 받는 시간으로 바뀌거나 그 반대가 됐다고 말할 수 있다. 또 다른 상황에서는 이 시간의 성격이 바뀌지 않지만, 필요한 기술과 작업과정의 변화가 이 시간에 얽혀 있는 개인의 자율성 정도에 극적인 변화를 불러온다. 그 개인의 지위가 임금 노동자이건 무보수 소비 노동자건 마찬가지다.

상품화 과정은 가게나 전시 판매장에서 살 수 있는 물건들의 생산에 한정되는 게 아니다. 이런 물건들이 계속 새롭게 생겨나고 있기는 하지만 말이다. 이 과정은 서비스 업계에까지 확대되고 전통적으로 '공공재'라고 여기던 분야를 포함한 다른 경제 영역으로도 확산된다. 서로 연관된 몇 가지 과정이 지금 이런 현상을 촉발하고 있다.

이 가운데 하나는, 새로운 기술 덕분에 가능해진 시스템이 그전에는 표준화와 단순 노동화를 거부했던 관료 영역에도 적용되는 것이다. 의사결정을 할 때 개인의 전문적 판단을 활용하는 관행이, 몇 가지 표준적인 규칙 곧 예컨대 은행 대출 적합성, 병원 처지의 우선순위, 대학교 직원 선발 같은 판단을 위한 규칙 몇 가지로 구성되어 있는 '인텔리전트' 시스템에 밀리는 일이 계속 늘어가고 있다. 이런 결정에 관여하는 노동이 규격화되는 순간, 결과를 수량화하고 기능을 별도 기관으로 이양하고 외부 기관에 넘기거나 경쟁 입찰에 부치는 게 가능해진다.

두 번째 관련 요소는 기술의 확연한 융합 현상 때문에 많은 직무의 성격이 점점 더 일반적인 게 되고 작업과정도 따라서 일반화하며 마이크로소프트 같은 몇몇 표준 공급업자가 전 세계시장을 독점적으로 지배하는 것이다. 이런 맥락에서 꼭 지적해야 할 것은, '기성' 소프트웨어의 구성 방식이 점점 더 업무 절차의 성격을 규정하게 되고 예컨대 소규모 기업들에게는 사업 관리, 회계 또는 데이터베이스의 구조에 표준 방식을 적용하도록 강제하는 현상이다. 기술 환경이 날로 복잡해지는 현실에서 작은 기업들은 자기 나름의 '맞춤형' 해결책을 만들어 적용할 지적, 기술적, 금전적 자원이 없기 때문이다. 조직들이 서로 맞바꿔도 될 정도로 유사한 업무 처리절차를 갖추게 되면, 이런 처리절차는 과거처럼 내부의 '고정 비용'이나 '본사 업무'로 보지 않고 외부에 용역을 주거나 '내부 용역을 주거나' 또는 아예 수익 사업으로 외부 기관에 판매할 수 있는 별도의 기능으로 보는 게 훨씬 쉬워진다.

세 번째 요소는 서비스의 제공이 날로 통신을 매개체로 이용하는 것이다. 이 현상은 몇 가지 요소가 결합된 결과인데, 통신 및 컴퓨터 기술의 가격 하락과 빠른 확산, 시장의 세계화, 24시간 문화의 확산이 이런 요소들이다. 24시간 문화의 확산은 자기 확신적 형태를 특징으로 한다. 이것으로 인해, 서비스업 노동자는 소비자 처지가 되는 순간엔 '정상적인' 시간이 아닌 때에 다른 서비스를 이용할 수밖에 없는 일이 잦아지고, 이는 다시 이런 이들에게 서비스를 제공할 노동자가 더 늘어야 할 필요성을 야기하는 악순환이 나타난다. 그래서 이미 전통적인 시간의 경계는 상당 부분 허물어졌다. 통신을 매개로 한 서비스 제공의 확산은 콜 센터 유행을 불러왔고, 공공 부문을 포함한 전체 경제 분야에서 다양한 서비스에 콜 센터 모델을 적용하는 일이 늘게 했다.

네 번째 요소는 사유화, 자유화 또는 병원 청소부터 가정 관리까지, 우편배달부터 세무까지를 망라하는 공공 서비스 영역의 경쟁 도입이다.

서비스 자체는 공영이라 하더라도 민간 서비스와 경쟁해야 하기 때문에 (종종 '목표' 달성 요구사항과 연관되는) 절차, 비용의 엄밀한 감시와 '비효율' 방지가 새롭게 강조되고 있다. 누구보다 특히 장 가드레(Jean Gadrey)는 이런 '비효율'은 과거에는 공공 서비스 노동자들에게 의미를 지니고 동기를 유발하며 이용자에게 만족을 주던 바로 그런 업무들(우체국 카운터를 사이에 두고 외로운 노인 고객과 잡담을 하는 것 같은 일들)일 것이라고 지적했다.

상품화 논리는 이미 시장에 팔리고 있는 상품이나 서비스로 변형되어 버린 인간 활동을 넘어서 확대일로에 있다. 이는 여전히 그 자체의 사용가치를 위해서 제공되고 있는 활동들조차 '마치' 상품인 것처럼 취급하는 심리상태를 유발하기까지 한다. 예컨대 지방정부 기구들은 학교 운동장처럼 공공적 목적에 쓰이는 땅이나 환자 또는 장애인 수용 시설의 시장가치를 예리하게 인식할지 모르고, 상담 서비스를 중단하거나 도서관을 폐지하면 얻을 수 있는 '돈의 가치'가 얼마나 될까 자문하기도 할 것이다.

그래서 우리는 많은 노동력의 기능이 변화하는 상황을 맞고 있다. 베버의 용어를 빌자면 보살핌 윤리에서 우러나와 사용가치를 제공하는 대신 사람들은 경제적 교환을 위해 표준화한 상품이나 서비스를 제공하고 있으며 단순히 경제적 수단에서 우러나와 일을 할 가능성이 높다.

수익성 또는 신속배달 또는 시장점유율의 이름으로 일을 하든지 아니면 "납세자들에게 돈에 걸맞은 가치를 제공"한다면서 일을 하든지간에, 초점은 날로 낭비를 피하고 비용을 최소화한다는 금전적인 바탕에 모아진다.

대부분의 서비스 사업에서 주요 비용은 노동 비용이다. 이런 사실은 관리자들에게 노동 비용 감축 방안을 강구하라는 강력한 압력을 넣는 요소로 작용한다. 비용을 줄일 여러 가지 방법이 있는데, 이런 방법 여러 가지가 동시에 적용된다. 한 가지 방법은 노동 비용이 싼 지역으로 옮겨 가는 것이다. 이 방법은 고객과 직접 얼굴을 맞대지 않고, 업무 관련 기술과 지식이 일반적이어서 많은 장소에서 쉽고 빠르게 확보할 수 있는, 통신을 매개로 한 업무에 날로 확대 적용되고 있다. 또 다른 방법은 가능한 한 많은 일을 단순 작업화해서 저숙련, 저임 직원에게 맡김으로써 월급을 많이 받는 전문가들은 그들이 아니면 누구도 할 수 없는 일에만 집중하게 하는 것이다. 이런 전략의 한 가지 변형은 전문가의 지식을 가능한 한 많이 문서화해서 비전문가들이 쉽게 접근할 수 있는 소프트웨어 시스템이나 도구에 포함시키는 것이다. 이용자가 질문을 할 수 있는 웹 사이트 같은 것이 이런 유의 것이다. 마지막으로 노동을 외부로 전가함으로써, 서비스 소비자의 무보수 시간으로 서비스 노동자의 유급 노동시간을 대체하는 것이다.

비용 절감을 위해 노동을 외부화하는 건 새로운 전략이 아니다. 1950년대에 셀프서비스 개념이 상점에 도입됐고 이는 슈퍼마켓의 등장을 촉발했다. 1960년대에는 이 개념이 금융 분야에 도입됐는데 처음에는 고객들에게 출금전표를 직접 쓰도록 유도하는 편리한 방식으로 시작해 마지막에는 현금 자동 입출금기의 개발과 함께 은행 창구 직원의 임금노동을 거의 대부분 은행 고객의 무보수 노동으로 대체하는 지경까지 이르렀다. 이때 이후, 종종 대기 시간을 줄임으로써 이용자의 불편을 없애준다는 명분과 함께 셀프서비스 원칙이 다양한 분야에 걸쳐 도입됐다.

첫 단계에는 이런 외부화가 권한을 부여받았다고 느끼는 소비자들에게 종종 환영받았다. 기차표를 사고 도서관에 책이 있는지 확인하기 위해 오래 줄서서 기다리고 자동차에 휘발유를 넣는 것과 채소 무게를 달고 가격표를 붙이는 걸 오래 기다려온 대부분의 사람들은 비록 직접 일을 처리하려면 익숙지 않은 장치들과 씨름해야 함에도 직접 하는 걸 선호한다. 문제는 선택의 여지가 없을 때 발생한다. 사람이 도와주는 게 아예 없어지고 각 개인이 홀로 현금 입출금 기계를 마주하거나 자동차표 판매기 앞에 서거나 홀로 서서 휘발유를 넣어야 할 때 말이다. 그런데 기계가 어떤 식으로든지 제대로 작동하지 않거나 어떤 사람이 기계를 처리할 기술이나 능력이 없을 때 (예컨대 사람 앞을 잘 못 보거나 외국에 갔을 때) 또는 어떤 이가 필요한 것이 표준화된 메뉴를 선택하는 것으로는 해결되지 않을 때 고객은 어쩔 줄 모르게 된다. 소비자의 필요만 충족되지 않는 것이 아니라 그 결과 (대가도 받지 못하는) 몇 시간이 허비된다. 대신 처리해줄 사람이 없어지면 공급자는 눈앞에 경쟁자가 존재하지 않는 한 기계가 제대로 공급되도록 확실히 처리할 동기가 없게 된다. 그럼 고객들은 다시 한 번 긴 줄에 서서 기다리는 처지가 된다. 이번에는 사람의 서비스를 받기 위해서가 아니라 기계로 일을 처리하기 위해서라는 것이 다르다.

통신을 매개체로 활용함에 따라 새로운 차원이 추가된다. 서비스 노동자의 작업 위치와 상관없이, 그들의 작업 부하가 커지고 비용이 상승하면 관계자들은 생산성을 극대화하는 방안을 강구하게 된다. 이 가운데 한 가지 방안은 고객들이 가능한 한 직접 많은 일을 처리하도록 권고하는 것이다. 예컨대, 자동화된 메뉴 시스템을 이용해 직접 기차 경유 노선을 선택하게 하고 고객번호 등과 같은 정보를 직접 입력해 넣게 하는 것이다. 사용자가 접촉하는 건, '실제' 공간의 물리적인 기계가 아니고 (물론 많은 기계가 업무에 관여를 하긴 한다) 전화선을 통해 '가상'의 원격 접촉을 하는 것이다. 적어도 앞뒤 사람과 대화라도 나눌 수 있는 '실제' 줄에 서서 기다리는 대신, '가상'의 줄에 서서 기다리는 일이 점점 더 많아진다. 그리고 전화통화를 위해 대기하는 시간이 늘어나면, 고객들은 한 걸음 더 나아가 교환원을 잘라버리고 인터넷을 통해 직접 일을 처리하고 싶은 욕구를 느끼게 된다. 서비스를 제공하는 업체 쪽에서 보면 고객이 이렇게 하면 이익이 더 커지기 때문에, 셀프서비스로 처리하는 고객에게는 값을 깎아주기도 하는 것이다.

노동의 외부화에는 효율을 높이고 서비스 제공 비용을 낮추기 위한 다른 많은 일들이 결합하기 마련이다. 걸려온 전화를 다른 쪽으로 돌려주는 기능이 날로 발전함으로써, 가장 단순한 문의는 경력이 가장 짧은 직원에게 자동으로 돌아가게 하고 최고로 숙련된 전문가는 복잡한 문제만 상담하도록 하는 것도 가능해진다. 급료 체계를 생산성을 고도화할 수 있게 갖추어 놓고서, 직원들이 가능하면 빨리 전화 업무 처리를 끝내도록 하기 위해 미리 짜여진 각본을 이용함으로써 직원들을 철저히 감시, 감독한다.

이런 진전은 서비스 노동자들의 노동생활의 질에만 영향을 끼치는 게 아니라 서비스 이용자들의 일상생활(또는 적어도 무보수 노동)의 질에도 여파를 끼친다.

과거 사용자들이 겪던 것을 낭만화하지 않는 것이 중요하다. 관료화한 서비스 제공 방식은 서비스 지연과 짜증으로 연결되는 것이었다. 이런 현상은 특히 경제적 결핍의 시대에 또는 관료적인 중앙집중 통제가 이뤄지는 상황에서 심했다. '손가락만으로 걸음을 대신하게 하는 것'과 전화로 주문할 수 있다는 것이 깊은 해방감을 맛보는 것이란 사실은, 카프카의 작품이나 1989년 이전 러시아의 쇼핑 상황에 대한 글을 읽어만 봐도 알 수 있다. 손을 가슴에 얹고 모든 접촉을 직접 얼굴을 맞대고 하던 시절로 돌아가는 걸 전적으로 환영한다고 말할 수 있는 사람은 진짜 몇몇 안 된다.

그럼에도, 지금 통신을 매개체로 하는 분야를 중심으로 나타나는 노동 외부화의 물결은 심각한 여파를 끼치고 있으며 이 여파의 상당 부분은 그렇게 긍정적이지 않다는 걸 인식해야 한다.

전화와 인터넷을 통해서만 접근할 수 있는 서비스가 날로 늘어나고 사람을 직접 대면해 처리하는 건 제한되거나 추가 비용을 내야하거나 아예 완전히 없어져가는 이 세상에서 소외 문제는 더없이 분명하게 대두된다. 이 소외는, 기반시설, 하드웨어 또는 소프트웨어에 접근하지 못하는 사람들이 당하는 것이고, 언어 능력이 떨어지거나 글을 못 읽거나 언어를 효과적으로 활용할 사회적 기술이 결여된 이들에게 닥쳐

오는 것이며, 시력이나 청력, 지력이나 손재주가 심각하게 훼손된 사람들이 맞닥뜨리는 소외이다.

그런데 모든 사람에게 영향을 끼치는 좀더 일반적인 수준의 문제도 있다. 서비스 제공 노동자들에게 가해지는 거래 시간 최소화 압력은 생산라인식 대처를 낳고 양적 목표를 강조한다. 서비스 제공 기관의 이익은, 모든 직원이 언제나 생산적인 활동을 하도록 만드는 데 달려 있다. 이는 '만약의 경우에 대비해'보다는 '제때에'를 강조하는 것이다. '만약의 경우에 대비해'는 직원 가운데 일부는 상황이 느슨한 때는 놀고 있는 걸 뜻하기 때문이다. 그러니 바쁜 시간에는 줄서서 기다리는 걸 피할 수 없게 되고, 이럴 때 기다리는 과정에서 허비되는 시간은 노동자의 시간이 아니라 고객의 시간이다. 이 과정은 노동자에겐 스트레스가 밀려오는 것이고 고객에게는 짜증이 밀려오는 것이다.

게다가 더 나아가 서비스 제공 기관의 이익은 거래 시간의 최소화에도 달려 있다. 가상의 줄에서 일정 시간 기다리고 있던 고객은 자신을 자유롭게 표현하고 싶어 하기 십상이다. 하지만 서비스 노동자의 엄격히 틀에 박힌 응대는 이런 욕구를 적극적으로 포기하게 만든다. 이런 상황은 노동자와 고객의 이해가 심각히 충돌하게 한다. 이 충돌은 주고받는 말의 주제를 주도하려는 다툼, 시간 통제를 둘러싼 주도권 다툼의 행태로 종종 나타난다.

엉뚱한 제품이 배달되자 고객이 항의하기 위해 그 회사의 고객 서비스 부서에 전화했다고 치자. 안내에 따라 번호를 누르는 일련의 과정을 성실하게 따른 뒤에 대기 상태에 들어가면 녹음된 음악이 흘러나오는 중간 중간 "고객님의 전화는 저희에게 소중합니다. 잠시만 기다리

십시오."라는 안내 말이 나온다. 상당한 시간이 지난 뒤에 이중으로 고통을 겪은 고객은 대뜸 "이봐요, 당신네 회사가 실수를 저질렀어요 내가 큰 돈을 내고도 제대로 물건을 못 받았어요. 어떻게 좀 처리해줘요"라고 소리칠 기분이 된다. 고객은 말 그대로 "주문을 받아주기를" 원하는 상태인 것이다. 드디어 자기 차례가 됐는데, 정당화된 불편에 대해 감정을 표시할 수 있기는커녕 판에 박은 질문을 받게 된다. 주소와 우편번호가 뭐냐? 주문번호는 어떻게 되냐? 제품의 일련번호는 무엇이냐? 이름을 확인해줄 수 있느냐? 구입날짜는 언제냐? (예컨대 신용카드 상의 주소와 물건 배달 주소가 다른 경우 등) 뭔가가 보통과 조금만 달라도, 고객은 다시 다른 상담원과 통화하기 위해서 대기해야 하는 특별한 경우로 분류된다. 이렇게 되면 또 기다렸다가, 녹초가 된 다른 상담원에게 처음부터 다시 똑같은 질문을 받아야 하는 것이다. 이 절차를 단축하고 문제를 자신이 직접 설명하려고 시도하면 돌아오는 건, 단지 자기 일을 할뿐인 서비스 제공 노동자의 어려운 상황을 고객이 이해하게 만들려고 고안됐으며 고객이 약간의 짜증만 표시해도 잘못인 것처럼 느끼게 만들려는 의도로 준비된 (그리고 면밀하게 짜여진) 응답이다. 노동자와 고객이 똑같이 자신들이 어쩔 수 없는데다가 불쾌하기까지 한 상황에 사로잡힌 것이다. 이 문제를 함께 해결하려는 공동의 노력을 하는 대신 둘은 서로에게 자신의 처지를 이해시키려고만 한다. 서로 얼굴을 마주 볼 때는 사람들이 무례한 태도를 보이지 않으려고 자제하지만, 이렇게 얼굴도 모르는 멀리 떨어진 타인과 상대할 때는 이런 자제력이 잘 발휘되지 않는다. 생산성 목표를 맞추라는 압박을 받는 서비스 노동자는, 고객을 카운터 사이에 두고 만나거나 대기실에서 마주칠 때 나누는, 짜증을 즐거움으로 바꿔줄 수 있는 사교적인 잡담을 할 여유가 없다.

여기서 문제가 되는 건, 양적 차원과 질적 차원에서의 시간이다. 양적인 면에는 노동자가 '소비한' 시간의 양, 고객이 기다리고 질문에 답하느라 '소비한' 시간과 비교해 자신의 말에 상대가 귀기울여주는 형태로 '돌려받은' 시간 등이 포함된다. 질적인 면에서는, 노동자나 고객이 발휘할 수 있는 자율성의 정도에 주목해야 한다. 또 서비스 노동의 테일러주의화(컨베이어벨트 작업화)가 노동의 외부화와 결합되면서 소비 과정조차 같은 작업으로 바뀌어 가는 정도에도 주목해야 한다.

이에 대한 경험적 연구는 지금까지 거의 수행되지 않았다. 그래서 보통의 시민이 자신들의 '여가' 시간 가운데 상품화한 서비스의 소비에 들이는 시간이 얼마나 되는지, 이 소비 과정이 서비스 노동자의 노동 가운데 전가된 부분을 떠안는 것과 어느 정도 결부되어 있는지, 테일러주의화가 무보수 소비 노동과정에 얼마나 영향을 끼치는지, 또는 이 모든 게 어떤 비율로 늘어나고 있는지 등등은 여전히 추정할 수밖에 없는 상황이다. 추정대로 이것이 실제적인 것이라면, 원격으로 접근할 수 있는 서비스의 범위와 서비스에 접근할 수 있는 거리를 확대시켜주는, 표면적으로는 해방의 기능을 하는 정보통신기술이 실제로는 일상생활의 질 하락을 초래할 위험이 현실이 되는 것이다.

이런 진전 상황은 몇 가지 주요 질문을 유발한다. 이 질문들은 한편으로는 미래의 경험적 연구 조사의 틀 개발을 위한 것인 동시에 사회에 대한 우리의 생각을 형성하기 위한 것이다. 그리고 그 질문들은 이런 것들이다. 날로 상품화하는 경제에서 인간의 작용을 이해하는 데 적용할 '개인적 자율과 선택'의 모델은 무엇인가? '노동'과 '여가'의 경계, '생산'과 '소비'의 경계, 그리고 '서비스 공급'과 '서비스 이용'의 경계가 날로 유동적이 되는 걸 어떻게 개념화해야 하는가? 시민들이 한편으로는 노동자 처지에서 다른 편으로는 소비자 처지에서 자신에 대한 동정심을 유발하려고 앞 다투는 상황에서, 어떤 형태의 사회조직을 갖추면 그들이 집단적 이익을 표현하는 게 가능해지고 의사결정 과정에서 힘을 얻을 수도 있게 될까? 고용과 소비 관계가 날로 지리적으로 떨어진 상태에서 이뤄지고, 가끔씩은 국경을 넘나드는 상황에서, 어떤 대의구조, 협상구조, 규제구조가 가능할까?

이 책은 영국 런던 메트로폴리탄 대학 교수이자 좌파 여성주의자인 어슐러 휴즈의 *The Making of A Cybertariat : virtual work in a real world* (Monthly Review Press, 2003)를 완역한 것이다.

역자는 평소 미국 좌파 월간지 『먼슬리 리뷰』의 인터넷 사이트 (http://www.monthlyreview.org)를 즐겨 찾는데, 지난해 8월말께 이 사이트에 접속했다가 이 책이 나온 사실을 알게 됐다. 제목이 흥미로워, 목차를 대강 훑어봤는데 목차는 생각보다 흥미를 끌지 못했다. 그렇게 잊고 있다가, 얼마 뒤 갈무리 출판사로부터 번역할 만한 책을 추천해 달라는 부탁을 받고서 바로 이 책을 떠올렸다. 이렇게 해서 이 책은 역자와 인연을 맺게 됐다.

이 책을 추천한 것은 사실 출판사 때문이었다. 역자는 이 책을 번역하기 전까지 단 두 권을 번역한 바 있는데, 공교롭게 모두 먼슬리 리뷰 출판부에서 나온 책들이었다. 두 권을 번역하면서 이 출판사의 책은 믿을 수 있다는 신뢰를 갖게 됐다. 그리고 이 책도 이런 믿음을 저버리지 않았다. 아니 이 정도가 아니라, 번역 과정 내내 이 책을 알게 된 것이 큰 행운이자 기쁨이라고 느꼈다. 이 책은 여느 사회과학 서적과 비교할 수 없는 장점들을 두루 갖추고 있다. 먼저 저자는 책상 앞에서 머리만 굴리는 '강단 좌파'가 아니다. 그 자신이 홀로 아이를 키우는 어머니이자 불안하기 그지없는 프리랜서 연구자이고, 현장에 머문 여성운동가이자 노동운동가이다. 글의 내용 또한 개인적 경험과 사회운동 과정, 현장 조사 결과 등 경험적인 자료와 맑스주의 이론이 끊임없이 대립하고 마찰을 일으키고 화해를 시도하면서도 긴장을 유지한다. 이 와중에 저자는 단 한순간도 자만하지 않고 자신에 대해 불안해한다.

긴장과 대립, 불안은 그의 삶을 그대로 닮은 것 같다. 지난해 11월 말께 한국어판 서문을 부탁하기 위해 그에게 전자우편을 보냈는데 단 하루 만에 답장이 왔다. 12월 중순까지 현장 조사를 위해 유럽과 캐나다 등 외국을 돌아다녀야 하기 때문에 12월 하순께나 글을 써서 보내 줄 수 있다는 내용이었다. 하지만 그는 이 약속을 지키지 못했다. 지친 몸을 이끌고 집으로 돌아와 보니 동료 연구자가 '사고'를 쳤다는 것이었다. 연말까지 유럽연합 집행위원회에 제출해야 하는 연구 보고서가 전혀 진척이 안 되어 있었던 것이다. 기한을 맞추지 못하면 애초 약속된 돈을 받을 수 없는 절박한 상황에서 그는 성탄절 휴가도 포기하고 꼬박 책상 앞에 붙어 있었다. 물론 역자도 똑같은 처지였지만. 그는 비록 약속한 마감시간을 넘겼으나 역자의 갖가지 질문에 성실하게 답을 해주었고, 그의 열의 덕분에 한국어판에는 실수로 영어판에 빠진 각 글의 원래 출처까지 넣을 수 있었다.

이 책은 서두에 발문을 쓴 캐나다 연간 학술지 『소셜리스트 레지스터』의 편집인 콜린 레이스의 말처럼 '신선한 충격'을 준다. 그의 손끝에서 노동, 특히 여성의 노동과 과학기술, 자본주의 사이의 감춰진 관계가 명쾌하면서도 설득력 있게 폭로된다. 이 작품이 번역자의 무딘 솜씨 때문에 독자들에게 제대로 전달되지 못하는 건 아닐지 불안하기 짝이 없다. 이해하기 어렵거나 명쾌하지 않는 부분이 있다면 그건 전적으로 번역자의 잘못일 것이다.

2004년 3월
신기섭

찾아보기

ㄱ

가내 노동자 31, 132, 144
가내노동 34, 42~3, 139, 167
가드너, 진 6, 162
가드레, 장 274
「가디언」 50, 121, 137, 213
가부장제 66, 170
가사노동 13~4, 25, 29, 30, 39~41, 43, 45~8,
　　52~3, 56~8, 60~1, 64, 71, 96, 106~7,
　　124, 162, 167, 169, 180~1, 199, 218, 241
가사노동의 사회화 30, 40~1, 47, 52, 57, 64,
　　162, 218
가정 31, 39~41, 43, 45~7, 49~51, 53, 56~68,
　　72, 75, 77~80, 83~4, 88, 96~9, 101~4,
　　106~8, 110~1, 121~2, 131~2, 137,
　　139~43, 145, 180, 197~9, 219, 231,
　　237~8, 243, 248, 254, 257~9, 263, 270,
　　274
가정의 일터화 80
가족 임금 41, 72
감시 14, 18, 81~2, 86~7, 90, 125, 207, 210,
　　228, 246, 248, 274, 278, 284
개도국 17, 19, 23, 31~2, 79, 91, 204, 222, 242,
　　257, 261~4
"개인적인 것이 정치적이다" 154
거리의 소멸 189, 190, 227
거슈니, 조너선 59, 67, 101

경제협력개발기구 196, 216, 219
계급 36, 55, 112, 160, 233~5, 237~9, 241,
　　253, 255~7, 259, 263, 265~6
계급의 감춰진 상처 239
계급의식 109
고등교육의 상품화 202
고용구조 72, 86~7, 252
고용구조조정 25~6
고토스카 262~3
골드서프 238, 241
공공 서비스 20, 70~1, 84, 86, 198, 218, 274
공동체 39, 53, 63, 73, 94, 96, 114, 183, 188,
　　213, 259, 270
『공산당선언』 229
과학적 모성 45
국내총생산 215, 217~9
국제 노동 분업 221
국제 연대 23, 183
그란트, 존 208
그람시 156
그로스먼, 레이철 51~2, 172
그린햄 코먼 평화캠프 172
긍정론 192~3
기반시설 17, 31~2, 188, 222, 225, 227, 245,
　　278
기술 혁신 29, 250
긴딘, 샘 7
『까만 코트 입은 노동자』 235

ㄴ

남녀 차별적 권력구조 126
남성우월주의 123
내시, 앤드루 6
노동 분업 17, 34, 36, 85~6, 182, 196, 228, 230, 241, 243, 245, 250, 257~8
노동 비용 12, 51, 83, 86~7, 142, 205, 212, 260, 275
노동 비용의 외부화 86
노동계급 14, 32, 47, 56, 67~9, 78, 83, 94, 111~3, 118, 164, 180, 232~4, 239~40, 256
『노동과 독점자본』 39, 166, 241
노동당 33, 71, 110, 140, 232
노동시장 72~3, 192, 219, 226, 241~3, 252, 254, 263
노동운동 110, 181, 263, 284
노동의 외부화 277, 281
노동의 파편화 107, 139
노동착취 79, 265
노조 12, 22~3, 25, 33, 53, 76, 110, 112, 114, 123, 136, 139, 145, 151, 156, 159~62, 164~6, 168~9, 171, 173~4, 177, 181, 188, 197, 219, 248, 265~6
누버거, 헨리 28, 192, 216, 219~20
닐스 135

ㄷ

다국적 기업 18, 20~1, 23, 51, 91, 136, 172~3, 183~4, 217, 222, 229, 261, 265
다우닝, 헤이절 166

단순 작업화 50, 250, 275
단체 행동 177
대량 생산 13, 20, 28, 40, 43, 47, 101, 146, 201, 204~6
대처 33, 35, 73, 141, 170, 177, 183
대처주의 177, 183
대칭적인 가족 57
덫에 걸린 주부 증후군 140, 151
데이터 입력 업무 89
데이터 전처리 89, 91
데이터베이스 89, 273
드 그루트, 루시 6
『디자인』 146
디지털 경제 189
딕, 줄리아 5

ㄹ

라부아 252
랭커스터, 리즈 5
랭크 제록스 148
러다이트운동 138
러케이루, 피스 7
런던 광역시 의회 32~3, 84, 177, 184
런던 위험 센터 33
레닌 234, 236
레이시, 질리언 6
로, 마셔 6
로버샘, 실러 7, 55, 159
"로봇은 자동차를 사지 않는다" 29, 42
로치, 저티 28
로치, 짐 28
루커스 항공 32, 181

류, 트리니 183
리디퓨전 컴퓨터 77, 141
리어던, 제럴딘 6
리처즈, 콜린 28

ㅁ

마오주의 156
마이크로소프트 225, 249, 273
마이크로시스터 185
마이크로프로세서 39, 41, 48, 163
맑스, 칼 27, 31~2, 167, 180, 190, 210~11,
    229, 234, 237, 245~6
맑스주의 55~6, 112, 160, 162, 179~80, 185,
    237~8, 241, 253, 284
매드릭, 제프 218
머큐리 77
멀티미디어 247
메리엔, 디 170, 174
모리노, 셜리 6, 28
모사 190, 193
모성 45, 73, 160, 219
모성보호 73, 81, 88
몸 25, 34, 54, 60~1, 71, 84, 116~7, 125~6,
    131, 163, 193~4, 215, 284
무게 없는 경제 12, 14, 189, 194~5, 208, 215,
    220, 223, 228
『무게 없는 세계』 191
무보수 노동 29, 31, 36, 59, 68, 108, 143, 162,
    178, 199, 217, 258, 271, 276, 278
문화주의 11
미디어 선거 71
미생물 병원설 45

미세전자공학 74, 140~1
『미세전자공학이 함께하는 미래』 49
미첼, 앨리슨 6
민족지학 155
밀먼, 매기 6

ㅂ

바커, 제인 6, 166
발주처 22, 26
방갈로르 20, 261~2, 264~5
배런, 아이언 49
백오피스 19
베버, 막스 235, 241, 248, 263, 274
보드리야르, 장 190, 193~4
보살핌 99, 108, 111~2, 121~2, 188, 270, 274
보살핌 노동 270
부가가치 212, 254
부가가치 서비스 31
부르주아 23, 45, 47, 230, 239, 253
분배 41, 49, 95, 147
불만의 겨울 110
뷰데이터 76~7, 141
브레이버먼, 해리 13, 39, 61, 139, 166~7, 179,
    240~2, 244
브리지스, 에이미 59, 69
브리티시텔레콤 31, 77, 265
비물질화 190, 195, 197, 199, 200~1
비상품화 198
비숙련 노동 111
비숙련 노동자 100, 109, 208, 211
비숙련화 166~7, 204
비정규직화 14, 22, 76, 80, 86, 185~6

ㅅ

사무 노동자 75, 126, 184, 232~3, 235~6, 243~4, 253, 260

사유화 247

사회운동 151, 158, 284

사회적 분업 29, 230, 235, 258

사회적 지위 259, 263, 264

사회주의 29~30, 33, 39, 45, 55~7, 63, 65~6, 83~4, 93~4, 96, 107~8, 111~4, 160, 162, 166~7, 171~2, 177~8, 181, 194, 233, 237

<사회주의 경제학자 회의> 29, 39, 166~7

사회주의 여성주의 30, 55~7, 63, 172, 194

『사회주의자 혁명』 45

사회화하지 않은 노동 96~7, 99, 101~4, 108

「산재게시판」 163~5, 186

삶의 질 218, 269, 271

상업 노동자 234, 245

상품화 11, 13~5, 23, 28~30, 32~3, 36, 67, 80, 93, 100, 107, 113, 181, 196~9, 201~2, 230, 246, 250, 256, 271~2, 274, 281

생리 116~9, 193

생산성 15, 43~5, 74, 81, 103, 138, 151, 195, 201, 207, 215~20, 277, 280

생산수단 31, 52, 80, 180, 235, 243, 253, 255~7

서비스업 33, 36, 39, 41, 44~5, 48, 68~9, 96~7, 99, 103, 107, 111, 184, 191, 195~8, 247, 273

석유위기 215

성별 분업 244

성희롱 178

세계무역기구 222, 229

세계화 17, 24, 191, 195, 217, 220~1, 228, 242, 273

세지위크, 피터 28

셀프서비스 13, 50, 59, 68~9, 87, 103, 113, 217, 275~7

소부르주아 234, 253~4

소비 노동 14, 43, 59, 70~1, 83, 106, 108, 272, 281

소비 노동자 69~70, 81, 272

소비자 13~4, 23, 29, 43~4, 48, 50, 53, 59, 68~70, 82~3, 87, 98, 103, 206, 244, 246, 256, 273, 275~6, 282

『소셜리스트 레지스터』 6, 15, 35, 189, 229, 285

소외 32, 45, 52~3, 114, 160, 180, 187, 214, 240, 278~9

수공예 노동자 245, 257

수입 35, 63, 67, 73, 100, 133, 187, 209, 226, 244, 258, 262

숙련 17, 33, 61, 70, 85, 95, 99, 101, 104~5, 107~9, 111~2, 139, 166~7, 171, 173, 179, 182, 201~2, 204, 211, 225~7, 230, 232, 241, 245, 249~51, 257, 259, 262, 277

숙련 노동 111

숙련 노동자 42, 62, 100, 222

슈퍼마켓 44, 59, 64, 70, 78, 80, 196, 213, 275

『스칼릿 위민』 30, 55, 173

스토더트, 주드 5, 173

스튜어트, 세러 184

스트레스 43, 46, 74, 107, 119, 122, 124~6, 187, 269, 279

시먼즈, 로즈메리 143

실리콘 칩 137, 172

실리콘밸리 52

실업 29~30, 36, 42, 73, 76, 110, 137, 167, 173, 224

싸이버타리아트 17, 24~5, 35~6, 229

ㅇ

아이디어 소유권 214

애덤스, 셸리 6

업무 대행 20~1

업무 표준화 224

에런리치, 바버라 45, 58

에스핑안데르센, 괴스타 198

에프 인터내셔널 143

엘리엇, 루스 6, 28

엥겔스 246

<여성과 컴퓨팅 네트워크> 182, 184

여성단체 5, 30, 156, 184,

여성성 123

여성운동 25, 27, 31, 53, 112, 159, 183, 284

여성의 건강 33, 119

여성주의 11, 30, 55~7, 63, 65, 83, 118, 139~41, 151, 154~6, 162, 170~2, 178, 181, 183~5, 187, 194, 240~1, 270, 283

여성주의 정치경제학 11

여성해방운동 154

예이츠, 마이클 6

오코널, 헬런 6

오클리, 앤 43, 102

오트람, 쿠엔티 175

올드리치, 마이크 141

와인바움, 배티어 59, 69

외부 하청 14, 20

울프, 재닛 6

원격 노동 34, 131~2, 140, 143, 152, 182~3, 185, 231

원격 통근자 135~6, 151, 231

원자재 33, 95, 200, 211

원자화 53, 65

<웨스트 요크셔 여성 및 신기술 모임> 5, 30,

위성 75, 79, 88~9, 100, 219, 223

윌러비, 라이네트 5, 171

윌리엄스, 셸리 140

윌비, 수 6

유럽 노동력 조사 253~4

유럽연합 222, 232, 253, 260, 269, 284, 196

유물론 27

유연성 146~7, 200, 255

유연화 186

이데올로기 14, 34, 45, 58, 70, 73, 83, 102, 106, 123, 149, 193, 242

이데올로기적 구성물 149

이데올로기적 압력 45, 70, 106

이미지 111, 130~2, 134~5, 138~9, 143, 148~50, 155, 203~4, 212

<이스트 리즈 여성 워크숍> 171

이시스 183

인적 자본 202

<인종 관계 연구소> 185

인종주의 24 185, 265

인터넷 35, 46, 72, 206, 211, 213, 221~2, 224, 250, 258, 277~8, 283

임금노동 24, 31, 41, 43, 45~8, 53, 59, 80, 95, 97~8, 116, 122, 143, 162, 169, 195, 199, 217, 219, 241, 276

임신 113, 119, 177
잉글리시, 디어드러 45, 58
잉여가치 17, 94, 230, 234, 245, 253

ㅈ

자기희생 123, 187
자동화 29, 36, 53, 57~9, 64, 68~9, 83, 85,
    105, 107, 134, 139, 146, 167, 175, 201,
    204, 210, 230~1, 271, 277
자매애 123, 170
재생산수단 31, 68, 80, 180, 256~7
재택근무 15, 34~5, 75~6, 88, 129, 133~4,
    144~5, 147~51, 180, 187, 226, 258, 264
저임 노동 13, 19, 79, 114, 204
<전 세계 여성노동> 6, 184,
전국언론인 노조 159, 213~4
전문가 35, 58, 62, 69, 104, 106, 164, 214~5,
    222, 250, 275, 277
전자 노동 232, 265
전자 노동착취 공장 90
전자적 전원주택 137, 150~1
전자파 공포 164
정보 노동자 233, 257
정보경제 216, 233
정보기술 14~5, 22~3, 66, 72~5, 82, 84~7,
    91, 107, 131~2, 135, 137, 139, 141, 143,
    153, 165, 172, 179, 182, 185~6, 188, 195,
    203, 217~8, 220
정보기술자문패널 141
정보사회 222
정보처리 21, 32, 50, 68, 74~6, 85, 91, 184,
    210, 221~2, 224~6, 232, 260, 265

정서적 욕구 46
정치경제학 11, 67, 178, 217
제3세계 52, 85~6, 89~90
제국주의 185, 263, 265
젠더 35, 110
조든, 마이클 12, 205
조립공 48, 52, 124
존스, 싱클레어 146, 241, 259, 264~5
좌파 83, 93~4, 96, 109, 111, 166, 169, 183~4,
    213, 216, 238, 240, 283~4
주부 13, 45~6, 57~9, 61~2, 69, 106~7, 121,
    140, 151, 180, 199
중산계급 240
중산층 23, 77, 118, 130, 136~7, 144, 259
지식 36, 61, 99~101, 104~5, 174, 182~3, 189,
    191, 199, 201~4, 207~8, 210~4, 216,
    225~7, 232, 239~40, 242, 245, 252, 275
지식경제 216
지식노동 202~3, 208, 212, 226~7
지역사회 23, 25, 53, 70, 99, 164~5, 197, 222
지위 하락 이론 242
지적재산권 212~3, 229
질병 61, 115~6, 122, 215

ㅊ

처방기록 관리 센터 264~5
추상적 생산물 209
카네기, 앤드루 67, 256
커노, 레이 49
컴퓨터화 139, 206, 216, 224, 252
케랄라 266
케언크로시스, 프랜시스 189~90

코머, 리 6
콕번, 신시어 109, 179
콘드라티에프 167
콜 센터 노동자 23~4, 258, 262, 265~6
콜스, 다이앤 191, 203
쿨리, 마이크 32~3, 181
쿼, 대니 195, 197, 203, 209, 216
퀘이서 산업 50
크로마키 155
크롬프턴, 로즈메리 180, 233, 241, 259
클라크, 맨디 6
클라크, 앨리스 40, 97~8
키드런, 마이크 28
킹, 머빈 191

ㅌ

탈숙련화 139, 179, 252
테리앙 252
테일러, 제니 5
테일러주의화 36, 281
테퍼먼 241
텔리매틱스 231
톰슨, 그레이엄 221
톰슨, 돈 28
통신기술 13~4, 17, 23, 74~5, 191, 206,
    209~10, 222, 225, 231, 249, 258, 261, 281
튜지, 콜린 44
트로터, 라이네트 28

ㅍ

파커, 로시 6

평화운동 112
포드주의 166, 179
포레스터, 톰 150
포스트모더니즘 11, 190, 192~4, 221
폴릭, 그리질더 6
푸트, 제인 6
풀란차스 234
『퓨처스』 34, 129
프레스텔 77~8
프레일리, 파울로 164
프롤레타리아화 241~2
프리던 140
프리랜서 25~6, 187, 254, 284
피츠패트릭, 조 170
핌파노, 앵거러드 28

ㅎ

하크니스 135
해러웨이, 도나 194
헤겔 27
헤런, 리즈 6
『형제들』 109, 179
홀드니스, 마이크 224
화이트칼라 19, 23, 142~3, 180, 191, 231,
    234~6, 241, 263
화이트칼라 노동 23, 143, 241
화이트칼라 프롤레타리아 180, 234
화폐경제 29~30, 95, 103, 108, 162, 180~1,
    198, 230, 271
휴즈, 리처드 28
히가시 이카마 78

갈무리 신서

1. 오늘의 세계경제 : 위기와 전망

   크리스 하먼 지음 / 이원영 편역

   1990년대에 자본주의 세계경제가 직면한 위기의 성격과 그 내적 동력을 이론적 · 실증적으로 해부한 경제분석서.

2. 동유럽에서의 계급투쟁 : 1945~1983

   크리스 하먼 지음 / 김형주 옮김

   1945~1983년에 걸쳐 스딸린주의 관료정권에 대항하는 동유럽 노동자계급의 투쟁이 어떻게 전개되어 왔는가를 실증적으로 분석한 역사서.

3. 오늘날의 노동자계급

   알렉스 캘리니코스 · 크리스 하먼 지음 / 이원영 옮김

   현대 자본주의 사회에서 노동자계급의 구성과 역할, 그리고 성격이 어떻게 변화하고 있는가를 실증적으로 분석한 책.

5. 서유럽 사회주의의 역사 : 1944~1985

   이안 버첼 지음 / 배일룡 · 서창현 옮김

   유럽 사회민주주의 정당들과 공산당들의 역사를 실제 행동을 중심으로 분석한 책.

6. 현대자본주의와 민족문제

   알렉스 캘리니코스 외 지음 / 배일룡 편역

   자본 국제화의 과정에서 국민국가의 위상은 어떻게 바뀔 것인가를 둘러싸고 전개된 논쟁집.

7. 소련의 해체와 그 이후의 동유럽

   크리스 하먼 · 마이크 헤인즈 지음 / 이원영 편역

   소련 해체 과정의 저변에서 작용하고 있는 사회적 동력을 분석하고 그 이후 동유럽 사회가 처해 있는 심각한 위기와 그 성격을 해부한 역사 분석서.

8. 현대 철학의 두 가지 전통과 마르크스주의

   알렉스 캘리니코스 지음 / 정남영 옮김

   현대 철학의 역사에 대한 비판적 분석을 통해 철학에서 마르크스주의의 역할은 무엇인가를 집중적으로 탐구한 철학개론서.

9. 현대 프랑스 철학의 성격 논쟁

   알렉스 캘리니코스 외 지음 / 이원영 편역 · 해제

   알뛰세의 구조주의 철학과 포스트구조주의의 성격 문제를 둘러싸고 영국의 국제사회주의자들 내부에서 벌어졌던 논쟁을 묶은 책.

10. 자유의 새로운 공간
   펠릭스 가따리 · 안토니오 네그리 지음 / 이원영 옮김
   《이 책은 갈무리 신서 22 『미래로 돌아가다』로 수정 · 증보되어 출간되었습니다.》

11. 안토니오 그람시의 단층들
   페리 앤더슨 · 칼 보그 외 지음 / 김현우 · 신진욱 · 허준석 편역
   마르크스주의 내에서 그리고 밖에서 그람시에게 미친 지적 영향의 다양성을 강조하면서 정치적 위기들과 대격변들, 숨가쁘게 변화하는 상황에 대한 그람시의 개입을 다각도로 탐구하고 있는 책.

12. 배반당한 혁명
   레온 뜨로츠키 지음 / 김성훈 옮김
   소련의 스딸린주의 체제가 한창 위세를 떨치던 1930년대. 혁명적 마르크스주의의 입장에서 통계수치와 신문기사 등 구체적인 자료를 바탕으로 소련 사회와 스딸린주의 정치 체제의 성격을 파헤치고 그 미래를 전망한 뜨로츠키의 대표적 정치분석서.

13. 들뢰즈의 철학사상
   마이클 하트 지음 / 이성민 · 서창현 옮김
   들뢰즈 철학사상의 발전을 분석한 철학 개론서이자 현대 프랑스 철학과 포스트구조주의 사상을 이해하는 데 커다란 도움을 줄 수 있는 입문서.

14. 포스트모더니즘 이후의 정치와 문화
   마이클 라이언 지음 / 나병철 · 이경훈 옮김
   마르크스주의와 해체론의 연계문제를 다양한 현대사상의 문맥에서 보다 확장시키는 한편, 실제의 정치와 문화에 구체적으로 적용시키는 철학적 문화 분석서.

15. 디오니소스의 노동 · I
   안토니오 네그리 · 마이클 하트 지음 / 이원영 옮김
   '시간에 의한 사물들의 형성'이자 '살아 있는 형식부여적 불'로서의 '디오니소스의 노동', 즉 '기쁨의 실천'을 서술한 책.

16. 디오니소스의 노동 · II
   안토니오 네그리 · 마이클 하트 지음 / 이원영 옮김
   이탈리아 아우토노미아 운동의 지도적 이론가였으며 현재 파리 제8대학 교수로 『전미래』지를 주도하고 있는 안토니오 네그리와 그의 제자이자 가장 긴밀한 협력자이면서 듀크대학 교수인 마이클 하트가 공동집필한 정치철학서.

17. 이딸리아 자율주의 정치철학 · 1
   쎄르지오 볼로냐 · 안또니오 네그리 외 지음 / 이원영 편역
   이딸리아 아우또노미아 운동의 이론적 표현물 중의 하나인 자율주의 정치철학이 형성된 역사적 배경과 마르크스주의 전통 속에서 자율주의 철학의 독특성, 그리고 1980년대 이후 1990년대 중반에 이르기까지 그

것이 거두어 온 발전적 성과를 집약한 책.

19. 사빠띠스따
해리 클리버 지음 / 이원영 · 서창현 옮김
미국의 대표적인 자율주의적 마르크스주의자이며 사빠띠스따 행동위원회의 활동적 일원인 해리 클리버 교수(미국 텍사스 대학 정치경제학 교수)의 진지하면서도 읽기 쉬운 정치 논문 모음집.

20. 신자유주의와 화폐의 정치
워너 본펠드 · 존 홀러웨이 편저 / 이원영 옮김
사회 관계의 한 형식으로서의, 계급투쟁의 한 형식으로서의 화폐에 대한 탐구, 이 책 전체에 중심적인 것은, 화폐적 불안정성의 이면은 노동의 불복종적 권력이라는 것을 이해하는 것이다.

21. 정보시대의 노동전략 : 슘페터 추종자의 자본전략을 넘어서
이상락 지음
슘페터 추종자들의 자본주의 발전 전략을 정치적으로 해석함으로써 자본의 전략을 좀더 밀도있게 노동의 관점에서 분석하고 또 이로부터 자본주의 체제를 넘어서려는 새로운 노동 전략을 추출해 낸다.

22. 미래로 돌아가다
안또니오 네그리 · 펠릭스 가따리 지음 / 조정환 편역
1968년 이후 등장한 새로운 집단적 주체와 전복적 정치 그리고 연합의 새로운 노선을 제시한 철학 · 정치학 입문서.

23. 안토니오 그람시 옥중수고 이전
리처드 벨라미 엮음 / 김현우 · 장석준 옮김
『옥중수고』이전에 쓰여진 그람시의 초기저작. 『수고』를 새로운 시각에서 읽도록 도와주며 평의회 운동, 파시즘 분석, 인간의 의지와 윤리에 대한 독특한 해석 등을 중심으로 그람시의 정치철학의 숨겨져 온 면모를 보여준다.

24. 리얼리즘과 그 너머 : 디킨즈 소설 연구
정남영 지음
디킨즈의 작품들에 대한 치밀한 분석을 통해 새로운 리얼리즘론의 가능성을 모색한 문학이론서.

31. 풀뿌리는 느리게 질주한다
시민자치정책센터
시민스스로가 공동체의 주체가 되고 공존하는 길을 모색한다.

32. 권력으로 세상을 바꿀 수 있는가
존 홀러웨이 지음 / 조정환 옮김

아우또노미아총서

1. 아우또노미아
조정환 지음

<제국>의 통제에 온 몸으로 싸우며 21세기 인류의 대안적 삶을 고민해온 안또니오 네그리의 삶과 사상을 쉽고 체계적으로 설명하는 입문서.

2. 무엇을 할 것인가?
워너 본펠드 · 쎄르지오 띠쉴러 외 지음 / 조정환 옮김

사빠띠스따 봉기 10주년을 맞아 레닌의 『무엇을 할 것인가?』 100년의 역사를 되짚어 보며, 신자유주의적 지구화에 맞서 존엄한 삶을 지키고자 하는 이들을 위한 책.

카이로스총서

1. 실업사회
김만수 지음

40년 동안의 통계자료를 세밀하게 분석하여, 한국사회의 총 자본과 실업률의 변화를 실증적으로 분석한 이 책은 이 땅의 실업세대를 위한 사회학적 보고서이다.

2. 싸이버타리아트 (신간)
어슐러 휴즈 지음 / 신기섭 옮김

조정환의 걸어가며 묻기 시리즈

1. 지구 제국
신자유주의적 지구화의 과정 속에서 현대 사회의 갈등구조가 어떻게 재배치되고 있는가를 규명한 책.

2. 21세기 스파르타쿠스
1968 혁명, 사빠띠스따 봉기, 그리고 신자유주의적 지구화에 대항하는 아래로부터의 투쟁들을 분석한 책.

3. 제국의 석양 촛불의 시간
집속탄과 탄저균 사이의 허구적 대립을 극복하는 활력들이 촛불의 시간에, 촛불의 주체성 속에 있음을 느끼게 하는 조정환의 시사평론집

4. 경향과 구성 (근간)

5. 비장을 넘어 존엄으로 (근간)